KB181609

1980
대중 봉기의
민주주의

1980 대중 봉기의 민주주의

1판 1쇄. 2021년 5월 17일
지은이. 김정한

펴낸이. 정민용
편집장. 안중철
편집. 최미정, 윤상훈, 이진실, 강소영

펴낸 곳. 후마니타스(주)
등록. 2002년 2월 19일 제2002-000481호
주소. 서울 마포구 신촌로14안길 17, 2층(04057)

편집. 02-739-9929, 9930
제작. 02-722-9960
팩스. 0505-333-9960
블로그. https://blog.naver.com/humabook
페이스북·인스타그램/Humanitasbook

인쇄. 천일인쇄 031-955-8083
제본. 일진제책 031-908-1407

값 18,000원

ISBN 978-89-6437-375-0 93300

1980
대중 봉기의
민주주의

김정한 지음

후마니타스

일러두기

▌ 이 책은 2013년, 『1980 대중 봉기의 민주주의』(소명출판)로 출간된 책을 개정한 것이다.

▌ 직접 인용문들의 대괄호([ ]) 안의 내용은 모두 인용자인 지은이가 추가한 것이다. 또 직접 인용문이라 하더라도 명백한 오자나 비문의 경우 독자들의 이해를 위해 수정했다.

▌ 국역본에서의 인용은 개념과 용어를 맥락에 맞게 일부 수정했다.

▌ 외국어 고유명사의 우리말 표기는 국립국어원의 외래어 표기법을 따랐다. 그러나 관행적으로 굳어진 표기는 그대로 사용했다. 다만, 기존 국역본 가운데, 외래어 표기법이나 관행적 표기법과 맞지 않는 문헌들을 출처 표기를 위해 인용한 경우(예컨대, 칼 맑스, 아미엥 등)에는 기존 문헌의 표기를 그대로 유지했다.

▌ 책이나 신문 등은 겹낫표(『 』), 논문은 홑낫표(「 」), 연극이나 영화, 노래 등의 작품명은 홑 가랑이표(< >)를 사용했다.

차례

5·18로부터의 자유

작년 5·18 광주 항쟁 40주년에는 어느 해보다 풍성한 연구 성과들이 출간되었고 새로운 기록과 자료들이 발견되거나 번역되었다. 이 책의 초판을 출간하고 10여 년 동안 과분하게도 '5·18 연구자'라는 명칭을 얻게 되어 개인적으로도 발표나 토론으로 여러 학술회의에 참석하느라 바쁜 해였다. 게다가 부마 항쟁은 41주년, 사북 항쟁은 40주년이었다. 부산, 사북, 광주의 기념행사들에 온라인으로, 때로는 직접 다녀오면서 부마 항쟁-사북 항쟁-광주 항쟁으로 이어지는 역사의 흐름을 체감할 수 있었다. 5·18에만 주목해서는 이런 흐름을 이해하기 어렵다.

'5·18의 우울증'은 5·18 연구자들 사이에서는 잘 알려져 있다. 특히 광주 출신이 아닌 경우에는 면역력이 약해서 더욱 그렇다. 처음 연구를 시작할 때는 거리를 두는 게 어렵지 않지만, 5·18 기록과 구술 자료를 보면 볼수록, 당시 사람들의 인생과 사연을 차츰 알게 되고, 5·18의 학살과 죽음의 통한이 스며드는 것이다. 그러다 어느 순간부터는 마치 감정의 회로에 연결된 단추가 눌러진 듯이 울컥하고 만다. 내 경우에는 그 단추 중 하나가 〈광주출정가〉였다. 그 노래 자체보다는 첫 소절의 가사였다.

"동지들 모여서 함께 나가자." 이 말이 사무치게 들려서 눈앞이 금세 흐릿해지곤 했다. 그렇게 몇 해가 지나서야 5·18 연구의 증상에서 조금씩 빠져나올 수 있었다.

최근 5·18에 대한 새로운 호명은 국내보다는 해외에서 도래했다. 2019~20년 이후 계속되고 있는 홍콩 항쟁은 한국의 5·18을 직접 언급하고 〈임을 위한 행진곡〉을 부르며 국제 연대를 호소했다. 2021년 2월 군부 쿠데타에 대항하는 미얀마 항쟁에서도 12·12 쿠데타에 저항했던 5·18을 따라야 한다는 목소리들이 나오고 있다. 이는 한 국가의 시민들의 힘만으로는 민주화를 성취하기 어렵고, 특히 세계화 시대에는 일국적인 사회운동만으로는 더 나은 세상을 만들 수 없다는 것을 깨닫게 한다. 오늘날 5·18의 정신이 홍콩과 미얀마에 있다면, 5·18의 현재성에 대한 고민은 국경을 횡단하는 새로운 국제주의에 대한 사유를 요청할 것이다.

모든 사회운동은 언제나 기억의 정치를 동반한다. 하지만 흔한 오해와는 다르게 기억의 정치는 '잊지 않겠다'라거나 '계속 기억하겠다'라는 것과는 거리가 멀다. 어떤 기억을 잊지 않고 계속 간직하며 살아간다면 고통스런 삶에서 벗어날 수 없고, 자신의 기억에만 충실하다면 타인들과 더불어 현재의 삶을 살아갈 수 없다. 오히려 기억의 정치는 망각할 수 있는 정치사회적 조건들을 만들어서 기억에서 자유로워지는 것이다. 5·18도 마찬가지이다. 진실을 밝히고 학살의 책임자를 처벌하고 기념 공간을 조성하는 작업은 개인들이 계속 기억하지 않아도 역사로 기억될 수 있는 조건들을 구성한다. 또한 기억의 자유를 위해서는 5·18 자체에만 빠져들어 매몰되지 않아야 한다. 5·18과 광주만 생각하다 보면 부마와 사북을 이해할 수 없고, 홍콩과 미얀마를 돌아볼 수 없다. 나 또한 5·18 연구자이지만 역설적으로 5·18로부터의 자유를 유념하려고 노력한다.

　물론 모든 일이 그렇듯이 기억의 자유도 혼자서는 수행할 수 없다. 이 책의 초판을 출간하고 5·18 연구의 증상을 앓고 있던 내게도 많은 분들의 도움과 교류가 큰 힘이 되었다. 전남대 5·18연구소와 5·18기념재단에서 알게 된 분들은 만남 자체가 위로였다. 5·18 관련 단체의 추천 덕분에 국방부 5·18특별조사위원회의 민간조사관으로 일했던 경험은 5·18 연구에서 중요한 전환점이었다. 이 책의 의미를 스스로 찾지 못하고 곤란해 할 때 여러 선생님들의 소중한 토론과 서평은 연구의 길을 찾도록 도와주었다. 이 책으로 뜻밖에 받게 된 제7회 일곡유인호학술상은 자긍심을 되찾아 주었다. 상하이 화둥 사범대학 마르크스주의전파연구소, 튀빙겐 대학 한국학연구소, 도쿄 대학 LAINAC 센터에서 5·18에 관해 발표할 기회를 주셨던 선생님들에게도 감사드린다. 타이완 국립 자오퉁 대학에서 만난 후 상하이에서 통역을 해주신 연광석 선생님에게도 감사드린다. 학술회의를 마치고 술잔을 나누며 타이완 민중가요를 함께 들었던 기억이 새롭다. 그의 『사상의 분단: 아시아를 방법으로 박현채를 다시 읽는다』는 잊고 있던 주제에 관해 많은 배움을 주었다.

5·18 당시 헬기 사격에 관해 증언해 주신 홍성표 선생님을 안길정 선생님과 함께 한동안 매주 광주에서 만나 얘기를 나눴던 시절도 소중하게 남아 있다. 안길정 선생님의 소개로 5·18민주화운동서울기념사업회에서 5·18에 참여했던 많은 선생님들을 뵙게 된 것도 감사하다. 5·18을 연구한 덕분에 사북 항쟁에 운명처럼 이끌려서 뵙게 된 이원갑 선생님과 신경 선생님 등 사북민주항쟁동지회의 여러 선생님들과의 인연도 지속되기를 바란다.

40년이 지난 오늘날 5·18은 어쩔 수 없이 세월의 무게를 견뎌야 할 시대가 되었다. 누군가는 요즘 젊은이들이 민주화를 잉태한 5·18에 대해 모른다고, 역사에 대한 부끄러움을 모른다고 말할지도 모른다. 그러나 5·18 연구자로서는 이런 나라밖에 못 만들어서 미안하다고 먼저 말할 수밖에 없다. 홍콩과 미얀마의 젊은이들이 5·18을 찾고 따르려고 하듯이 어쩌면 5·18의 정신은 동아시아 사회운동의 국제 연대에서 잇게 될지도 모르겠다. 내 자신은 역량이 부족하지만 다행히 새로운 국제주의를 꿈꾸는 젊은 활동가 후배들이 있고, 그들에게 부끄럽지 않게 작은 조력을 마다하지 않고 싶다.

이 책의 일부는 "The Subjectivity of Civil Militia in May 18 Gwangju Uprising"(*Korean Memories and Psycho-Historical Fragmentation*, Palgrave Macmillan, 2019), "Counter-Violence and Anti-Violence:

The May 18 Armed Struggle and Social Movements of the 1980s"
(*Toward Democracy South Korean Culture and Society*, *1945~1980*, Institute of East Asian Studies, University of California, Berkeley, 2021) 등으로 출간되었다. 부족한 논문을 수록해 주신 선생님들께 감사드린다.

후마니타스 출판사의 배려로 이 책을 『대중과 폭력』과 함께 재출간하게 되어 매우 기쁘다. 훨씬 나은 원고로 다듬어 준 안중철 편집장과 이진실 편집자에게 감사드린다.

2021년 5·18 광주 항쟁 41주년 5월에

김정한

흔해 빠진
평범한 사람들의
반역

"아직 5·18에 관해 더 할 얘기가 남아 있나?", "지금도 5·18을 연구하는 사람이 있어?" 어디선가 이런 물음들이 들려오는 것 같다. 한편으로 지난 30여 년 동안 수많은 자료와 문헌들이 출간되었고 탄탄한 이론과 논변이 담긴 논문들이 쌓여 있기 때문이지만, 다른 한편으로는 5·18이 먼 과거에 살던 선량하고 용감했던 사람들의 옛날이야기로 간주되는 세태를 부인할 수 없기 때문이다. 1980년대 급진적인 사상과 실천의 원천이었고 심지어 한국적 혁명의 모델로 여겨졌으며, 1990년대에는 그와 같은 열망이 약화되긴 했어도 민주 정부 수립을 전후로 민주화 운동의 상징으로 제도화되었지만, 언제부터인가 5·18은 고색창연한 역사를 기억해야 한다는 수준의 담론으로 토막이 났다. 더불어 '투사'나 '전사'와 같은 저항 주체의 모범으로 인식되었던 시민군은 국가 폭력의 수동적인 피해자로 규정되거나 정의를 위해 죽음을 무릅쓴 비극적인 영웅들로 묘사되곤 한다. 누구나 다알고 있지만 차마 공식적으로 말하지 못하는 '비밀' 가운데 하나는 아마 5·18이 서서히 죽어 가고 있다는 사실일 것이다. 대부분의 젊은 세대가 5·18에 관해 잘 모른다는 현실은 그 하나의 효과일 뿐이다.

이 모든 것이 단순히 30여 년이라는 오랜 세월이 흘렀기 때문이라고 말하기는 어렵다. 1980년대에 5·18이 그것을 반복하고 재현하기 위해 필사적으로 싸웠던 젊은 세대들의 사회운동을 통해 '부활'했듯이, 오늘날 5·18의 죽음 이면에 있는 것은 전반적인 사회운동의 무력화와 퇴조이기 때문이다. 거칠게 돌이켜 보자면, 1980년대 이른바 '민중운동'은 현실 사회주의권의 붕괴와 맞물려 1990년대 전문적인 엘리트 중심의 시민운동에게 밀려났고, 한동안 페미니즘과 생태주의를 필두로 서구의 1968년 혁명을 모방하고 계승하려는 시도가 있었으나 뿌리내리지 못한 채 시들고 있으며, 진보 정당과 노동조합의 연계에 기초한 진보적 정당정치 모델은 민주노동당의 분열과 민주노총의 위기로 파산 직전에 몰려 있다. 2002년 촛불 시위 이후 얼마간 상승하던 사회운동의 흐름을 대표적으로 전유했던 노무현 정부는 대기업 권력을 제어하지 못하며 실추했고, 2008년 또다시 엄청난 대중들이 참여한 촛불 항쟁의 역량은 아직 현실화되지 못한 채 모호하게 잠재화돼 있다. 어쩌면 5·18의 또 다른 부활은 그것을 새롭게 반복하고 재현할 수 있는 사회운동의 성장에 달려 있을지도 모른다.

이 책은 5·18을 대중 봉기masses insurrection로 개념화하는 새로운 길을 모색하고 있다. 대중 봉기는 어떤 예측하지 못한 순간에 수많은 사람들이 거리로 몰려나와 커다란 하나의 덩어리

mass를 이루고, 상상할 수 없던 행위를 발명하며 잡다한 목소리와 언어를 쏟아 내고 비범한 자발성을 표출하는 시공간을 창출한다. 이 봉기 과정에서 대중들은 대량mass의 인원수를 배경으로 '주어진 세상'이라고 알려진 상징 질서를 크게 변화시킬 수 있는 거대한 힘을 구성한다. 아렌트식으로 말하자면, 이 거대한 힘이야말로 사람들이 제휴하고 협력하며 만들어 내는 정당한 권력power, puissance일 것이다. 5·18을 이와 같은 대중 봉기로 이해하기는 어렵지 않다. 1980년 5월에 수많은 광주 시민들이 거리로 나와 힘을 합쳐 공수부대를 물리치고 항쟁 공동체를 구성하며 '새로운 세상'을 체험했던 일은 잘 알려져 있다.

물론 대중 봉기의 시공간이 지나가면 대중들은 순식간에 사라지고 텅 빈 거리에는 흔적도 남지 않는다. 그러나 소멸한 대중 봉기는 그것을 직간접적으로 경험한 사람들, 그리고 그 사건을 충실하게 반복하려는 사람들에게 새로운 집단적 정체성을 형성시키며, 이것이 대중 봉기와 연속적인 새로운 사회운동의 흐름을 만들어 내는 원천으로 작동할 수 있다. 또한 이 과정에서 대중 봉기의 성취와 실패는 장기적으로 사회운동에 새로운 문제 설정과 과제를 던져 주고 그에 맞게 실천 형식을 변화시키는 밑거름이 된다. 1970년대 자유민주주의의 진정한 실현을 요구하는 재야·지식인 중심의 반독재 민주화 운동이 1980년대에 급진적이고 전투적인 노학 연대 운동으로 돌변하고, 한국전쟁 이후 최초로 한국 사회에 마르크스주의가 부활한 것도 5·18 대중 봉기의 사후 효과였다.

말하자면 대중 봉기는 새로운 사회운동을 활성화하는 모태이다. 이를 가설적으로 '대중 봉기 → 집단적 주체 형성 → 새로운 사회운동'이라는 도식으로 표현할 수 있겠다. 그리고 이는 어쩌면 한국 사회운동사의 가장 큰 특징일 것이다. 요컨대 사회운동이 성장하면서 저항 주체들을 조직해 내고 이것이 대중 봉기로 분출하는 것이 아니라 우발적이고 예측 불가능한 대중 봉기가 먼저 일어나고, 이 사건의 영향으로 집단적 저항 주체들이 형성되어, 대중 봉기가 제시한 문제 설정을 구현하기 위한 사회운동이 전개되는 도식이다. 예를 들어, 1960년 4·19혁명 이후 학생운동의 성장, 1970년 전태일의 분신에 이어진 1971년 광주대단지 사건 이후 재야·지식인의 정치 운동과 민주 노조 운동의 출현, 1980년 5·18 광주 항쟁 이후 전위적 노학 연대 운동의 부상, 1987년 6월항쟁과 7~9월 노동자 대투쟁 이후 대중적 민중운동과 노동자 운동의 조직화, 1991년 5월 투쟁 이후 시민운동과 신사회운동(생태주의, 페미니즘), 1997년 민주노총 총파업 이후 진보 정당 운동 등등으로 그 윤곽을 가설적으로 그려 볼 수 있다. 대중 봉기는 안정적으로 보였던 사회질서에 균열을 일으키면서 주체를 호명하고, 이 주체는 대중 봉기가 지향했던 새로운 세상의 꿈에 대한 응답으로 조직적인 사회운동을 전개한다. 2008년 촛불 항쟁이 앞으로 어떤 집단적 주체를 구성하고 어떻게 새로운 사회운동으로 이어질지는 사뭇 지켜볼 일이다. 이미

10대 청소년들의 정체성 변화에 주목하는 논의들도 시작되고 있다.

그러나 대중들과 그들의 봉기는 늘 폄하의 대상이었다. 자발성의 한계나 조직적 지도력의 부재를 지적하는 일은 대중 봉기를 평가하는 상투적인 관행이 된 지 오래다. 5·18 광주 항쟁에 대한 기존의 논의들도 예외는 아니다. 하지만 우발적으로 갑작스럽게 역사의 무대 위에 뛰어오른 대중 봉기를 향해 '무엇인가 준비되지 못했다'고 말하는 것만큼이나 쉬운 일은 없을 것이다. 미처 갖추지 못한 요소는 한둘이 아닐 것이다. 여기서 누락되는 것은 대중들이 무엇을 통해 상황을 인식하고 어떻게 해결하려고 하는가에 대한 분석이다. 다시 말해서, 저 높은 곳에 올라가 아래쪽을 내려다보며 '왜 실패할 수밖에 없었는가?'라고 묻기 전에, '지금 이곳'으로 내려와 눈높이를 맞추고 '봉기를 일으킨 대중들은 무엇으로 반역하는가?'라고 먼저 물어야 한다. 이 책에서 현대 마르크스주의와 이론적 정신분석학을 참조해 이데올로기 개념을 새로 재구성하면서 답하고자 했던 주요 질문이 이것이다. 결론부터 당겨 말하자면, 대중들은 지배 이데올로기를 통해서 사회 모순을 인식하고 해결하고자 하며, 지배 이데올로기에 내재돼 있는 자유와 평등이라는 이상적 보편성을 현세에 실현하기 위해 투쟁한다는 것이다. 이는 대중들의 이데올로기적 반역이란 무엇이며, 어떻게 작동하고, 어떤 효과를 남기는가에 대한 새로운 사유를 요구한다.

물론 이 책에서 이와 같은 문제들을 모두 풀어냈다고 자임할 수는 없다. 하지만 적어도 대중 봉기를 사유할 수 있는 하나의 가능한 길을 제시하려고 노력했다. 당연히 사유를 봉쇄하는 다른 길도 있다. 대중 봉기를 숭고한 대상sublime object으로 승화시켜 비극적이지만 아름다운 영웅들의 신화를 만들어 내는 것이다. 그러나 5·18에 참여한 사람들은 출중한 영웅들이 아니라 당장이라도 길거리에 나가 마주칠 수 있는 흔해 빠진 평범한 사람들이었다. 5·18을 신화로 격상시키면서 우리가 잊고 있던 진실이 여기에 있다. 영웅 신화는 오히려 오늘날 이 사회에서 살아가는 평범한 사람들이 범접할 수 없는 것으로 5·18을 탈정치화하고 5·18의 역사에 대한 무관심을 부추기는 데 기여한다. 이 책의 이론적 가설과 사유 실험들이 1980년 5월 광주의 평범한 사람들의 이야기를 되살려 내고, 5·18의 정치적 현재성과 사회운동적 함의를 고민하는 데 작은 보탬이 된다면 더 바랄 것이 없겠다.

이 책은 박사 학위 논문에 바탕을 두고 있지만, 전체 장의 반 이상은 새로 집필했고 나머지 장들도 학술지에 발표하며 수정·보완할 기회를 가졌다. 너무 거창한 연구 주제를 붙잡고 허송세월하며 헤매고 있을 때 5·18 광주 항쟁과 중국의 톈안먼 항쟁을 비교하라고 권유하고 지도해 주신 손호철 선생님과 심사위원장을 맡아 논문 심사를 주관해 주신 강정인 선생님께 이 자리를 빌려 감사의 말씀을 올린다. 손호철 선생님의 호된 비판과 강정인 선생님의 따뜻한 격려는 끝까지 학위를 마칠 수 있도록 해준 채찍과 당근이었다. 특히 손호철 선생님의 도움이 없었다면 한국 정치사의 가장 중요한 사건 가운데 하나인 5·18을 감히 연구할 엄두조차 내지 못했을 것이다.

　내 공부의 '현장'이었던 세미나를 함께한 선후배, 친구들에게도 고마운 마음을 전하고 싶다. 현대 마르크스주의를 비롯해 최신 이론들을 마구잡이로 읽어 내느라 함께 고생했던 옛 '서강 정치철학연구회'의 마지막 회원들인 구준모, 김상운, 안중철, 조현진, 최재혁, 그리고 매주 10년 넘게 진행하는 동안 이 세미나에 한 번 이상 다녀갔던 수많은 분들에게 감사드린다. 라캉과 지젝을 비롯해 정신분석학을 공부할 기회를 제공해 준 옛 '난곡 연구소'의 이성민 선배와 여러 선생님들에게도 감사드린다. 지금은 각자 삶의 장에서 버텨 내느라 여력이 없는 '대안지식연구회'의 동인들인 김윤철, 김원, 오창은, 이명원, 이승원, 이영제, 하승우에게도 우정을 담아 고마움을 전한다. 몇 년 전에 새로 시작한 '현대정치철학연구회'의 진태원 선생님과 김승만, 오근창, 유지현, 장진범, 그리고 그 밖의 회원들에게도 감사드린다. 매주 세미나를 하고 발제를 하는 게 쉽지 않지만, 이런 '현장'이 있기에 삭막한 학문 풍토에서 서로 도움을 주고받으며 연구를 벼릴 수 있는 것 같다.

2013년 5·18 광주 항쟁 33주년 5월에

김정한

1장

5·18 광주 항쟁과
저항 주체

1. 우리를 잊지 말아 주세요

사랑과 이별의 노래처럼 진부하면서도 늘 새로운 듯이 마음 한 편을 아리게 하는 것도 없다. 1980년 5월의 이야기도 그러하다. 5월 27일 그 마지막 밤과 새벽, 도시의 거리마다 퍼져 나간 "우리를 잊지 말아 주세요"라는 한 여인의 목소리는 도청에 몰려오는 공수부대를 물리칠 힘은 없었지만, '1980년대'를 온몸으로 저항했던 모든 주체들의 마음에 오래 남아 있게 될 것이었다.

시민 여러분, 지금 계엄군이 쳐들어오고 있습니다. 사랑하는 우리 형제, 우리 자매들이 계엄군의 총칼에 숨져 가고 있습니다. 우리 모두 일어나서 계엄군과 끝까지 싸웁시다. 우리는 광주를 사수할 것입니다. 우리를 잊지 말아 주십시오. 우리는 최후까지 싸울 것입니다. 시민 여러분, 계엄군이 쳐들어오고 있습니다(황석영 1985, 236).

시민군이 남긴 이 이별의 말은, 그해 5월 광주에 있지 않은 사람들, 최후의 밤에 도청으로 가지 못한 사람들의 마음 깊이 새겨진 가장 강력한 호명의 언어였다. 시민군은 "우리를 잊지 말아 주십시오"라는 마지막 말을 남겼고, 1980년대 내내 모든 저항 주체들은 진정 "우리를" 잊지 않기 위해서, 더 나아가 5월의 광주를 재현하기 위해 필사적인 몸짓을 반복했다.

그러나 이 5월의 사건을 어떻게 재현할 것인지는 결코 자명하지 않았다. '대표'나 '표상'으로 옮겨지기도 하는 재현repre-sentation은 현실을 있는 그대로 반영하거나 기록, 복제하는 게 아니라 현실을 재구성하는 과정을 수반한다. 따라서 "사실적 텍스트는 현실을 반영하는 것이 아니라 사람들이 사실적이라고 믿는 방식대로 구성한 것"이며, 이는 불가피하게 "어떤 것은 드러내는 반면 어떤 것은 숨긴다"(챈들러 2006, 368). 이런 의미에서 재현은 곧 해석interpretation과 밀접한 관계에 있다. 다시 말해서, 어떤 현실-텍스트에 대해 다양한 해석이 가능하다는 해석의 다원주의가 존재한다면 재현에 대해서도 마찬가지다. 그러나 개인적 해석-재현과 사회적 해석-재현은 다르다. 개인적인 기억, 인상, 표상, 해석, 재현과는 다르게, 사회적인 그것은 집단적인 담론 구성과 여러 담론 간의 갈등을 통해서 구성되기 때문이다. 실제로 1980년 5월의 항쟁을 잊지 않고 기억하는 것, 더 나아가 그것을 재현하는 일은 수많은 담론 투쟁을 동반했다.

한국에서 5·18 광주 항쟁은 넓게는 한국 사회에, 좁게는 사회운동에 이론적·실천적으로 많은 영향력을 행사하며 그 틀의 토대를 닦은 '정초적 사건'이다. 하지만 이 항쟁을 어떻게 해석하고 재현할 것인가 하는 문제는 늘 논란의 중심에 있었다.

5·18 광주 항쟁에 관한 초기 연구는 주로 '진상 규명'에 선차성을 두고 있었고(황석영 1985), 지도 세력과 참여 주체의 계급이나 계층을 확인하는 작업, 항쟁의 배경, 원인, 성격 등을 규명하는 구조적 분석 등으로 이루어졌다(박현채 2007; 이정로 1989; 김진균·정근식 1990; 정해구 외 1990; 손호철 2003c; 안종철 1999, 2001). 또한 정치적 민주화가 진전됨에 따라 광주 항쟁이 민주화 과정에 미친 영향력과 그 정치적 성격을 추적하는 연구가 진행되었으며(학술단체협의회 1999; 최장집 2002), 최근에는 정치 영역 이외의 다양한 영역에서 광주 항쟁이 발휘한 사후 효과를 정리하는 연구, 오늘날의 사회운동과 민주화 과제에 비춰 광주 항쟁의 현재적 의미를 발견하려는 분석 등이 주를 이루고 있다(임병택 2000; 장태한 2001; 정호기 2005; 김두식 2003; 김진균 2003; 카치아피카스 2009; 김종헌 2005; 박영신 2005; 이광일 2005; 정근식 2005).

이와 같은 연구 과정에서 주요 쟁점은 5·18 광주 항쟁의 원인, 성격, 운동 주체, 항쟁 공동체 등을 둘러싸고 형성되었다(〈표 1〉 참조). 이에 대해서는 지금까지도 여러 해석과 주장이 경합하고 있지만, 각 쟁점에 대해 보다 세련된 논증과 설명력을 갖춘 연구가 부재한 가운데 사실상 논쟁도 중단된 상태이다. 특히 진보학계에서 제출된 민중항쟁론이나 무장봉기론 등은 선명한 실천성을 앞세워 규범적이고 도식적인 운동 논리로 분석을 대신

표 1   5·18 광주 항쟁의 주요 연구 쟁점

원인	성격	운동 주체	항쟁 공동체
· 쿠데타 세력의 음모 · 광주의 지역적 특수성 · 신식민지(한미관계) 모순 · 자본주의 모순 · 계엄군의 폭력	· 민주화 운동(시민 항쟁) · 민중항쟁 · 노동계급의 무장봉기 · 인간 존엄성을 위한 저항	· 범광주 시민 · 범민중(계급)연합 · 노동계급 · 민중·계급 아닌 인간	· 민중 자치 · 민중 권력 · 코뮌 · 절대공동체

했다는 비판을 받고 있지만(이용기 1999), 이를 해명하는 연구는 진척되지 않고 있다(강현아 2004b; 정일준 2004).

　이런 점에서 문헌과 증언에 대한 담론 분석을 통해 5·18 광주 항쟁을 치밀하게 구성한 최정운(2012)의 연구는 주목할 만하다. 이 연구는 사회구조적 요인에 주목한 민중론과 계급론을 비판하면서, 항쟁에 참여한 운동 주체의 언어를 재구성해 그 형상을 생생히 그려 낸다. 그러나 특정한 정치 이데올로기에 입각한 접근법을 비판하는 가운데, 광주 항쟁에 관한 전체적인 담론 해석이 또 하나의 정치 이데올로기인 인간주의humanism로 귀결한다는 점에서 아쉬움을 남긴다(최정운 2000). 인간의 존엄성만을 부각시키는 해석은, 적어도 '인간'이 세계의 중심을 차지하기 시작한 근대 이후의 거의 모든 운동에 적용해도 별 무리가 없다는 점에서, 손쉬운 보편성을 획득할지는 몰라도 여타의 대중 봉기와 차별적인 광주 항쟁의 특수성을 밝히는 데 한계가 있을 수밖에 없다. 이는 최정운의 연구 이후 유사한 문제의식을 갖고 운동 주체에게서 '인간적인 감정'을 추출하고 이를 운동의 주요 자원으로 부각시키려는 후속 연구들에서도 마찬가지로 나타난다(조대엽 2003; 이종범 2004; 신진욱 2007).

그렇지만 1980년대 이후 최근까지 광주 항쟁에 관한 역사적 담론들을 일별해 보면 하나의 주요 특징을 추출해 낼 수 있는데, 그것은 바로 '국가 중심적 재현'에서 '주체 중심적 재현'으로 그 중심이 이동하고 있다는 점이다. 여기서 국가 중심적 재현이란 5·18이 자유민주주의 대한민국에 대항하는 '새로운 국가의 탄생' 내지 그 맹아를 드러낸 사건이었다고 보는 입장들을 통칭한다. 즉, 민중 권력, 임시 혁명정부, 코뮌 등으로 표현된 바 있듯이, 5·18 당시 새로운 국가의 형식이 등장했으며, 이는 비록 계엄군의 진압으로 실패했지만 대안 국가의 실험적 모델을 제시했다는 것이다. 그리고 이와 같은 국가 중심적 재현은 대부분 무장투쟁으로 국가를 전복한다는 사회주의(공산주의) 혁명론을 닮아 있었다. 그러나 현실 사회주의국가들이 붕괴한 이후 국가 중심적 재현 또한 점차 영향력이 약화되었으며, 이와 더불어 5·18의 재현은 민주화 담론으로 포섭돼 갔다. 즉, 5·18은 민주화 운동이며, 그것이 염원한 새로운 국가는 민주국가라는 것이다. 이 경우 '새로운 국가'는 군부독재에 대항하는 민주 정부의 수립으로 이해되었고, 1992년 문민정부, 1997년 참여정부, 2002년 국민의 정부 등 민주 정부의 등장으로 5·18의 역사적 소임은 일정하게 완결되었다는 담론이 사회적 발언력을 획득했다. 반면에 이를 비판하면서 최근에는 5·18에 대한 주체 중심적 재현이 새롭게 제시되고 있다. 즉, 다중multitude이나 유목민nomad 등으로 표현된 바 있듯이 집단적 삶을 지향하는 자율적인 개인들이라는 '새로운 주체의 탄생'을 엿볼 수 있다는 것이다. 이 경우 5·18의 핵심적인 특징은 국가권력을 전복하고 새로운 권력을 수립하는 데 있는 것이 아니라 그와 무관하게 자율적인 삶의 공동체를 구성하는 데 있다. 새로운 국가의 탄생이 아니라 새로운 주체의 탄생이라는 재현 틀에서 5·18은 기존의 사회주의(공산주의) 혁명론을 비판하면서 국민국가와 자본주의를 넘어서는 새로운 공동체를 구성하려는 운동으로 파악된다.

이 장에서는 5·18 광주 항쟁에 대한 재현이 국가 중심적 재현에서 주체 중심적 재현으로 이동하는 과정을 추적하면서 그 주요 특징과 한계를 분석해 보고자 한다.

2. 국가 중심적 재현

1979년 12·12쿠데타에 성공한 신군부 세력은 5월 17일 24시에 비상계엄령을 전국으로 확대하고, 주요 잠재적 저항 세력인 대학생들의 시위를 예방하기 위해 전국 각 대학에 계엄군을 진주시켜 학생들의 등교를 저지했다. 이 때문에 5월 18일 광주의

저항은 전남대에서 시작된다. 전국의 대학생들이 공수부대의
주둔으로 어떤 조직적 행동도 시도하지 못할 때, 오직 전남대 학
생들만이 공수부대와 싸워 교문을 뚫고 금남로로 행진했고, 이
를 계기로 광주 일대에서 시위와 진압의 아수라장이 일어났다.
공수부대의 무자비한 폭력에 광주 시민들이 분노해 학생들과
함께 항의했고, 이런 시민들의 수가 늘어나자 계엄사령부는 계
엄군을 증파해 시위를 진압하도록 했다.

　　5월 18일에서 5월 20일까지 시민들과 공수부대의 공방이
계속되는 가운데, 총과 칼로 무장한 군인들의 무차별적인 폭력
진압은 그 자체로 이미 시민과 학생의 무고한 죽음을 충분히 예
고하고 있었다. 그러나 이때까지만 해도 계엄군의 계획적인 집
단 발포를 예견한 사람은 아무도 없었다. '대한민국 군대'가 '대
한민국 국민'에게 총을 쏜다는 것은 상식적으로 납득할 수 없는
일이었기 때문이다. "국민이 낸 세금으로 국민을 보호하기 위해
존재하는 군인이 국민에게 총을 쏜다는 것은 있을 수 없는 일이
다"(해정구의 증언, 한국현대사사료연구소 1990, 989). 그러나 5월
21일 오후 1시, 도청에서 〈애국가〉가 울려 퍼지는 가운데 공수
부대는 시민들을 향해 집중사격을 가했다.

　　시민들은 도청 쪽의 군 저지선을 뚫으려 했지만 최루탄이 밀가루처
　　럼 쏟아져 내려 군중이 흩어졌다. 사람들이 많았으므로 넘어지면 그
　　대로 밟혀 죽을 만한 상황이었다. 하늘에서는 헬기가 계속 선회하고

있었고, 시민들은 다시 모여들었다. 약 1시경 …… 버스 3대, 장갑차 1대, 6톤 트럭 4대가 도로를 꽉 메우며 들어왔다. 먼저 계엄군에게 철수할 것을 요구했으나 응하지 않자 얼굴에 수건을 쓴 사람들이 차에 올랐다. 계엄군들도 장갑차 위에서 사격 준비를 했다. 나는 전일빌딩(?) 공사장 위로 올라가서 그 광경을 보았다. 1시 20분경 시위대 차량에 탄 사람들이 군 저지선을 향해 돌진하기 시작했다. 분수대를 우로 돌아서 계엄군을 향해 전진하자 군인들은 노동청 쪽으로 밀렸고 시민들은 '와' 하는 함성을 질렀다. 불과 30여 초도 되지 않아 '타당탕탕' 총소리와 함께 처절한 비명 소리로 도청 광장은 아비규환의 생지옥이 되었다. 그 많던 사람들은 모조리 골목골목으로 숨어 들어갔고 미처 도망가지 못한 10여 명이 조준 사격을 받아 쓰러지고 있었다(김길식의 증언, 한국현대사사료연구소 1990, 302).

이 "아비규환의 생지옥"에서 시민군이 출현한다. "우리는 왜 총을 들 수밖에 없었는가? 그 대답은 너무나 간단합니다. 너무나 무자비한 만행을 더 이상 보고만 있을 수 없어서 너도나도 총을 들고 나섰던 것입니다"(광주광역시 5·18사료편찬위원회 1997, 63). '시민군'이라는 명칭은 잔혹한 계엄군에 대항하기 위해 무장을 선택한 이들에게 자연스럽게 붙여졌다(안종철 2001, 284). 자발적으로 무장한 시민군은 곳곳에서 격렬한 시가전을 전개해 이에 당황한 계엄군을 도시 외곽으로 후퇴하도록 만들고, 5월 21일 저녁 도청을 점거하는 데 성공한다.

5·18에 대한 국가 중심적 재현이 주목하는 것이 바로 이 시민군의 형상이다. 처음에 시민군은 크게 시내 방위대와 지역 방위대로 나뉘어 역할을 분담하는 체제로 이루어졌다. 그러나 5월 22일부터 주로 종교인, 지역 유지, 상층 엘리트 등으로 구성된 '시민수습대책위원회'에서 사태를 '수습'하기 위해 무기 회수 활동을 진행하면서 지역 방위대의 역할은 약화되어 5월 23~24일에 해산하게 되며, 시내 방위대는 새롭게 재편돼 방위와 치안을 담당한다. 또한 5월 22일 도청 상황실이 구성되어 상황실 업무를 수행하는 기동 순찰대가 만들어졌고, 마지막으로 5월 26일에는 수습대책위원회의 활동에 반대하면서 '수습'이 아니라 '항전'을 주도하는 '민주시민학생투쟁위원회'가 전체 조직을 장악하고 계엄군의 재진입에 대비하기 위해 기동타격대를 공식 결성한다(안종철 2001, 285-288; 정재호 2008, 117-120).

국가 중심적 재현은, 수습파가 아닌 항전파 중심의 '시민학생투쟁위원회-기동타격대'를 새로운 국가권력의 형식으로 이해하는 데 그 핵심적인 특징이 있다. 우선 시민군에 적극적으로 참여한 이들은 대개 사회 하층민들이었다. "대부분은 노동자, 목공, 공사장 인부 등 직접 노동에 종사하는 사람들이거나 구두닦이, 넝마주이, 술집 웨이터, 부랑아, 일용 품팔이 등등이었으며 또한 교련복을 입은 고등학생들도 많았고 가끔은 예비군복을 입은 장년층들도 보였다"(황석영 1985, 122). 이는 기존 사회 질서에서 버림받은 사람들, 체제의 모순으로 인해 가장 고통 받는 사람들이 새로운 사회 건설의 주역이라는 1970년대 민중론을 입증하는 것처럼 보였고, 또한 노동계급이 반자본주의 혁명의 '주력 부대'라는 1980년대 계급론을 역사적으로 실증하는 것처럼 여겨졌다. 더구나 시민군 지도부 또한 기성 엘리트와는 거리가 먼 인물들이었다. 예를 들어, 시민학생투쟁위원회의 실질적 지도자인 상황실장 박남선은 당시 26세로 골재 차량 운전사였고, 기동타격대 대장 윤석루는 당시 24세로 자개 공예 노동자였다. "상황실장 박남선, 기동타격대장 윤석루와 같은 사람들이 시민군의 실질적인 권력을 장악하고 있었다. 이런 사람들은 전혀 지식이 없는 민중이라고 할 수 있는 도시 룸펜들이었다"(정동년의 증언, 한국현대사사료연구소 1990, 518). 이런 이들이 시민군의 지도자라는 사실은 아마 관료적 위계질서에 익숙한 수사 당국자들에게 쉽게 이해되기 어려웠을 것이다. 당시 보안사 광주 지부 특명반 수사관의 증언에 따르면, 김대중을 '최고 수괴'로 하는 수사 체계도에서 박남선과 윤석루는 "극렬 가담 불량배"로 분류될 뿐이었다(허창환의 증언).[1]

국가 중심적 재현의 대표적인 사례는 1989년에 발표된 사회주의노동자동맹(사노맹)에서 나온 다음 글에서 잘 드러난다.

---

[1] 1988년 12월 6일 평화민주당사에서 진행한 기자회견. 이 글은 전남대 5·18연구소(cnu 518.jnu.ac.kr)의 '학술DB-5·18자료실'에서 검색할 수 있다.

쁘띠부르주아지들은 시민학생투쟁위원회가 민중의 실질적인 권력 기관이라는 시각을 반대한다. 그들은 시민학생투쟁위원회를 단지 '결사 항쟁파'라고 명명하고 싶어 한다. 시민학생투쟁위원회는 분명 '결사 항쟁'을 주장하였다. 그러나 노동자계급의 관점에서 바라본 시민학생투쟁위원회의 혁명적 의의는 그들이 단지 결사 항쟁을 주장했다는 사실에 있는 것이 아니다. 부르주아적 자유민주의자와 쁘띠부르주아지의 생각과는 정반대로 민중이 '반란'에 착수하였고 비록 지역에서나마 낡은 권력을 대신하는 새로운 권력기관을 창출했다는 점이다. 그렇다! 시민학생투쟁위원회의 획기적 의의는 민족 분단이 고착된 이래로 남한 사회에서 최초로 임시 혁명 권력이 창출되었다는 점에 있는 것이다. 시민학생투쟁위원회는 유일한 '봉기의 지도 기관'이자, 광주 지역의 '임시 혁명 권력'이었다. 민중 무장의 모든 역량은 이 기관에 총집결되었으며, 그들은 내무, 외무, 치안, 군대 등을 모두 장악하고 있었다. 이것을 혁명 권력으로 보지 않고 무엇이라고 말할 수 있겠는가? 러시아에서는 1905년 혁명에서 노동자와 농민의 자발적 투쟁의 성과로서 '소비에트'라는 혁명적 권력을 탄생시켰다. 남한에서 진행된 1980년 5월의 광주 무장봉기는 시민학생투쟁위원회라는 또 다른 임시 혁명 권력을 탄생시켰던 것이다(이정로 1989).[2]

---

2 전남대 5·18연구소(cnu518.jnu.ac.kr)의 '학술DB-5·18자료실' 참조.

여기서 시민학생투쟁위원회는 러시아혁명의 소비에트에 비견되는 새로운 권력기관, 봉기의 지도 기관, 임시 혁명 권력으로 묘사되고 있다. 그에 따르면, 노동자계급이 만들어 낸 남한 최초의 혁명 권력은 새로운 국가의 탄생을 알리는 모태였다. 또한 이와 같은 국가 중심적 재현은 비교적 최근에 자율주의 이론가인 카치아피카스가 5·18을 1871년 파리코뮌과 유사하다고 주장한 글에서도 확인할 수 있다. 5·18은 파리코뮌에 비견되는 광주 코뮌이었으며, 민주적이고 자발적인 "새로운 형태의 정부" 였다.

광주 민중은 파리코뮌보다는 훨씬 짧은 기간이지만, 6일 동안 해방구를 만들었다. 해방 광주에서 매일 시민 집회가 열려 수십 년 동안의 좌절과 보통 사람들의 간혔던 소망에 힘을 불어넣어 주었다. 지방의 시민 조직들은 질서를 유지했고 민중의, 민중에 의한, 민중을 위한 새로운 형태의 정부를 만들었다. 우연의 일치로 파리코뮌이 109년 앞서 진압되었던 날과 같은 날인 5월 27일, 광주 코뮌도 군부에 의해 진압되었다. 두 사건은 수렴되는 주목할 만한 측면들을 가지고 있는데, 해방된 영토 내에 다음과 같이 유사한 수많은 역동성이 나타났다. 첫째, 민주적 의사 결정을 하는 대중조직의 자발적 출현, 둘째, 아래로부터 무장된 저항의 출현, 셋째, 도시 범죄행위의 감소, 넷째, 시민들 간의 진정한 연대와 협력의 존재, 다섯째, 계급, 권력 그리고 지위와 같은 위계의 부재, 여섯째, 참여자들 간의 내적 역할 분담의 등장 등이다(카치아피카스 2009, 319).

물론 이와 같은 5·18의 재현은 특정 정파에서 내부적으로 도출한 입장이라기보다는 거의 10여 년에 걸친 집단적 담론 구성의 집약적 산물에 가까웠다. 민중 자치, 민중 권력, 광주 코뮌, 임시 혁명 권력 등 비록 다양한 정파들에 의해 제출된 명칭들은 상이했을지라도, 그 일관된 문제의식은 광주 항쟁에서 사회 하층민들이 스스로 권력기관을 창출하고 운영하는 하나의 전형을 보여 줬다는 데 있었기 때문이다. 이런 문제의식이 자리 잡는 과정은 5·18에 관한 규정이 1980년대 내내 변화하는 양상에서 쉽게 엿볼 수 있다.

애초에 5·18 이후 거의 1년 동안 지속되었던 규정은 '광주 시민 의거'라는 것이었다. 이는 5·18을 반독재 민주화 운동의 연장선에 있는 시민 의거로 보는 관점이다. 하지만 1981년에 5·18은 혁명적 전환을 촉구하는 '광주 민중 봉기'였다는 표현이 전남대에서 등장했고, 1985년에 이르러 민족, 민주, 민중이라는 삼민三民 이념과 결합해 '광주 민중항쟁'이라는 용어가 대대적으로 확산되기 시작했다. 5·18은 민중 해방운동이자 혁명적 민중 봉기였다는 것이다. 더 나아가 학생운동권에서 처음 제기한 이런 문제의식은 1987년 6월항쟁 이후 광주 항쟁에 관한 문헌들과 증언들이 급속히 쏟아져 나오는 상황에서 제도권 학계에도 수용되었고 '광주 민중항쟁'이라는 규정은 일정한 사회적 대표성을 획득했다.

　이와 같이 5·18을 새로운 국가의 탄생으로 보는 국가 중심적 재현이 대두한 배경에는 이른바 '혁명의 시대'로 불리는 1980년대에 사회운동이 지향하고 있던 '국가 혁명'이 놓여 있다. 19세기 이후 세계를 변화시키는 기본 모델로 받아들여진 '국가권력의 장악'이 1980년대 사회운동의 주요 화두가 되었던 것이다. 여기에는 국가권력을 장악한 후에 그 권력을 활용해 사회를 변화시키는 것이 가장 효과적이고 신속한 방법이라는 믿음이 깔려 있었다. 우선은 국가 내부에서 권력을 획득하고, 그다음에 세계를 변혁한다는 이른바 '2단계 전략'이다(김정한 2004, 177). 이런 사회운동의 전략이 5·18의 국가 중심적 재현을 강하게 규정하고 있었던 것이다. 이는 국가 중심적 재현이 한편으로는 사회운동의 실천적 논리와 도식을 통해 역사적 사건을 과도하게 끼워 맞추려 한다는 일반적 비판을 받게 되는 원인이 되었고, 다른 한편으로는 1989~91년에 소련을 비롯한 현실 사회주의국가들이 몰락함으로써 '국가 혁명'이라는 전략의 유효성이 의심받는 상황에 처하자 급속히 사회적 설득력과 영향력을 상실하는 결과를 낳았다.

3. 주체 중심적 재현

'국가 혁명'이라는 문제 설정이 사회적 힘을 잃고 담론 영역에서 배제되면서, 한동안 활발한 논쟁을 일으킨 5·18에 대한 국가 중심적 재현도 함께 사그라졌다. 그리고 그 빈자리를 채운 것이 민주화 운동론이다. 애초에 5·18을 광주 시민 의거라고 했던 규정으로 되돌아가서, 그와 유사하게 군부독재에 항거한 민주화 운동으로 5·18을 다시 개념화하는 일이 잦아졌다. 그 결정판은 1997년에 5·18이 국가 기념일로 제정된 일이다. 이로써 광주 항쟁은 제도적으로 복권되었지만, 그 대가로 5·18은 국가기록원에서 공식적으로 표현하고 있듯이 "항쟁에서 민주화 운동으로" 퇴색했다.

이를 '퇴색'이라고 하는 이유는, 5·18에 담겨진 저항적 상징성이 현재형이나 미래형이 아니라 '과거형'으로 변모하게 되었기 때문이다. 반독재 민주화 운동이라면, 독재 정권이 더 이상 존재하지 않는 '민주주의' 사회에서는 현재와 미래의 저항이 준거하는 상징적 원천으로 작동하기가 어려울 수밖에 없다. 그것은 그저 먼 옛날 좋지 않던 시대에 살았던 의로운 사람들의 이야기로 전락하기 쉽다. 여기서 5·18의 국가 중심적 재현에서 강조했던 '새로운 국가'는 '현실의 민주 정부'를 가리키는 것으로 축소되고, '국가 혁명'이라는 문제의식은 '국가의 (개혁적) 민주화'로 변형된다. 더구나 1997년 외환 위기 이후 기존의 '민주-반민주' 구도가 약화되고 '신자유주의-반신자유주의' 대립이 부상하는 정치 지형에서 '민주-반민주' 구도에 의존하는 5·18의 저항성은 현저히 희미해진다. 최근 5·18의 '박제화'를 우려하는 목소리들이 높아지는 이유가 여기에 있다. 이런 일련의 과정은 5·18을 국가 기념일로 제정하는 일이 과연 5·18의 저항적 상징성을 보존하는 좋은 방법이었는지에 대해 반성케 한다.

그러나 혁명을 통한 새로운 국가 건설을 표상했던 현실 사회주의국가들이 붕괴하고 '국가 혁명'이라는 전략이 설득력을 잃은 정세에서 5·18의 저항적 상징성을 보존하고 재개념화하는 일은 난제이기도 했다. 그 난제에 대한 하나의 실마리로 최근에 등장한 것이 5·18의 주체 중심적 재현이다. 이는 5·18에서 주목해야 하는 것은 '새로운 국가의 탄생'이 아니라 '새로운 주체의 탄생'이라는 입장이다. 주로 들뢰즈나 네그리의 철학에 기반하는 자율주의와 코뮌주의의 관점에서 출발한 논의들이 여기에 속한다. 예컨대 자율주의의 대표적 이론가인 조정환은 기동 타격대를 "가난한 사람들을 중심으로 꾸려진 잡색 부대"라고 명명하고, 이들의 등장으로 지역공동체가 정치적 자치 공동체로 변모했다면서 이렇게 서술하고 있다.

이제 시위와 항쟁은 자신의 존엄을 선언하기 위해 모인 다중들의 봉기蜂起로 변모한다. 존엄을 선언하는 투쟁에서 각자는 직업이나 신분을 벗어나며, 어떠한 이해관계에서도 자유로운 전인全人으로 다시 태어난다. 혁명은 부르주아사회가 강요하는 정체성을 지키는 행동이 아니라 그 주어진 경계들을 넘어서면서 공통됨을 구축하는 행동이었던 것이다. 이 순간에 각자는 바로 자신의 지도자이자 모든 사람에 대한 지도자이다. 이 순간에 각자는 법적 인간의 권리로서의 인권을 달성하는 데 머무르지 않고 초인을 달성한다. 이것이 만인들의 만인들에 대한 자기 지배로서의 절대적 민주주의이자 초인들의 공동체이다. 초인들의 공동체는 특이성들의 절대적 협동으로서의 사랑에 의해 조직된다(조정환 2010, 77).

기존 사회가 규정하는 직업, 신분, 정체성에서 벗어나 자유로운 전인으로 재탄생하는 초인이야말로 5·18의 봉기성을 잘 보여 주는 특징이라는 주장이다. 또한 5·18에서 나타난 바 있는 항쟁 공동체는 절대적 협동과 사랑이 실존하는 초인들의 공동체로 재규정된다. 이와 유사하게 코뮌주의의 대표적인 이론가인 이진경은 새로운 주체의 탄생을 비인칭적 특이성으로 묘사한다.

항쟁의 기간 대중의 구성체가 특이한 구성체가 될 수 있었던 것은 지위나 이름이 지워지고 그 대신 말 그대로 비인칭적 특이점들이 언제 어디서든 출현할 수 있게 되었기 때문일 것이다. 지위에 할당된 권리나 권력이 작동하는 한 대개는 그런 지위에 있지 못한 '비인칭적' 인물이 자신의 능력을 사건의 흐름을 규정하는 특이점으로 관여하게 하기는 아주 곤란하다. 역으로 특이적 구성체였기에 어떤 누구든 특이점이 될 수 있는 인물은 지도자가 되고 사건의 흐름을 주도할 수 있었던 것이다. 이런 점에서 이 시기 대중의 구성체를 특징짓는 비인칭성과 특이성은 동일한 것이었다고 해야 할 것이다. 그렇다면 [5월] 18일 이후 지수적 속도로 성장하며 형성되어 간 광주 항쟁의 이 대중적 구성체를 '비인칭적 특이성'이란 개념으로 이해할 수 있을 것이다(이진경·조원광 2009, 151).

기존 사회가 할당하는 지위와 이름을 지우고, 각각의 개인들이 대중이라는 거대한 흐름 속에서 능력에 따라 새로운 흐름을 만들어 낼 수 있는 비인칭적 특이성들의 구성체가 탄생한 것이 5·18의 가장 큰 특징이라는 주장이다. 여기서 운동의 주역은 대중의 흐름 속에서 지위도 이름도 지워진, 그러나 각자의 특이한 능력과 특이한 활동을 발휘하는 무명無名들이다.

이와 같은 주체 중심적 재현이 전제하고 있는 바는, 무엇보다 국가 중심적 재현이 전제하고 있던 '국가 혁명' 전략에 대한 비판이다. 그래서 이것이 혁명에 대한 다른 개념화와 연결되는 것은 자연스럽다. "혁명을 기존의 권력을 전복하고 새로운 권력을 수립하는 것으로 정의하지 않고, 기존의 질서를 근본에서 전복하는 것으로 정의한다면 바로 이런 상황이야말로 '혁명'이라는 말에 부합하는 게 아닐까? 기존의 모든 것을 지우고, 기존의 모든 것이 다르게 기능하고 다르게 작동하게 하는 새로운 배치

속으로 이행하는 것"(이진경·조원광 2009, 152), 다시 말해서 혁명은 새로운 (국가)권력을 수립하는 게 아니라 개인이나 개체가 끊임없이 비인칭적 특이성이 되어 기존의 모든 것을 전복하는 것이다.

그러나 새로운 주체의 탄생으로 제시하는 '다중–초인'이나 '유목민–특이성'은, 한편으로는 기존의 국가 중심적 재현이 지닌 한계를 문제 삼고 비판하고 있지만, 다른 한편으로는 네그리와 들뢰즈의 철학적 도식을 그대로 5·18에 투영하는 것은 아닌지 의구심을 일으킨다.[3] 즉, 그것이 탄탄한 논리적 정합성을 갖춘 철학적 도식임에는 분명하지만, 그에 적합한 현실의 주체를 5·18에서 발견하고 있다고 보기는 어렵다. 무엇보다 5·18의 주

---

3 이와 관련해 조정환에 대한 조원광의 비판은 흥미롭다. 『공통 도시』의 서평으로 쓴 글에서 조원광은 다중과 제헌 권력을 구분해야 하며, 제헌 권력이 등장하는 항쟁 후반기가 아니라 다중의 역량이 확대, 상승하는 항쟁 전반기에 주목해야 한다고 주장한다. 조원광, 「5·18 광주를 불러오는 몇 가지 방법」, <참세상>(2010/06/19) 참조. 이에 대해 조정환은 다중과 제헌 권력은 대립 개념이 아니라고 반박하고 있다. 조정환, 「다중과 제헌 권력을 분리시킬 것인가 연결시킬 것인가: 『공통 도시』의 두 가지 의문점(조원광)에 대한 응답」, <참세상>(2010/06/23). 그러나 조원광의 주장은 절대공동체가 계급의 출현과 더불어 와해되었다는 최정운의 절대공동체론과 매우 유사한 논리 구조를 갖고 있으며(자세한 내용은 이 책의 2장 참조), 조정환의 주장은 절대공동체가 국가권력으로 변환됨으로써 분열했다는 최정운의 비판과 관련해 제헌 권력이 결국 제정 권력과 다를 바 없다는 근본적인 문제 제기에 적절히 답변하지 못하고 있다. 그 스스로 제헌 권력은 이미 "잠재적 권력으로, 잠재적 국가로 기능"하고 있었다고 지적하고 있기 때문이다(조정환 2010, 83-84).

체들은 평범한 사람들이었다. 오늘날 돌이켜 볼 때 보통 사람들인 우리가 도저히 흉내 낼 수 없는 영웅적이고 비극적인 행위를 선택한 이들이었지만, 그들 또한 우리와 똑같은 보통 사람들이었던 것이다. 공수부대의 만행에 분노했지만 동시에 두려워했으며, 거리에서 많은 사람들과 함께 행진하고 외치며 해방감을 느꼈지만 가족의 굴레를 뛰어넘지 못했고, 타인에 대한 사랑뿐 아니라 증오도 한이 없었으며, 무수한 희망과 절망의 뒤얽힘 속에서 때로는 용감하게 때로는 비겁하게 나아가고 물러섰다. 이것은 인간주의의 낡고 진부한 논의를 되풀이하려는 것이 아니다. 초인이나 비인칭적 특이성 등의 개념으로 과장할 수 없는 현실의 평범한 사람들의 모습이 당시에도 실존하고 있었으며, '새로운 주체의 탄생'을 고민하기 위해서는 그런 '평범함'을 창출하는 인간의 조건으로 되돌아갈 필요가 있다고 보기 때문이다.

그들은 1980년 5월에 느닷없이 하늘에서 떨어지거나 땅에서 솟아난 사람들이 아니었다. 1945~48년 해방 정국과 1948년 남북 단독정부 수립, 1950~53년 한국전쟁, 4·19혁명과 5·16쿠데타, 군사독재와 유신 체제 등을 체험하며 수십 년을 살아온 사람들이었고, 대한민국 국민으로서, 광주 시민으로서, 누군가의 어버이이자 자식으로서, 누군가의 연인이자 친구로서 살던 사람들이었다. 그들은 1980년대 국가 중심적 재현 틀에서 제시한 바 있듯이 무장봉기로 국가권력을 창출하는 '투사' 내지 '전사'라는 저항 주체의 모델을 통해서도, 최근 주체 중심적 재현에서 제기하는 초인이나 비인칭적 특이성이라는 저항 주체의 모델을 통해서도 여전히 적절하게 포착되지 못하고 있다. 그들은 철두철미한 주체가 아니고, 늘 능동적인 주체도 아니며, 영웅적인 주체는 더더욱 아니다.

이 평범한 사람들에게 5월 27일 '최후의 밤'은 무엇이었을까? 그날과 그 밤을 보내며 살아남은 이들의 이야기를 다소 길지만 마지막으로 인용하고 싶다. 기동타격대장 윤석루와 기동타격대원 김태찬의 증언이다. 새로운 저항 주체에 대한 모색은 바로 이 지점에서 새롭게 출발해야 한다.

[5월] 26일부터 나는 군인들이 들어올 것에 대비, 타격대를 16개 조로 나누어 외각 지역을 순찰시켰다. 각 조(16명)마다 무전기 1대와 지프차를 배정했다. 새벽 1시30분인지 2시인지 화정동을 지키고 있는 박인수로부터 '계엄군이 들어온다'는 제 1보를 받았다. '군인의 전차를 발견하고 교전 중'이라는 보고와 함께 박인수가 다쳤다는 얘기도 전해 들었다. 나는 바삐 대변인(윤상원 씨)에게 알리고 수습대책위원회에도 알렸다. 나는 또 우리 조원들에게 비상을 걸어 도청 주변을 강화시켰다. 대변인은 다시 목포초급대학에 다니던 이경희 양을 시켜 시민들의 협조를 구하는 차량 순회 방송에 나서도록 했다. 또 예비군을 동원, 총기를 배급하고 배치했다. 그러나 준비를 한 것은 결코 아니다. 다만 도망치면 더 큰 죄인이 된다고 생각했다. 의당 잡힐 줄 알았지만, 우리 반은 아무도 도망갈 생각을 품고 있는

것 같지 않았다. 새벽 4시 반인가 군인들이 사전 경고 없이 총격을 가하고 화염방사기로 방사하며 뛰어들어 왔다. 나는 부지사실에서 군인들에게 붙잡혔다. 부지사실 앞에서 화염방사기에 그을려 죽은 시체를 봤다. 군부대에 끌려간 우리 앞에서 가면을 쓴 사람이 우리 얼굴 하나하나를 찍어 가며 주모자인지 아닌지 가려 주고 있었다(윤석루의 증언).[4]

느닷없이 '따다당' 소리가 났다. "아 드디어 올 것이 왔구나" 하는 생각이 들었다. 그때 나는 2층 복도에 있었는데 모두가 총을 벽에 세워 놓고 앉아 있는 상태였고, 총탄은 나의 경우 3클립을 가지고 있었다. 총소리가 나기 전까지 모두 앉아서 장난을 치고 있었는데 나도 솔직히 죽는다는 것이 실감이 안 났다. 공격 개시와 함께 총을 쏘는데 너무 긴장을 해서 손이 떨리고 총탄이 안 나갔다. 옆의 애에게 말했다. "야! 총탄이 안 나가야." "그럼 이리 줘봐라." 그 애는 내 총을 점검했다. "야! 임마 총탄이 두 알 박혔잖아." 그러고는 내게 총을 넘겨 주었다. 총을 쏘는데 그 녀석이 옆에서 '픽' 쓰러졌다. 처음에는 장난인 줄 알았다. "야, 임마, 얼른 일어나야." 몸을 만지니까 따뜻한 피가 흘러내렸다. 방금 전까지 나하고 장난치던 애가 죽으니까 정말

---

4 「광주 주역 36일의 증언」, 『월간조선』 1998년 3월호. 전남대 5·18연구소(cnu518.jnu.ac.kr)의 '학술DB-5·18자료실' 참조.

그때서야 죽음이라는 게 실감이 났다. 옆에서 죽자 살아야 되겠다는 생각도 났고, 아니면 이성을 잃었다고나 할까. 그때부턴 무조건 갈기기 시작했다. 그러다가 이종기 씨가 총을 회수하러 왔다. '살아야 된다'고 생각하면서 2층 상황실로 올라가는데, 그때 계엄군이 도청 건물 안으로 치고 들어왔다. 바로 그때부터 나에겐 고난의 길이 시작된 것이다(김태찬의 증언, 한국현대사사료연구소 1990, 475).

4. 일상의 평범한 주체들

1980년대에 5·18 광주 항쟁에 대한 재현은 '새로운 국가의 탄생'에 초점이 맞춰져 있었다. '광주공화국', '전남민국' 등의 표현이 보여 주듯이 시민들이 무장투쟁을 통해 '자유민주주의 대한민국'이 아닌 새로운 국가를 만들어 냈다는 것이다. 이와 같은 5·18의 국가 중심적 재현은 민중 권력, 코뮌 등에 관한 논의들로 이어졌고, 어떻게 전민 항쟁을 통해 국가를 전복하고 체제를 변혁시킬 것인가 하는 레닌적 혁명론의 문제의식이 전면화하는 계기가 되었다. 그러나 현실 사회주의 체제가 몰락한 후 1990년대에는 '새로운 국가의 탄생'에 관한 국가 중심적 재현이 갖는 한계가 집중적으로 비판되었고, '새로운 국가'는 국가 권력의 장악을 통한 대안 국가의 수립이 아니라 시민들의 법적·제도적 국가 개혁을 통해 성취돼야 한다는 시민 개혁론의 문제의식이 확산되었다. 이런 민주화 운동 담론은 1987년 6월항쟁 이후 지속적인 정치적 민주화 과정에 의해 뒷받침되었고, 문민 정부, 국민의 정부, 참여정부로 이어지는 민주 정부들에 의해 5·18이 제도화되면서 일정하게 완결되었다. 하지만 이와 같은 민주화 담론을 통한 제도화는 또한 5·18을 '박제화'하는 것이기도 했다. 즉, 5·18이 저항적 상징성을 결정적으로 상실하는 결과를 낳았고, 사회운동 내에서조차 광주 항쟁은 점차 주변화되었다.

이로 인해 5·18의 변혁적 성격을 '복원'시키려는 일련의 시도들이 나타나는데, 이것이 '새로운 국가의 탄생'이 아니라 '새로운 주체의 탄생'에 초점을 맞추는 주체 중심적 재현이다. 즉, 국가권력과 전면적으로 대립할 뿐 새로운 국가를 지향하지 않는 '다중-초인', 또는 국민이라는 정체성에 얽매이지 않는 익명의 '유목민-비인칭적 특이성' 등이 5·18의 현재적 함의라는 것이다. 여기에는 국가 중심적 혁명론에 대한 비판, 시민운동이 주도한 국가 개혁의 한계에 대한 비판이 복합적인 배경을 이루고 있다.

그러나 이런 주체 중심적 재현은 국가주의 비판을 선취하고 있음에도 불구하고, 광주 항쟁의 현실적인 평범한 주체들을 과장하는 오류를 범하고 있다. 이 평범한 사람들은 1980년대 국가 중심적 재현 틀에서 제시한 바 있듯이 무장봉기로 국가권력을 창출하는 '투사' 내지 '전사'라는 저항 주체의 모델을 통해서도, 최근 주체 중심적 재현에서 제기하는 초인이나 비인칭적 특이성이라는 저항 주체의 모델을 통해서도 여전히 적절하게 포착되지 못하고 있다. 따라서 '새로운 주체의 탄생'을 중심에 두는 5·18에 대한 주체 중심적 재현은 그 문제의식의 타당성에도 불구하고, 일상적인 평범한 주체들이 국가권력에 종속적인 주체이면서 동시에 그에 저항하는 주체라는 관점에서 보다 정교해질 필요가 있다.

2장

절대공동체,
반反정치의 신화

1. 절대공동체의 신화

오늘날 5·18 광주 항쟁은 더 이상 세상과 불화하지 않는 것처럼 보인다. 그것은 한때 한국적 혁명의 가능성을 보여 준 대표적인 본보기로 간주되었지만, 이제는 '5·18 광주민주화운동'이라는 국가기록원의 공식 명칭이 함의하듯이 군사독재에 대항해 싸웠던 반독재 민주화 운동으로 규정되고 있고, 1987년 6월항쟁 이후 제한적이나마 정치적 민주화가 확립되어 가는 상황에서 5·18의 저항적 상징성은 빛이 바래고 있다. 돌이켜 보면 "5·18은 끝났는가?"라는 질문을 던졌던 10여 년 전에 이미 5·18은 죽어 가고 있었는지도 모른다(학술단체협의회 1999). 5·18 광주 항쟁에 대한 국가의 공식적인 기억은 먼 옛날 의로운 사람들이 좋지 않은 시대에 불의와 맞서 싸웠던 '옛날이야기'와 크게 다르지 않다. 5·18에 대한 사회적 관심이 점차 시들고 있는 까닭도 이와 무관하지 않을 것이다.

지난 30년 동안 5·18을 가리키는 사회적 명칭은 1980년대 초반의 '의거'에서 1980년대 중후반의 '민중항쟁'과 '혁명'으로,

1990년대 이후의 '민주화 운동'으로 바뀌어 왔다(이용기 1999).[1] 이런 변화는 물론 5·18을 바라보는 관점과 해석의 변동을 전제한다. 이 글에서 다루는 절대공동체론은 그 한가운데에 자리하고 있다. 최정운의 『오월의 사회과학』(2012)에서 처음 제시되었던 절대공동체론은 5·18 해석의 백미로 받아들여졌으며, 지금까지도 이 분야의 독보적인 연구 성과로 인식되고 있다. 이 책의 가장 큰 장점은 기존의 사회운동적 논리와 도식화에 의존한 해석을 거부하고, 항쟁 참여자들의 생생한 구술 증언 자료들을 최대한 활용하는 담론 분석을 최초로 시도했다는 데 있다. 정치적 이념이나 사회과학 이론이 아니라 당시 참여자들의 언어를 전면에 배치하는 방법은, 그것을 읽는 이들에게 충격적인 울림을 전해 주었다. 그러나 1989~90년 현실 사회주의국가들의 붕괴로 인해 한 시대를 풍미했던 혁명론이 자취를 감춘 후에 등장한 절대공동체론은, 저자의 의도와 무관하게 5·18을 과도하게 신화화함으로써 그로부터 현실 사회의 모순을 해결하는 정치를 사유할 수 있는 길을 가로막는 데 기여해 왔다. 5·18을 신화의 자리에 올려놓을 때 그것은 후대의 평범한 사람들이 쉽게 범접할 수도 이해할 수도 없는, 세속의 정치를 초월한 아름다운 사랑의 이야기로 승화한다. 이 글에서 절대공동체론을 '반反정치의

신화'라고 규정하는 이유가 여기에 있다.

1980년대에는 혁명의 고장이었고 진보의 성지로 여겨졌던 빛고을 광주는 오늘날 정치적으로 지역주의에 함몰돼 있을 뿐만 아니라 세계 변화에 대응하는 진보적 가치를 재현해 내지 못하고 있다. 이와 같은 5·18의 현실 앞에서 그것을 신화화하는 절대공동체론을 답습하는 것은 5·18의 저항적 상징성을 복원하고 그것을 현실의 갈등과 모순을 해결하는 밑거름으로 삼는 데 무용할 수밖에 없다. 이 글에서는 절대공동체론을 비판적으로 검토함으로써, 그것에 내재한 반反정치의 신화를 넘어서 5·18의 저항적 보편성을 재구성할 수 있는 하나의 실마리를 제시해 보고자 한다.

2. 절대공동체 개념과 5·18의 해석

5·18 광주 항쟁은 1980년 5월 18일부터 27일까지 일어났던 사건이다. 1979년 12·12 쿠데타에 성공한 신군부 세력은 5월 17일 24시에 비상계엄령을 전국으로 확대하고, 주요 잠재적 저항 세력인 대학생들의 시위를 막기 위해 전국 각 대학에 계엄군을 진주시켜 학생들의 등교를 저지했다. 이 때문에 5월 18일 광주의 저항은 전남대에서 시작되었으며, 전남대 학생들에 대한 공수부대의 무자비한 폭력을 목도하면서 광주 시민들은 학생들

과 함께 항의하기 시작했고, 광주 일대는 전쟁터를 연상케 하는 아수라장이 되었다. 더구나 계엄사령부는 학생과 시민들의 저항을 막기 위해 계엄군을 증파했으며, 5월 18일부터 5월 20일 오후까지 광주 시민과 공수부대의 공방은 더욱 치열해져 갔다. 그리고 마침내 5월 20일 오후와 밤에 엄청난 수의 시민들이 몰려나와 도청을 향해 행진했고, 택시와 버스가 차량 시위를 벌였으며, 광주 MBC 건물을 방화하기에 이르렀다. 최정운은 이날의 모습을 다음과 같이 그려 낸다.

> 그들은 광주 시민들이 모두 '한꺼번에 들고일어나' 주기를 기대했다. 그러나 이러한 전 시민의 단결은 꿈에 불과할 것이며 그 와중에 각자 살아남기 위해 필사적으로 뛰어다니며, 돌을 던지고 간혹 불을 질러 분노를 표출하고 시민들이 더 나오도록 분위기를 돋구었다. 그러나 [5월] 20일 오후 이들의 꿈은 꿈같이 이루어졌다. 금남로에서 또 유사한 시간에 시내의 다른 곳에서도 시민들 간에는 구체적인 공동체가 이루어졌다. 그것은 전통적 공동체와는 다른 절대적 공동체였다. …… 절대공동체는 군대와 같이 누군가 투쟁의 목적을 위해 개인들을 억압하여 만든 조직이 아니었다. 그것은 폭력에 대한 공포와 자신에 대한 수치를 이성과 용기로 극복하고 목숨을 걸고 싸우는 시민들이 만나 서로가 진정한 인간임을, 공포를 극복한 용기와 이성 있는 시민임을 인정하고 축하하고 결합한 절대공동체였다. 시민들이 공포를 극복하며 투쟁하고 추구하던 인간의 존엄성은 이제 비로

소 존엄한 인간끼리의 만남 그리고 바로 이 공동체에서 서로의 인정과 축하를 통해 객관화되었다. 절대공동체에서 시민들은 인간으로서의 정체성을 찾았고 그들은 다시 태어난 것이다(최정운 2012, 171-173).

5월 20일 오후 광주의 전통적 공동체는 공수부대의 가공할 무력 진압에 의해 억눌려 있던 시민들의 단결된 저항과 더불어 절대적 공동체로 전환되었다. 절대공동체는 삶과 죽음을 개인이 아니라 공동체로 정의하는 것이었고, 이는 피를 나누고 생명을 나누어 개인의 목숨과 공동체의 삶이 일치되는 순간이었다. 모든 시민이 자신의 생명보다 공동체 전체를 우선시하는 항쟁은 그들을 '하나'로 만들었으며, 이 속에서 개별적인 생명, 재산, 계급 등의 구분은 무효가 되었다.

20일 오후부터 광주 시민들은 이른바 절대공동체를 이루어 공수부대와 목숨을 걸고 싸웠다. 이러한 시민들의 집단을 필자가 절대공동체라고 명명한 것은 무엇보다 이곳에서는 광주 시민들의 개인個人은 완전히 용해되어 버렸기 때문이다. 각자 시민들은 자기의 생명과 동료 시위대 그리고 광주 시민들의 생명과 완전히 동일시했던 것이다. …… 나아가서 절대공동체가 이루어진 20일 오후부터는 사유재산 제도는 광주 시민들 간에는 거의 의미를 잃었다. 모든 시민들은 각자가 갖고 있는 재산, 즉 시위대에게 도움이 될 만한 음식들, 물건들 그리고 현금 등을 나누어 주고 심지어는 당시 동네에서 '구두쇠'로 유명한 사람들도 모두 참가하여 시민들을 놀라게 하기도 했다. …… 마지막으로 당시 사회적 계급이나 계층은 아무런 의미가 없었다. 그간 사회에서 천대받던 계층의 젊은이들은 용맹스럽게 싸움으로써 시민들의 사랑과 환호를 받았고 생면부지의 시민들은 계급 여하를 막론하고 죽마고우처럼 서로 다정히 대하고 아껴 주었다(최정운 2001, 324-325).

이와 같이 최정운은 절대공동체의 '절대적' 성격을 얼마간 문학적 필력과 결합시켜 묘사하고 있는데, 산발적으로 제시되고 있는 절대공동체의 개념적 자원을 정리하면 크게 세 가지로 구분해 볼 수 있다. 첫째, 페르디난트 퇴니스가 제시한 공동사회(공동체)이다. 퇴니스는 공동사회Gemeinschaft와 이익사회Gesellschaft를 구분하는데, 후자가 외적 목표나 목적을 중시한다면, 전자는 그 자체를 위한 사랑이나 애정 관계에 근거하며, 5·18은 퇴니스가 말하는 공동사회의 가장 극단적인 형태로서 '예외적 순수성'을 보여 준다는 것이다(최정운 2012, 197, 주 78). 둘째, 칼 슈미트의 결단주의Dezisionismus이다. 슈미트는 적과 동지의 구별을 정치적인 것의 핵심으로 파악하며, 광주 시민은 공수부대를 '악마'와 '마귀'로 지칭하는 '사생결단'의 상황에 놓여 있었다(최정운 2012, 178, 주 62). 셋째, 칼 폰 클라우제비츠의 절대전쟁absolute war이다(최정운 2012, 201 주 80). 제한전쟁이 정치에 종속돼 있는 전쟁이라면, 절대전쟁은 전쟁 국가들이 극단을 향한 상승작용을 일으켜 정치가 전쟁에 종속돼 있는 상태를 가리키며, 5·18은 처음부터 절대전쟁의 상황에서 시작되었다고 볼 수 있다. 요컨대 절대공동체는 광주 시민과 공수부대가 서로를 절멸시켜야 하는 적대적인 절대전쟁을 수행하는 과정에서 형성된 사랑의 공동체인 셈이다. 이런 맥락에서 절대공동체론의 '정치적 함의'가 있다면 그것은 외부적으로 절대전쟁 과정에서 적과 동지가 명확히 구분됨으로써 내부적으로 공동체가 공고해지는 예외성이다. 이 절대공동체의 핵심은 사랑이지만, 사랑의 공동체는 적의 실존에 의존한다(최정운 2012, 276).

시민들이 추구했던 인간의 존엄성의 회복은 개인의 용감한 투쟁에 대한 자기 확신 외에 동료 인간들의 인정 그리고 그들의 새로운 공동체, 절대공동체로부터 객관적으로 이루어졌다. 이 절대공동체의 핵심은 '사랑', 즉 고결한 존재에 대한 인간의 반응이었다. 이러한 공동체가 등장하자 망설이던 시민들도 절대공동체의 축복을 받기 위해 너도나도 합류했다. 모든 시민들은 동시에 공포로부터 해방되었다. 그들은 이곳에서 존엄한 인간으로 세례받았고 그 값을 하기 위해 더욱 열심히 싸웠다. 시민들은 절대공동체에서 다시 태어났고 이 순간 투쟁은 신명나는 자기 창조였다(최정운 2012, 196).

그런데 이 절대공동체는 그 모습을 완성하자 곧 그 내부 균열이 드러나기 시작한다. 절대공동체의 균열선 가운데 하나는 전통적 공동체의 주요 갈등이었던 계급 간의 이질감과 적대감이었고, 다른 하나는 전통적 공동체의 핵심 구조인 가족의 재등장이었다(최정운 2001, 329-330). 총을 잡은 사람들은 전통적 공동체에서 "위험한 계급"에 속하는 사람들인 날품팔이, 구두닦이, 노동자 등이었고, 총을 잡지 않은 사람들은 중산층 이상의 시민들이었으며, 이는 무장한 시민군과 무장해제를 요구하는 일반 시민 간의 분열로 나타났다. 또한 부모들은 시민군에 참여한 자식들을 찾아 귀가를 권유했고, 절대공동체에서 사라졌던 개인의 신분과 정체가 다시 중요해졌으며, 이와 더불어 개인의 생명이 소중하다는 전통적 공동체의 가치가 재등장하게 되었다. 요컨대 전통적 공동체의 주요 갈등, 구조, 가치가 절대공동체에 균열을 일으키고 와해시켰다는 것이다.

하지만 이와 관련해서 절대공동체론의 가장 중요한 논점은 그것이 곧바로 대안 국가로 전환되었다는 주장이다. 절대공동체에서 광주 시민들은 공수부대와의 전쟁을 위해 스스로 국가의 권위를 행사하기 시작했다는 것이다. 물론 최정운이 대안 국가라는 표현을 사용하지는 않지만, 5·18 광주 항쟁에서 새로운 국가가 탄생했으며, 이것이 절대공동체가 해체되는 주요 균열 지점이었다고 명시한다. 이는 국가권력이 그러하듯이 시민들을 징병하고 시민들의 목숨을 징병하는 것으로 나타났으며, 〈애국가〉를 부르고 태극기를 흔들며 희생된 시민들의 시체를 대형 태극기로 덮고 묵념을 올리는 등 국가의 의식儀式을 집행하는 것과도 연결되었다(최정운 2012, 171-176, 178). "절대공동체는 태초에 인간에게 정치 공동체로서의 국가가 태어나는 과정이었다. 절대공동체가 이루어지자 시민들은 국가의 권위, 그들의 의사가 절대적으로 옳다는 확신을 느끼고 적과의 전쟁을 수행하게 되었다"(최정운 1999, 268). 이것은 기존의 대한민국과는 전혀 다른, "전남민국"이나 "광주공화국"이라는 용어로 표현된 "새로운 국가의 탄생"이었다(최정운 2001, 326).

이상의 논의에 따르면, 절대공동체가 대안 국가로 변환하는 과정은 5월 21일 오후부터 시작된다. 5월 21일 오후 1시에 계엄군은 도청 앞에서 〈애국가〉가 울려 퍼지는 가운데 시민들을 향해 집중사격을 가했으며, 도청 광장은 순식간에 "아비규환의 생지옥"으로 변했다(한국현대사사료연구소 1990, 302). 그리고 이런 계엄군의 무차별 발포에 대항해서 무기를 탈취해 무장투쟁에 나서는 자발적 시민군이 출현한다. "우리는 왜 총을 들수밖에 없었는가? 그 대답은 너무나 간단합니다. 너무나 무자비한 만행을 더 이상 보고만 있을 수 없어서 너도나도 총을 들고 나섰던 것입니다"(광주광역시 5·18사료편찬위원회 1997, 63). 시민군은 시내 곳곳에서 격렬한 전투를 수행했고, 이에 당황한 계엄군을 도시 외곽으로 후퇴시켜 5월 21일 저녁 도청을 점거하기에 이른다.

최정운은 이런 시민군의 등장으로 인해 모두가 사랑으로

하나가 되었던 절대공동체에서 '총을 잡은 사람들'과 '총을 잡지 않은 사람들' 사이에 갈등과 균열이 일어났으며, 지도부와 일반 시민을 구분하는 조직이 만들어지고 절대적 자유의 공간은 사라져 버렸다고 해석한다. 이전까지 모두가 존엄한 인간으로서 하나임을 느끼고 감격스러웠다면, 이제 절대공동체에는 분열과 적대의 금이 그어지기 시작했다는 것이다. "시민들이 총을 잡고 시민군이 탄생하고 '일반 시민'들과 시민군이 구별되고, 다시 시민군들은 군대 같이 조직되자 절대공동체는 서서히 그 마력을 잃어 가게 되었다. 시민들과 시민군들에게 21일 밤에 나타난 첫 번째 증세는 그간 잊혔던 죽음에 대한 공포가 서서히 다시 돌아오고 있었다는 것이다"(최정운 2012, 213). 여기서 광주 시민들이 본 것은 계급이었다.

> 개인과 공동체가 하나가 되고 공동체와 주권이 소외되지 않는, 전 광주 시민이 똘똘 뭉쳐 공포를 극복하여 이루어 낸 절대공동체는 그 모습이 완성되고 국가권력으로 변환되자 작은 균열이 나타났다. [5월] 21일 낮 공수부대가 시민들에게 총탄을 퍼붓자 시민들은 주권 자로서 전쟁을 위해 총을 들었다. 21일 오후 광주 공원 광장에서 시민들에게 총을 나누어 주고 총 사용법을 배워 주던 장면을 보고 있던 사람들은 돌연 전에는 보지 못했던 모습을 보았다. …… 광주 시민들은 돌연 그곳에서 계급을 보았다(최정운 2012, 186-187).

여기서 최정운은 계급을 본 것은 광주 시민들이라고 했지만, 더 엄밀히 말하자면 '사랑으로 하나가 된 광주 시민들'이라고 해야 할 것이다. 즉, 계급을 본 것은 절대공동체이며, 절대공동체의 관점에서 계급의 출현은 위험한 공포였다. 시민군들이 대부분 사회 하층민으로 구성되었다는 사실은 널리 알려져 있다. "대부분은 노동자, 목공, 공사장 인부 등 직접 노동에 종사하는 사람들이거나 구두닦이, 넝마주이, 술집 웨이터, 부랑아, 일용 품팔이 등등이었으며 또한 교련복을 입은 고등학생들도 많았고 가끔은 예비군복을 입은 장년층들도 보였다"(황석영 1985, 122). 이와 같이 절대공동체가 적과 싸우는 과정에서 국가로 변환하고 또 무기를 든 하층계급이 등장하는 것은, 일순간 하나가 되었던 순수한 사랑의 공동체가 오염되고 분열하는 갈등의 개시를 함축한다고 최정운은 주장한다. 이제 짧은 시간 존재할 수 있었던 절대공동체는 다시 일상적인 전통적 공동체로 회귀하는 데, 여기서 계급의 문제가 재등장하고, 가족의 감정과 의무감이 되살아났으며, 공동체 전체가 아니라 개인의 정체와 생명의 소중함이 복귀했다(최정운 2012, 235).

이렇게 본다면, 사실상 절대공동체가 등장해 지속된 기간은 엄밀히 말해, 많은 시민들이 거리 투쟁을 전개한 5월 20일 오후부터 시민군이 등장하는 21일 오후까지의 단 하루에 불과하다. "공수부대가 철수한 21일 저녁부터 시민들 간의 절대공동체는 27일에 이르기까지 서서히 분해, 와해되었다"(최정운

표 2   5·18의 전개 과정과 절대공동체

날짜	주요 사건	공동체의 변화
18일	비상계엄령 전국 확대	전통적 공동체
19일	대학생, 시민과 공수부대의 충돌	
20일	대규모 시민들의 거리 투쟁	절대공동체의 형성
21일	계엄군 집단 발포 시민군의 등장, 도청 점령	대안 국가 형성, 계급의 등장, 가족의 복귀 절대공동체 분열과 와해 개시
22일	수습파와 항전파, 무기 회수 여부를 두고 대립	해방 광주의 구성 절대공동체와 전통적 공동체의 갈등
23일	수습파, 무기 회수 공식 결정 항전파, 범시민궐기대회 개최	
24일	수습파, 무기 회수 본격화 항전파, 범시민궐기대회 계속	
25일	도청에서 수습파(시민수습대책위원회) 퇴진 항쟁 지도부(민주시민학생투쟁위원회) 결성	
26일	수습파와 항전파, 도청 사수를 둘러싸고 대립	
27일	계엄군 도청 진압	해방 광주의 소멸 전통적 공동체의 회귀

2001, 331). 짧은 시간 동안 절대공동체는 전통적 공동체를 대체했지만, 그것이 대안 국가로 전환하고 위험한 계급이 전면에 나서면서 절대공동체는 붕괴한다(〈표 2〉 참조).

3. 정치 없는 순수 공동체

최정운의 절대공동체론에 대한 기존의 비판은 크게 세 가지로 정리해 볼 수 있다. 우선 절대공동체론의 가장 큰 특징은, 1980년대의 일반적인 5·18 해석이 시민군의 등장을 광주 항쟁의 핵심으로 높게 평가하고, 5월 21일부터 27일까지 계엄군이 퇴각한 해방 광주에서의 시민 자치 내지 민중 권력의 중요성을 강조했던 것과 다르게, 시민군이 등장하기 이전인 5월 20일 오후부터 21일 오후까지 시민들의 대규모 거리 투쟁을 절대공동체라는 이름으로 부각시킨다는 점이다. 이에 대해 정근식은 한 서평에서 최정운의 독창적인 분석은 5·18에서 나타난 항쟁 공동체를 절대공동체로 개념화하고 그것을 해방 광주와 분리시키는 것이지만, 일반 시민들이 느끼는 불안과 공포의 원천이 시민군이었다는 것은 너무 과장된 주장이며, 더 큰 불안과 공포는 시민군이 아니라 계엄군 때문이었음을 간과하고 있다고 비판한다(정근식 1999, 299). 또한 시민군의 출현을 기준으로 광주 항쟁의 초기 국면(절대공동체의 형성)과 후기 국면(시민군의 등장에 따른 절대공동체의 균열)을 구분하는 것보다, 세 가지 계기(5월 18일부터 계엄군이 물러난 21일, 해방 광주, 계엄군의 재진입 시점)로 구분하는 것이 더 적절하다고 지적한다. 그러나 정근식의 비판은 타당함에도 불구하고, 5·18 광주 항쟁의 해석에서 중요한 쟁점이라고 할 수 있는 대안 국가의 탄생과 계급의 출현이라는 문제에 대해서는 크게 주목하지 않고 있는데, 이는 대체로 최정운의 논지를 수용하고 있기 때문인 것 같다.

반면에 김상봉은 절대공동체 개념을 보다 적극적으로 수용하는 입장에 있다. 그는 절대적absolutus이라는 용어의 어원에 '묶인 것을 푼다'는 해방의 의미가 담겨 있다고 풀이하면서, "절대적이라는 수식어는 인간적인 것이 아니라 신적인 것, 또는 상대적이고 유한한 것이 아니라 무한하고 초월적인 것에 대해 우리가 붙이는 명예로운 헌사이다. 최정운은 절대공동체라는 이름을 통해 이 공동체가 역사 속에서 현현한 어떤 초역사적인 계시였음을 분명히 했다"라고 찬사를 보낸다(김상봉 2008, 340). 하지만 김상봉은 최정운의 개념화는 5·18의 한 국면(전반기)만을 잘 드러낼 뿐, 항쟁의 총체적인 함의를 해명하는 데에는 불충분하다고 지적한다.

> 결론적으로 이 이론은 광주 항쟁의 한 계기, 곧 시민군에 의한 도청 함락까지의 항쟁 전반기의 전투적 계기만을 설명하는 데 쓰일 수는 있으나 5·18의 뜻을 총체적으로 드러내지는 못한다. 또한 그것은 같은 전투라도 27일 새벽의 도청 전투의 뜻을 해명해 주지는 않는다. 이미 혁명의 열기는 시들고 패배의 운명만이 온 도시를 무겁게 짓누르고 있는 상황에서 도피하지 않고 도청을 지키다가 죽어 갔던 시민군들의 공동체를 절대공동체라고 부를 수는 없을 것이다(실제로 최정운은 마지막 항쟁과 패배를 더 이상 절대공동체 개념으로 설명하지 않는다)(김상봉 2008, 345).

정근식과 마찬가지로 김상봉은 절대공동체론이 5·18 광주 항쟁의 초기 내지 전반기에만 초점을 맞추고 있다고 올바르게 비판하고, 또한 5월 27일 '최후의 항쟁'에 대한 해명이 부족하다고 덧붙이고 있다. 하지만 김상봉은 5·18에서 무한하고 초월적이며 초역사적인 것(즉 절대적인 것)을 찾아내야 한다는 점에서는 최정운에 동의하며, 5·18의 정신과 초역사성은 동학혁명부터 한국사에 면면히 이어져 내려오는 '국가와 씨올의 전쟁 상태'에서 발견할 수 있다고 주장하고 있다. 이 전쟁 상태는 국가의 특정한 정책이나 법률을 두고 벌이는 정치적 대립이 아니라 국가(기구) 자체를 부정하고 극복하려는 상황을 가리킨다(김상봉 2008, 325). 그러나 이와 같은 김상봉의 해석은 국가권력의 근본적 폭력성을 비판하고 그에 대항하는 씨올(민중)의 저항(심지어 무장투쟁)의 정당성을 옹호하는 데에는 장점을 가질 수 있지만, 국가 자체를 기각하고 부정한다는 점에서 반反국가적인 아나키즘의 경향과 유사해지는 것이 아닌가 하는 우려를 들게 한다. 이는 절대공동체의 붕괴가 대안 국가의 구성 계기 때문이었다는 최정운의 논변을 다른 방식으로 이어받아 5·18이 반국가적이었다는 함의로 나아갈 수 있다.

　또한 김상봉은 최정운의 절대공동체가 "개인의 개별성과 개체성이 절대적으로 지양되어 버렸다는 의미에서 절대적인 공동체"이며, 그에 따르면 "개인의 개별성이 완전히 지양될 수 있었던 것은 그것이 전쟁 상태였기 때문"이고, "따라서 단순히 전쟁 상태라는 외적 조건을 통해 절대적 결속의 감정을 설명하려는 것은 광주 항쟁기의 시민 공동체를 설명하는 데 중요한 배경을 제공하는 의미는 있지만 시민 공동체를 지탱했던 내적 결속력을 해명해 주지는 않는다"라고 비판한다(김상봉 2008, 345-346). 요컨대 개인이 소멸하는 절대공동체라면 그것은 획일적인 전체주의나 파시즘과 구별되지 않을 수 있는 부적절한 개념이며, 이를 극복하기 위해서는 타자를 배제하는 서구 철학의 '홀로주체성'이 아니라 개인의 개별성을 지양하면서도 타자와의 만남을 통해 주체성을 생성시키는 공동의 주체성으로서 '서로주체성'이 중요하다고 지적한다. "공동의 주체성은 내가 홀로 정립하는 주체성이 아니고 나와 네가 서로 정립하는 주체성이며 함께 정립하는 주체성이다"(김상봉 2008, 348). 5·18은 서로주체성이 용기, 약속, 타자의 고통에 대한 응답, 피·밥·수류탄으로 매개되는 성육신한 사랑amor incarnatus 등으로 구현되는, 개인들의 참된 정치적 만남을 보여 주었으며, 이것이 절대공동체의 '절대적' 특징을 보다 잘 설명해 준다는 것이다.

본래 최정운의 문제의식이 "오월의 사회과학"이라는 책명에서 엿보이듯이 서구의 이념과 사상을 비판하고, 이식된 이론이 아니라 우리의 역사적 진실에 기초한 우리의 사회과학이 필요하다는 데 있었음을 감안한다면, 이는 김상봉의 서구 철학에 대한 비판과 맞닿아 있으며 '서로주체성'은 마치 최정운이 풀지 못한 마지막 조각을 채운다는 인상을 준다. 그러나 그렇게 함으로써 최정운은 5·18을 인간의 존엄성을 지키기 위한 항쟁으로 규정하고, 따라서 항쟁의 주체 또한 '인간'이었다는 인간주의로 회귀했다. "절대공동체의 형성은 모든 광주 시민들에게 이 인간의 존엄성의 문제에 대한 궁극적 해결책"이었다(최정운 2012, 198). 절대공동체는 인간이 경험할 수 있는 절대적이고 성스러운 "초자연적 체험"이었다는 것이다. 마찬가지로 김상봉은 5·18의 교훈을 타자와의 만남에 두고 있지만, 여기서도 강조되는 것은 인간만이 갖고 있는 초월적이고 초역사적인 '인격'과 '정신'이라는 의식 철학이다(김상봉 2008, 341).

이와 다르게 강정인은 한 서평에서 절대공동체의 '절대성'에 의문을 달고 있다. 절대공동체가 처음부터 한시적일 수밖에 없었고 자기 파괴성을 내포하고 있었다면 이 조건적이고 한시적인 공동체를 절대적이라고 할 수는 없으며, 공수부대라는 절대적인 적의 등장에 따라 일시적으로 계급 차별과 억압을 망각한 것이라면 이것을 절대적 해방이라고 하기에는 무리가 있다는 비판이다(강정인 2000, 303-304). 하지만 강정인의 가장 중요한 비판은 절대공동체의 핵심이 '사랑'이라면 그것은 반反정치적이고 비非정치적인 개념이라는 데 있다.

절대공동체를 지배하던 가장 강렬한 느낌이 '사랑'이었다면, 그 사실 역시 절대공동체가 한시적일 수밖에 없을 뿐만 아니라 반정치적 또는 비정치적일 수밖에 없었다는 예단을 갖게 만든다. 사실 '절대적 사랑'이야말로 한순간에 발해 영원으로 흐르는 그러한 감정이기 때문이다. 그리고 그러한 사랑이란 근본적으로 인간과 인간 사이의 거리를 없애 버리는 성향을 갖기 때문에, 그러한 거리를 필요로 하는 '통상의 정치' 개념으로는 담을 수 없는 다분히 반정치적이고 비정치적일 수밖에 없는 개념이다. 그것은 최 선생의 지적처럼, 마르크스의 '계급 없는 사회'와 같은 유토피아이며, 정치의 목적이 완전 무결하게 실현된, 그리하여 정치가 지양된 비정치적 상태일 따름이다. 그렇기 때문에 '절대공동체'의 이념이 실현된 상태는 일시적으로나마 정치가 '해소'된 상태일 수밖에 없을 것이다(강정인 2000, 304-305).

절대공동체는 마르크스의 '계급 없는 사회'와 마찬가지로 정치의 목적이 완전히 실현됨으로써 정치가 지양된 비정치적 상태이며, 일시적으로 정치가 해소된 상태라는 비판은 매우 타당하다.[2] 하지만 강정인은 절대공동체가 반정치적인 이유를 그 핵심에 '사랑'이 있기 때문이라고 본다는 점에서, 최정운이 절대공동체의 해체의 계기로 언급하는 대안 국가와 계급의 출현

---

2 하지만 마르크스의 공산주의에 관해서는 다른 해석이 가능하다. 예컨대 발리바르는 1848년 「공산당선언」에서 제시되는 '정치의 종언'이라는 테제가 1871년 파리코뮌을 겪고 난 후 집필한 『프랑스 내전』에서 정정되며, 마르크스는 혁명 이후의 공산주의에서 정치가 소멸하는 것이 아니라 '정치의 새로운 실천'이 필요하다는 문제 설정으로 이동했다고 평가한다(발리바르 1990). 이런 해석은 공산주의에서도 이데올로기가 소멸하지 않는다는 알튀세르의 주장에서 기원한다(알튀세르 2007).

이라는 문제는 심도 있게 다루지 않고 있다. 오히려 절대공동체론의 반정치적 성격을 보다 분명히 드러내기 위해서는 절대공동체가 과연 대안 국가로 변질된 것인가, 시민군을 구성한 사회 하층민이 과연 계급이었는가 하는 질문이 추가돼야 한다.

4. 대안 국가도 계급도 없는 항쟁

사실 5·18 광주 항쟁에서 대안 국가의 형성이 이루어졌다고 보는 입장은 1980년대 국가 중심적 해석의 한 전형이었다. 국가 중심적 해석은 5·18이 자유민주주의 대한민국에 대항하는 '새로운 국가의 탄생' 내지 그 맹아를 드러낸 사건이었다고 보는 입장들을 통칭한다.[3] 그 대표적인 사례는 사노맹에서 나온 한 문건이다(이정로 1989). 이 문건에서 시민수습대책위원회와 대립하며 끝까지 항전할 것을 결의한 민주시민학생투쟁위원회는 러시아혁명의 소비에트에 비견되는 새로운 권력기관, 봉기의 지도 기관, 임시 혁명 권력으로 규정되고 있다. 그것은 남한의 노동자계급이 만들어 낸 최초의 혁명 권력이었다는 것이다. 이런 해석은 당시에 커다란 논란과 파장을 일으켰고, 비록 민중 자치,

---

[3] 자세한 내용은 이 책의 1장 참조.

민중 권력, 노동자 권력, 임시 혁명 권력 등 그 명칭은 달랐지만 다양한 이론가와 사회운동 정파들에 의해 '광주 항쟁=계급 혁명'이라는 일관된 문제 설정으로 5·18에 대한 해석이 수렴되는 현상을 촉발했다.

더구나 그것은 5·18 광주 항쟁의 사후 효과로 1980년대에 나타난 마르크스주의와 사회주의의 복원이라는 흐름 속에서 거의 10여 년에 걸친 집단적 담론 구성의 집약적 산물이었다. 5·18에서 '새로운 국가의 탄생'을 발견하는 배경에는 이른바 국가 혁명이라는 문제의식이 놓여 있었기 때문이다. 요컨대 "모든 혁명의 중요한 문제는 국가권력이다"라는 레닌의 명제를 계승하는 1980년대 혁명 모델의 핵심은 국가권력을 장악하고 프롤레타리아독재를 수립해 공산주의로 이행한다는 전략이었고, 이것이 5·18을 해석하는 관점을 강하게 규제하고 있었던 것이다. 이런 맥락에서 보자면 급진적 실천 전략과 이론적 도식에 역사적 사건을 과도하게 끼워 맞춘다는 당시의 비판이 전혀 근거가 없지는 않다. 하지만 1989~91년에 소련을 비롯한 현실 사회주의 국가들이 몰락함으로써 국가 혁명 전략의 유효성에 의문이 붙여지는 상황에서 5·18에 대한 국가 중심적 해석은 급속히 사회적 설득력과 영향력을 상실했다. 그럼에도 불구하고 여전히 5·18 광주 항쟁에서 새로운 국가의 탄생을 발견하려는 시도들은 없지 않은데, 예컨대 조지 카치아피카스는 5·18에서 1871년 파리코 뮌과 유사한 "민중의, 민중에 의한, 민중을 위한 새로운 형태의 정부"가 만들어졌다고 주장한다(카치아피카스 2009, 319). 국가 혁명 자체에 비판적인 자율주의 이론가 가운데 한 명인 그가 5·18에서 새로운 형태의 정부를 논의하는 것은 얄궂은 일이다.

분명히 최정운의 절대공동체론은 이와 같은 국가 중심적 해석의 반대편에 있다. 그는 명시적으로 5·18 광주 항쟁에 대한 유물론적·경제론적·계급론적 해석을 비판한다. "유물론은 결코 5·18이 이루어 낸 절대공동체의 정신에 접근할 수 없다"(최정운 2012, 198). 그가 시민군이나 민주시민학생투쟁위원회를 중심으로 한 항전파의 등장에서 절대공동체의 와해 요인을 찾는 이유도 여기에 있을 것이다. 5·18의 절정은 어디까지나 시민군이 미처 출현하지 않은 국면에서 시민 전체가 사랑으로 하나가 되어 인간의 존엄성을 위해 저항하는 단 하루의 일시적인 상황에서 도출돼야 하는 것이다. 그럼에도 불구하고 5·18의 후반기에 대안 국가와 계급이 나타났다고 본다는 점에서 최정운의 절대공동체론은 기존의 국가 중심적 해석과 크게 다르지 않다. 다만 국가 중심적 해석이 그것을 긍정적으로 묘사한다면, 절대공동체론은 부정적인 요인으로 다룬다는 차이가 있을 뿐이다.

그러나 과연 5·18 광주 항쟁에서 계급이 출현해 대안 국가를 구성했는지에 대해서는 논란의 여지가 많다. 당시 주요 구호, 유인물과 성명서, 증언 등을 살펴보면 광주 시민들이 자유민주주의 대한민국 자체에 대항했던 것이 아님을 쉽게 알 수 있다.[4] 특히 가장 급진적인 입장에 있었다고 할 수 있는 항전파를 대표하는 「투사회보」의 경우에도 공수부대의 잔혹 행위에 대한 폭로, 현 상황에 대한 정보 제공, 민주주의 투쟁에 대한 호소와 결의, 구국 과도정부 수립 등이 주요 내용이었다(광주광역시 5·18 사료편찬위원회 1997, 41). 더구나 최정운이 5·18의 마지막 유언과도 같다고 표현한, 5월 26일 마지막 시민궐기대회에서 발표된 「80만 민주 시민의 결의」는 광주 항쟁을 '광주 시민의 의거'로 규정하면서 민주 인사들로 이뤄진 민주 정부 수립을 요구하고 있다(광주광역시 5·18사료편찬위원회 1997, 73). 공수부대를 몰아내고 군부독재와 쿠데타 세력을 비판하며 민주 사회를 건설하는 것이 5·18 광주 항쟁의 지배적인 담론이었던 것이다. 이렇게 광주 시민들의 시각은 자유민주주의의 틀에서 크게 벗어나 있지 않았다. 여기에는 또한 냉전 체제의 산물인 반공주의가 결부돼 있었다(최영태 2006).

이 때문에 전체 항쟁 기간 동안 태극기와 〈애국가〉가 주요 실천 형태였다는 점도 중요하다(정근식 2007). 시민군은 차량에 태극기를 꽂고 질주했으며, 장갑차를 모는 시민도 태극기를 흔들었고, 병원 영안실과 상무관에 안치된 시민들은 태극기로 감쌌다(5·18기념재단 2004, 17, 24, 76, 85; 2006, 83, 93, 107, 119, 127). 또한 당시 시위와 집회에서 가장 많이 불린 것은 〈애

---

4 자세한 내용은 이 책의 3장 참조

국가〉였으며, 시민궐기대회에서 〈애국가〉 합창은 대회를 시작하는 의례였다(한국현대사사료연구소 1990, 690, 876). 이 때문에 거꾸로 계엄군의 시각에서도 태극기는 시민군의 표지로 인지되었다(한국현대사사료연구소 1990, 838, 1423). 계엄군이 태극기를 적의 표시로 보는 역설이 일어날 정도로 광주 시민들은 일관되게 대한민국 국민이라는 정체성을 견지하고자 했던 것이다.

여기에는 '빨갱이들의 폭동'이라는 누명과 탄압을 피하려는 의도도 다분히 스며들어 있을 것이다. 하지만 그것은 '빨갱이가 아님'을 보여 주려는 소극적이고 부정적인 행위가 아니라 '대한민국 국민임'을 보여 주려는 적극적이고 긍정적인 행위였다. 무엇보다 "국민이 낸 세금으로 국민을 보호하기 위해 존재하는 군인이 국민에게 총을 쏜다는 것을 있을 수 없는 일이다"라는 논리가 당시의 흔한 상식적인 비판이었고(한국현대사사료연구소 1990, 989), 이는 5·18 광주 항쟁에서 시민들이 국민적 정체성에 기초해 상황을 인식하고 행위했다는 것을 잘 보여 준다. 그렇다면 5·18에서 과연 시민들이 대안 국가를 구성하거나 지향했는가 하는 질문에 대한 답변은 부정적일 수밖에 없다. 그러나 최정운은 5·18에서 대안 국가가 출현했다고 주장하고 그것을 비판한다. 절대공동체는 국가도 이데올로기도 없는 순수한 맨몸의 인간들로 구성된 상상의 공동체이다. 이런 개념화는 5·18에 대한 해석에서 정치를 삭제하는 방향으로 나아갈 수밖에 없다. 더구나 그의 논법을 따르더라도 '계급으로 분열되지 않았던 하나의 공동체'로서 절대공동체는 5월 20일과 21일 사이 단 하루만 온전히 존재했다. 5월 21일 오후 시민군의 무장과 더불어 시민들 사이의 갈등과 분열은 불가피하게 나타났다. 갈등과 분열이 있는 공동체는 정의상 절대공동체가 아니다. 그는 이를 해명하기 위해 대한민국에 대항하는 대안 국가가 출현했다고 주장하고 그것을 부정적인 것으로 취급한다. 이런 맥락에서만 절대공동체는 국가와 계급에 의해 오염되지 않은, 정치가 필요 없는 순수한 사랑의 공동체로 남게 될 것이기 때문이다. 하지만 당시의 항쟁 공동체(특히 절대공동체가 등장한 직후의 해방 광주)가 자유민주주의 대한민국에 대립하는 대안 국가였다고 하는 것은, 국가 중심적 해석에서 그것을 민중 권력 내지 프롤레타리아독재의 맹아라고 하는 것만큼이나 설득력이 부족하다.

또한 5·18 광주 항쟁에 참여하고 시민군으로 조직되는 사회 하층민이 과연 계급을 구성했는가에 대한 답변도 부정적일 수밖에 없다. 앞서 살펴본 것처럼 최정운은 절대공동체와 해방 광주를 분리하고, 해방 광주에서 절대공동체가 서서히 해체되었다고 주장한다. 이것의 논리적 귀결은 그의 의도와는 달리 시민군이 절대공동체를 파괴했다는 것이 아닐 수 없다. 절대공동체의 해체의 지표는 시민군이고, 시민군은 총이라는 살인 기계로 무장한 위험한 계급으로 이루어져 있었다고 보기 때문이다. 이는 절대공동체의 관점에서 사랑이 아니라 공포를 낳는다. 물론 항쟁 후반기로 갈수록 시민군에서 사회 하층민의 비중은 높아졌지만, 정확하게 말해서 '계층'과 '계급'은 구분돼야 하며, 사회계층과 무관하게 스스로 계급의 일원이라는 정체성과 계급적 이해관계에 대한 인식이 없다면 그것을 계급이라고 하기는 어렵다. 김동춘은 이를 잘 지적하고 있다.

> 5·18 당시 선봉에 선 사람들이 '민중'의 범주에 속한 사람들이었던 것은 분명하지만, 그들이 계급적 이해에 기초하여 투쟁한 것은 아니었다. 부르주아들에 비해 덜 타산적이었기 때문에 죽음을 무릅쓸 수 있었다는 점에서 5·18 당시의 무장 항쟁 세력의 저항은 분명히 민중의 민주주의의 실현을 위한 투쟁의 일환이었다고 볼 수 있다. 그러나 이들은 구체적인 이해의 충돌과 계급 이익의 실현을 위해서 투쟁에 참가한 것은 아니었다(김동춘 2007, 211).

그들의 인식과 행위는 계급적 이해관계에 기초해 있지 않았고 계급 이익의 실현을 위한 것도 아니었다. 오히려 5·18 광주 항쟁은 대안 국가도 계급도 없는 항쟁이었다. 광주 시민들이 지키고자 했던 것은 하나의 이상적 보편성으로 상상된 자유민주주의 대한민국이었으며, 대한민국 국민의 일원으로서 민주적이고 애국적인 국민의 정체성에 기반해서, 도저히 대한민국의 군대라고는 생각할 수 없는 자들에 맞서 싸운 것이었다. 이 때문에 광주 시민들은 그 어느 때보다 더 스스로 완전하고 충만한 애국 시민, 민주 시민이 되고자 했으며, 이는 〈애국가〉와 〈아리랑〉을 합창하며 태극기를 소중히 여기는 모습으로 나타났다. 공수부대와 맞서는 극한의 상황에서 광주 시민들은 '국민 그 이상의 국민'을 지향했으며, 자유민주주의라는 지배 이데올로기에 내재해 있는 자유와 평등이라는 이상적 보편성을 현실에서 구현하기 위해 저항했다.

5. 반反정치의 신화를 넘어서

최정운은 5·18을 어떤 하나의 이념으로 설명할 수 없다고 하지만, '인간'을 중심에 두는 그의 해석도 인간주의라는 하나의 이념에 기초한 것이다. 맨몸의 인간들의 순수한 사랑의 공동체는 그도 인정하듯이 초역사적 신화이다.

> 5·18은 역사의 한 시점에서 일어난 사건이지만 우리는 이 체험에서 '인간'이라는 가장 성스러운 곳에 다다랐기에 초자연적 경험이며, 우리는 이 사건에 이미 초역사적 신화myth의 지위를 부여하고 있다 (최정운 2000, 135).

최정운은 1980년대의 국가 중심적 해석을 비판하고 절대 공동체라는 신화를 구성함으로써 5·18 광주 항쟁에 또 다른 생명을 불어넣고자 했다. 하지만 최정운이 비판하는 바와 달리, 그

때 그곳에는 새로운 국가도 없었고, 혁명의 주체라고 일컫는 계급도 없었다. 광주 시민들의 상상적 공동체가 있었다면 그것은 대한민국이었고, 그들이 인지하는 자신들의 정체성은 대한민국 국민이자 시민이었다. 그럼에도 절대공동체론은 대안 국가와 계급이 순수한 사랑의 공동체인 절대공동체를 분해하고 와해시켰다는 논변을 구성함으로써, 국가와 계급 자체를 부정적으로 기각하는 반정치적 신화를 창조했다. 역사가 없는 곳에 신화가 있다면, 그것은 국가를 변혁하고 계급 모순을 극복하기 위한 진지한 사유를 가로막는 담론 효과를 발휘할 뿐이다. 그리하여 절대공동체론은 5·18 광주 항쟁을 '먼 옛날에 정의로운 인간들의 아름다운 공동체가 있었다'는 신화로 승화시켰지만, 그 대가는 정작 5·18의 궁극적 원인이었던 국가 폭력과 계급 모순이라는 문제와 정면으로 맞서 사유하는 길의 봉쇄였다. 우리는 그저 5·18을 기억할 때마다 국가도 없고 계급도 없는, 반정치적인 유토피아적 꿈을 꾸는 데 만족해야 할지도 모른다. 절대공동체와 같은 유토피아의 신화는 현실에서 벗어난 세계에 대한 상상력을 회복하는 데에는 도움을 줄 수 있겠지만, 불가능한 이상 사회에 대한 꿈은 현실의 모순과 갈등을 어떻게 해결할 것인가 하는 물음에는 무능하다(지젝 2004, 159).

그러나 대안 국가도 계급도 없었음에도 불구하고, 5·18 광주 항쟁이 보여 준 것은 대중 봉기의 가능성과 힘이었다. 그 원천은 자유민주주의에 내재해 있는 자유와 평등이라는 이상적 보편성이었으며, 그것은 과거의 대중 봉기의 역사가 지배 이데 올로기에 새겨 넣은 저항의 흔적이 아닐 수 없다. 예컨대 발리바르는 이데올로기적 반역이란 피지배자들이 (자신들의 상상이 기입돼 있는) 지배 이데올로기의 보편성을 곧이곧대로 믿고 그에 부응하는 결과를 획득하기 위해 집단적으로 행위하는 것이라고 했다(발리바르 1993a, 187). 또한 풀란차스는 피지배계급이 (자신들의 생활양식에서 유래하는 요소들이 스며들어 있는) 지배 이데올로기의 준거틀 내에서 체계에 반란을 일으킨다고 했다(풀란차스 1986, 243-244). 랑시에르는 평등을 선언하는 법과 불평등한 현실이 일치하지 않을 때 (법 앞의 평등이 불평등한 현실을 은폐한다고 비판하는 것이 아니라) '모든 사람이 법 앞에 평등하다'라는 문장을 입증하기 위해, 즉 평등을 증명하기 위해 저항하고 투쟁하는 것이 노동자들의 민주주의라고 했다(랑시에르 2008, 109-114). 이 지점에서 우리는 대중 봉기의 가능성의 조건이 무엇인지 다시 사고하기 시작해야 한다. 절대공동체론을 통해 신화로 승격된 5·18 광주 항쟁은 다시 세속의 역사로 되돌려져야 한다.

2부 이데올로기, 주체성, 반폭력

3장

5·18 광주 항쟁의
이데올로기

1. 혁명 담론의 한계

대중 봉기는 해당 사회 전체를 뒤흔드는 중요한 정치 현상이지만, 대개 일회적 사건으로 종결할 뿐만 아니라 극소수 성공 사례를 제외하면 대부분 실패로 끝나기 때문에 정치체제political regime나 사회 체계social system 차원에서 직접적으로 유의미한 효과를 발휘하지 못한다. 하지만 연속성도 없고 가시적인 성과도 별로 없는 대중 봉기라는 정치 현상은 한 사회에 내재한 구조적 모순의 존재를 입증하는 징후로 받아들여지고, 장기적으로 끊임없이 기존 정치권력의 정당성을 교란하는 상징적 기원으로 작동한다. 5·18 광주 항쟁도 마찬가지다. 그것은 직접적인 정치 변동을 동반하지는 못했지만, 1980년대 내내 정치권력의 취약성을 입증하는 대표적인 전거였고, 급진적인 정치사상과 이데올로기가 융성하고 변혁적 사회운동이 싹트는 저항과 혁명의 상징이었다.

그러나 그 과정에서 5·18 광주 항쟁이 특정한 정치 세력이나 정치적 입장을 옹호하거나 정당화하는 차원에서 규범적인 논의로 흘러가는 경향은 피하기 어려웠다. 1980년에 항쟁이 일어난 직후에는 한쪽에서는 '사태'로, 다른 한쪽에서는 '의거'로 보는 시각이 우세했지만, 점차 학생운동권에서 급진적인 해석이 등장해 '민중항쟁'이나 '민중혁명'이라는 표현이 나오기 시작했다. 더구나 1987년 6월항쟁 이후 광주 항쟁에 관한 수많은 자료들이 공개적으로 쏟아져 나오면서 제도권 학계에서도 비제도권의 급진적 해석을 이어받아 '민중항쟁'이 5·18에 대한 일반적인 통칭으로 자리 잡았다. 특히 진보학계에서는 '노동자계급의 혁명' 내지 '프롤레타리아트의 헤게모니에 의한 무장봉기'라는 주장까지 제기되었고, 이보다는 약할지라도 민중의 계급적 혁명성을 강조하는 논의들이 대세를 이루었다. 이런 급진적인 해석과 주장들은, 1987년 대통령 선거에서 양김 분열의 효과로 출현한 6공화국의 노태우 정권이 공안정국을 조성하고 그에 맞서 민중운동 세력이 조직적인 저항운동을 전개하면서 절정에 이른다. 이런 상황은 광주 항쟁에 대한 연구가 진지한 학문적인 탐구보다 실천적인 운동 논리에 압도되는 경향을 빚어냈다.

하지만 1991년 5월 투쟁에서 민중운동 세력이 결정적으로 패배하고, 여기에 대외적으로 현실 사회주의권의 붕괴가 중첩되면서(김정한 1998), 광주 항쟁에 대한 급진적 해석과 이를 둘러싼 격렬한 논쟁들은 급속히 자취를 감추거나 영향력을 상실한다. 더구나 문민정부, 국민의 정부, 참여정부로 이어진 민주정부 시기에 5·18이 공식적으로 '민주화 운동'으로 복권되고 국가적으로 제도화되면서 5·18 담론의 상징성 자체가 쇠퇴하고 있으며(전재호 1999), 광주 항쟁에 관한 학계의 연구도 '평화와 인권'이라는 주제 외에는 별다른 진척이 없는 상태이다.[1] 특히 진보학계에서도 기존의 급진적 해석에 대해 보다 설득력 있는 논증을 제출하지 못하고 있는데, 이는 그 배경에 있었던 계급론이 지나치게 경제결정론에 함몰되거나 민중론이 민중의 진보적 의식을 너무 과장한 데에서 기인한다. 실제로 광주 항쟁 당시에 '혁명적 요구'는 전혀 제기된 바 없으며, 노동자와 하층민의 '계급의식'이나 '민중 의식'도 그 독자성을 입증할 수 있을 만큼 가시적으로 드러났다고 보기 어렵다.

이 글은 5·18 광주 항쟁에 대한 기존의 급진적 재현과 해석이 과연 타당성을 갖고 있는지에 관해 비판적으로 접근하려는 시도이다. 선명한 실천성을 강조하는 규범적 도식이나 특정한 정치적 입장을 변호하기 위해 정당성을 확보하려는 차원의 논의를 벗어나, 당시 정세에서 대중들이 자신을 둘러싼 상황을 어떻게 인식하고 있었고, 또 어떻게 문제를 해결하려 했는지에 집

---

[1] 최근에는 기존의 연구 과정에서 간과되었던 5·18을 경험한 평범한 사람들의 이야기를 듣고 기록하고 구성하는 구술 조사가 새롭게 시도되고 있다. 이는 참여자들의 구체적인 일상의 삶에 접근한다는 것만이 아니라 지금까지 지속되는 역사적 트라우마(정신적 외상)를 치유하려는 문제의식과 결합해 있다는 점에서 주목할 만하다. 대표적으로 광주전남여성단체연합(2012) 참조.

중함으로써 사후에 소급적으로 의미를 부여하는 한계를 일정하게 탈피하고자 한다.

2. 대중 봉기의 이데올로기

무엇보다 5·18 광주 항쟁은 특정한 조직적인 정치 세력 내지 운동 세력이 지도하거나 주도한 것이 아니라 무정형적인 익명의 대중들이 거리로 쏟아져 나와 동일한 구호를 외치고 함께 행동하는 양상을 보여 주었다. 이는 5·18을 대중 봉기로 이해하는 실마리를 제시한다. 하지만 무리를 이룬 익명의 대중들이 거대한 힘을 발휘하는 대중 봉기를 분석할 수 있는 방법론과 이론 틀은 상대적으로 정교하게 발전하지 못했다. 이는 대중 봉기가 우발적이고 비체계적이며 자발적인 특징을 갖고 있기 때문이기도 하지만, 그 속에서 다양한 세력의 힘들이 복합적으로 교차하고 충돌하는 모순적 공간이기 때문이기도 하다.

물론 '대중사회', '대중민주주의'라는 표현에서 보이듯이 대중들이 역사에 출현한 것은 근대 이후의 일이다. 서구에서는 중세에서 근대로 이행하면서 신분제 등 봉건적 속박이 무너지고, 자본주의의 성장으로 거대한 산업도시가 발전하며, 자유롭고 평등한 시민권을 갖는 개인들이 등장한 이후, 엄청난 인원의 수많은 사람들이 한 장소에 모여 잡다한 목소리를 내면서도 동일한 요구를 외치고 동일한 행위를 하는 새로운 정치 현상이 출현했다. 하지만 대중 봉기에서 다양하게 교차하는 관계들과 잡다한 목소리들이 존재할지라도, 그것들은 전체 봉기 과정에서 뚜렷하면서도 변화무쌍한 하나의 흐름을 형성하기도 한다. 대중들 속의 다양한 차이들이 공동 작용을 구성하기 때문이다(고병권 2007). 문제는 이런 흐름을 어떻게 파악할 것인가이다.

대중 봉기를 이해하는 일반적인 관점은 2008년 촛불 항쟁에서도 드러난 바 있다. 그 가운데 하나는 이른바 '배후 세력'의 논리이다.[2] 이는 일찍이 르 봉에 의해 제시된 것이다. 그는 1895년에 쓴 『군중심리』에서 군중은 충동적이고 감정적이며 비논리적이어서, 누군가 시키는 대로 따라 하는 상태가 된다고 설명했다.

최면에 걸린 사람이 최면술사가 시키는 대로 움직이는 감응 상태와 비슷한 경지에 빠져드는 것이다. 최면술에 걸린 사람은 뇌신경의 활동이 마비돼 있기 때문에 최면술사가 마음대로 지배하는 무의식적인 척추 신경 활동의 노예가 되어 버린다. 의식적인 인격이 사라지고 의지와 판단력이 상실된다. 감정과 사상도 최면술사가 지시하는 방향을 따라갈 뿐이다. 심리적 군중을 구성하고 있는 개인 역시 이

---

2 2008년 6월 6일 이명박 대통령은 촛불의 배후에 친북 주사파가 있다고 발언해 파문이 일었다. 「이 대통령, 촛불 시위 배후는 주사파 친북 세력」, <오마이뉴스>(2008/06/07).

와 비슷한 상태라 하겠다(르 봉 2005, 33).

이와 같은 군중에 대한 경멸적 관점은 오르테가 이 가세트가 1930년에 출간한 『대중의 반역』으로 연결되는데, 그는 유럽에서 획일화되고 나약하며 폭력적인 대중이 출현해 개인의 독립성을 말살하고 문명의 미래를 황폐화시킨다고 주장했다(가세트 2005).

다른 하나는 대중 봉기에 대한 경멸의 반대쪽에 있는 찬양이다(조정환 2009). 이는 고전적 아나키즘의 연장선에 있는 것으로, 최근 네그리의 정치철학을 통해 다중multitude이라는 이름으로 불리고 있다. 고전적 아나키즘은 개인의 자율성을 중시하는 자유해방주의libertarianism, 마르크스주의에서 제시한 국가 사멸과 대비되는 즉각적인 국가 철폐, 개인의 자발성에 의존하는 비조직적 탈중앙집중화, 제도 정치에 대한 전면적인 거부 등을 주요 특징으로 한다(홉스봄 2008, 91-92). 2008년 촛불 항쟁에서 나타난 범국민대책회의, 사회운동 조직, 대의민주제, 미디어 등 일체의 매개mediation에 대한 거부는 이런 고전적 아나키즘과 친화성을 갖고 있다. 그런데 촛불 항쟁의 대중들을 다중으로 개념화하는 입장에서는 이런 특징들이 긍정적으로만 부각된다. 다중은 자본주의에 종속된 모든 사람들을 지칭하는 광범위한 용어이면서, 획일적으로 통일되는 민중, 대중, 군중과는 달리 다양한 개인들의 복수적 특이성들을 유지한 채 그들 사이에 존재하는 공통성에 기초해 자신을 자율적으로 표현하고 스스로 지배하는 존재이다(네그리·하트 2008, 135-137). 그러나 이는 다중 자체가 일체의 권력과 주권에 대립하는 존재이기 때문에 저항한다는 철학적인 존재론적 규정이며, 이런 개념화는 대중들의 모순적이고 복합적인 성격을 제거하고 그 긍정성만을 찬양하게 됨으로써 대중들의 혁명성을 너무 과장할 수 있다(김정한 2009).

이 글은 대중들과 대중 봉기에 관한 경멸적 관점과 찬양적 관점을 모두 배제한다. 대중들은 사유와 행위에서 전적으로 비합리적이지 않지만 그렇다고 합리적인 것만도 아니며, 정서와 감정에 쉽게 반응할 수 있지만 그렇다고 비이성적이거나 비논리적으로 사유하는 것만도 아니다. 또한 대중 봉기는 진보적인 방향으로 전진할 수도 있지만 보수적인 방향으로 퇴보할 수도 있으며, 억압적인 지배 세력에 대항하는 커다란 저항적 힘을 형성할 수도 있지만, 사회 전체를 파국으로 몰아가는 부정적 힘을 발휘할 수도 있다. 그 대표적인 사례는 아마 파시즘일 것이다.

대중 봉기에 관한 상반된 평가는 5·18 광주 항쟁에 관한 담론에서도 찾아볼 수 있다. 한편으로 좌익 용공 세력이 배후에 있는 폭도들의 난동이었다는 해석부터, 1871년 파리코뮌에 비견되는 프롤레타리아혁명이었다는 해석까지 서로 극단적이고 대립적인 입장들이 제출된 바 있다. 광주 항쟁은 특히 민간인 606명(항쟁 당시 165명, 행방불명 65명, 상이 후 사망 376명)이 희생되고,[3] 군인과 경찰도 27명이 사망하는 등 그 비극성으로 인해 대중 봉기에서 나타난 긍정적인 모습보다는 부정적인 면모가 주로 부각된 것도 사실이다.

이런 편향들을 벗어나기 위해 이 글에서는 대중 봉기의 이데올로기에 초점을 맞춰서 대중들의 요구와 주장, 행위 등에서 나타난 그들의 지향, 가치, 열망 등을 분석하고자 한다. 이데올로기 분석은 사회경제적 구조나 정치적 이해관계 및 전략·전술을 분석할 때 누락하기 쉬운, 사회 갈등과 모순에 대한 대중들 자신의 인식과 몰인식(오인)을 모두 드러내는 데 용이하다. 대중들이 무엇을 요구하고 열망하는가에 관한 분석이 대중 봉기의 특징과 성격을 파악할 수 있는 기초가 되기 때문이다.[4]

일반적으로 사회운동이나 대중 봉기에 대한 분석은, 혁명 모델에 대한 연구에서처럼 구조적 차원에서 원인과 조건을 살펴보고, 정세적 차원에서 행위자들의 상호작용을 분석한 후, 결과적 차원에서 운동의 성과와 한계를 평가하는 것으로 이루어진다(틸리 1990, 135). 그러나 이런 접근법에서는 운동 과정에

---

3 이는 5.18민주유공자유족회가 2005년에 발표한 통계이다. 「27일 전남도청에 157명 있었다, 5·18 유관 단체 피해 통계 발표…시민 사망 606명·군경 사망 27명」, <미디어오늘>(2005/05/16) 참조. 국방부과거사진상규명위원회의 『12·12, 5·17, 5·18 조사 결과 보고서』(2007/07/24)는 항쟁 기간 동안의 민간인 사망자를 165명이 아니라 166명으로 집계하고 있다.

4 더 자세한 내용은 이 책의 9장 참조.

서 참여자들이 무엇을 위해 어떻게 투쟁하는가 하는 문제를 다루는 이데올로기 분석이 실질적으로 누락되기 쉽다. 예를 들어, 5·18 광주 항쟁에 대해 최근 반신자유주의 투쟁이었다는 새로운 해석이 제기된 바 있다(윤소영 1999; Katsiaficas 2006; 조정환 2009; 손호철 2009). 박정희 정권의 발전주의 모델이 1979년 경제 위기에 봉착하자 '경제안정화종합시책'에서 보이듯 신자유주의적 정책 개혁을 추진하려 했고, 신군부는 이를 계승해 신자유주의적 구조 조정을 체계화시켰으며, 광주 항쟁은 이런 신자유주의적 전환에 대한 최초의 반대 투쟁이라는 설명이 그것이다. 이는 당시 한국 자본주의의 구조적 모순을 분석하고, 그로 인한 대중들의 광범위한 불만이 광주 항쟁의 주요 원인이었음을 이론적으로 제시해 준다는 점에서 타당한 분석이다. 그러나 광주 항쟁 당시에 신자유주의라는 단어는 언급조차 되지 않았고, 사실상 신자유주의에 관해 알고 있는 사람도 거의 없었다. 이런 인식의 한계는 대중들만이 아니라 지식인들에게도 마찬가지로 드러나는데, 가령 1980년대 중후반에 진행된 사회구성체 논쟁에서도 신자유주의는 전혀 주요 쟁점이 아니었다. 요컨대 구조적인 분석은 필요할 뿐만 아니라 대중 봉기의 원인에 관해 타당한 설명을 제공해 줄 수 있지만, 이데올로기 분석과는 달리 사회 갈등에 대한 대중들의 인식이나 몰인식, 그리고 그것을 해결하고자 하는 대중들의 요구와 열망을 보여 주는 데에는 한계가 있다.

흔히 이데올로기는 거짓 선동이나 허위의식과 동의어로 사용되기도 하지만, 현대 이론에서 이데올로기 개념은 개인이 주체로 구성되는 주체화 과정을 설명하는 주요 개념으로 다듬어져 왔다. 이데올로기는 사회 현실을 인식/몰인식recognition/miscognition하는 틀이며, 그에 따라 주체는 자신의 사회적·상징적 정체성을 획득하고 특정한 실천 행위를 전개한다. 따라서 이 개념은 사회적 구조 내지 객관적 행위자 차원의 분석을 벗어나 운동 주체에 주목하면서도, 이를 개인의 비합리적 심리 상태 내지 합리적 인지(이성)의 차원에서 설명할 때 발생하는 난점을 극복할 수 있는 가능성을 보여 준다.

요컨대 대중 봉기의 이데올로기 분석은 대중들이 무엇을 위해 어떻게 투쟁하는지를 잘 드러낼 수 있을 뿐만 아니라 우발적으로 예측 불가능하게 발생하는 대중 봉기의 주요 특성을 고려할 때 대중 봉기를 다루는 유용한 접근법이 될 수 있다. 다시 말해서, 대중 봉기가 일어나는 맥락, 대중들이 투쟁하는 과정, 이 과정에서 나타나는 대중들의 요구와 열망 등은 사회적 구조 또는 구조의 담지자로서 행위자를 파악하는 차원으로 환원될 수 없는 이데올로기 분석을 통해 적합하게 설명될 수 있으며, 이는 대중 봉기의 분석과 이데올로기 분석이 불가분의 관계에 있음을 함축한다.

이데올로기에 초점을 맞춰서 우선 논리적으로 고찰하자면, 대중 봉기의 이데올로기는 크게 지배 이데올로기와 대항 이데올로기로 구분해 볼 수 있을 것이다. 한편으로는 대중들이 지배 이데올로기의 틀 내에서 투쟁하는 것이 자연스럽다는 인식이 있을 수 있고, 다른 한편으로는 지배 이데올로기를 벗어나 대항 이데올로기를 통해서 투쟁하는 것이 당연하다는 인식이 있을 수 있다. 하지만 전자의 경우에는 '지배 이데올로기=개혁, 대항 이데올로기=혁명'이라는 이분법적 도식을 전제한다. 개혁적 운동이라면 지배 이데올로기 내에서 대중들이 움직일 것이라는 판단이다. 이 경우에는 통상적인 지배 이데올로기의 이중적 의미 — 즉, 지배계급의 이데올로기로서 기존의 사회질서를 재생산하는 데 이바지한다는 의미와, 사회 전체에 걸쳐 사회관계, 제도와 문화에 광범위하게 반영되고 침투돼 있다는 의미 — 중에서 지배계급의 이익에 봉사한다는 함의를 강조하는 논리라고 볼 수 있다. 하지만 이는 지배 이데올로기가 갖고 있는 전복적 효과를 쉽게 간과한다. 대중들이 지배 이데올로기와 현실의 사회관계 사이의 간극과 괴리를 문제 삼고 지배 이데올로기를 있는 그대로 현실화시키려 할 때, 대중들의 실제 의도와는 무관하게 대중 봉기는 체제 전체를 심각한 위기에 빠뜨리거나 심지어 붕괴시킬 수도 있기 때문이다.

　　반면에 후자의 경우에는 대항 이데올로기가 대중들을 사로잡고 있지 않은 상태에서 대중 봉기가 발생할 수 있다는 역사적 과정을 무시한다. 실제로 대항 이데올로기에 대해 정확히 알고 있지 않거나 전혀 무지한 경우에도 대중 봉기는 발생해 왔다. 하지만 피조르노가 말하듯이 "새로운 대중운동의 출현은 정체성 형성의 원칙으로서 저항 이데올로기를 전제로 한다"(최장집 2007, 19에서 재인용)는 인식은 사회운동 이론들의 일반적인 견해를 이루고 있다. 즉, 대항 이데올로기 내지 피지배 이데올로기 등의 용어를 사용해 지배 이데올로기와 상이할 뿐만 아니라 그에 비판적인 사상, 가치, 태도 등이 사회운동의 주요 자원이라고 전제하는 것이다. 실제로 여러 사회운동 세력들은 지배 이데올로기를 비판적으로 해체할 수 있는 대항 이데올로기를 창출하고 가공해 대중적으로 확산시키는 데 많은 노력을 기울이며, 이는 때때로 사회운동의 활동가들이 지식인에게 적극적인 역할을 요청하거나 강제하는 근거로 작용하기도 한다. 그리고 이런 이론적 전제와 실천 과정은 다시 사회운동 연구에서 지배 이데올로기로 수렴할 수 없는, 피지배자들의 독자적인 관념, 문화, 습속 등을 탐구하려는 경향을 강화시킨다.

그러나 이런 접근법이 대중 봉기에도 적합할 것인지는 불분명하다. 무엇보다 대중 봉기는 예측할 수 없는 순간에 우발적으로 일어났다가 사라지기 때문이다. 그렇다면 오히려 대중 봉기는 대중들이 대항 이데올로기를 미처 준비하지 못한 채 등장한다고 말해야 하지 않을까? 어쩌면 대중 봉기는 주어진 대본 없이 자신의 역할도 모른 채 허겁지겁 역사의 무대 위로 뛰어든 배우일 것이다. 이 경우 대중 봉기만의 고유한 대항 이데올로기를 찾아내려는 모든 시도는 과녁을 빗나갈 수밖에 없다. 하지만 대항 이데올로기가 아니라면, 대중 봉기의 이데올로기는 무엇인가? 대중 봉기의 시공간에서 대중들은 무엇으로 반역하는가?

이와 같은 문제의식에서 이 글은 대중 봉기의 이데올로기와 관련해 두 가지 주요 연구 가설을 설정한다. 첫째, 대중 봉기의 이데올로기는 대항 이데올로기가 아니라 지배 이데올로기이다. 사실상 "지배계급의 사상들은 어떠한 시대에도 지배적 사상들이다"라는 마르크스의 언급 이후(맑스 1991, 226), 지배 이데올로기가 지배계급의 이데올로기이며 계급 지배를 위해 작동한다고 하는 통념은 얼마간 상식으로 굳어져 왔다. 따라서 대중 봉기의 이데올로기가 지배 이데올로기이며, 대중들이 지배 이데올로기를 통해서 반역한다는 가설은 역설적인 것처럼 보일 수 있다. 하지만 우발적이고 비체계적이며 자발적인 대중 봉기에서 지배 이데올로기가 반드시 계급 지배를 위해서만 작동한다는 단언에는 의문이 남는다. 실제로 5·18 광주 항쟁에서 대중들은 지배 이데올로기를 통해서 갈등을 인식하고 투쟁했지만, 정치체제와 사회 체계를 심각한 위기에 직면하게 만들었으며, 지배자들이 이를 극복하기 위해 학살을 선택할 수밖에 없는 상황을 만들어 냈다.

그렇다면 대중 봉기와 대항 이데올로기의 관계는 무엇인가? 대항 이데올로기는 대중 봉기의 '사후 효과'로서 출현한다는 것이 두 번째 연구 가설이다. 다시 말해서, 대중 봉기는 지배 이데올로기와 대립하는 대항 이데올로기의 원천으로 작용한다.

대중 봉기에서 대중들은 지배 이데올로기를 통해서 투쟁하지만, 역설적으로 그 사후 효과는 지배 이데올로기에 대항하는 새로운 대항 이데올로기가 사회적으로 확산될 수 있는 가능성의 공간을 열어 놓는다. 지배 이데올로기를 통해서 전개된 대중 봉기가 대항 이데올로기를 싹틔우는 이런 역설적인 효과가 나타나는 이유는 그것이 기존의 상징 질서를 탈구시키는 재현 불가능한 사건이기 때문이다. 기존의 지배 이데올로기는 대중 봉기를 납득할 수 있도록 재현하는 데 실패할 수밖에 없으며, 이것이 대중 봉기 이후 지배 이데올로기 속에서 발견하지 못하는 주체-위치subject-position를 대항 이데올로기 속에서 필사적으로 재현하려는 새로운 주체성의 형식들에 대한 모색을 촉발한다.

이 글에서는 이상의 두 가지 연구 가설에 기초해서 5·18 광주 항쟁의 이데올로기를 살펴보려 한다. 주요 분석 자료는 유인물, 성명서, 정치 팸플릿, 수기와 증언 등이다. 5·18 광주 항쟁에 관해서는 한국현대사사료연구소(1990)와 광주광역시 5·18 사료편찬위원회에서 『5·18광주민주화운동자료총서』(전61권)라는 방대한 자료와 증언을 조사하고 수집한 바 있으며,[5] 5·18 기념재단에서는 주요 연구 성과들을 재정리하고 있다(2006a;

---

5 이 자료는 5·18민주화운동기록관의 '전자 자료 총서'로 볼 수 있다. 518archives.go.kr /books/index.html

2006b; 2007). 하지만 이 글에서는 5·18 광주 항쟁에 관한 새로운 사실들을 발견하는 데 주력하지 않는다. 기존의 1차 자료와 2차 문헌들에 기초해, 그동안 간과돼 왔거나 중요시되지 않은 사실들을 이데올로기 분석의 관점에서 재구성하고 새로운 해석을 실험하는 데 그 목적이 있기 때문이다. 광주 항쟁의 경우 이미 수많은 자료와 연구들을 통해 상당 부분 진상 규명이 이루어졌으며, 항쟁의 배경과 원인, 성격 등을 분석하는 문헌들이 매우 풍부하게 존재한다.

이데올로기 분석에서 중요한 것은 대중 봉기의 참여자들의 말과 실천이다. 참여자들이 발화한 직접적인 언어들은 그들이 사건과 상황을 어떻게 인식하거나 몰인식하고 판단하는지를 보여 주며, 그들의 실천 행위들은 직접적인 발화 언어로 환원되지 않는 무의식적 욕망과 환상을 드러낼 수 있다. 따라서 언어를 대상으로 하는 담론 분석만이 아니라 실제 실천 형태를 대상으로 하는 형태 분석form analysis을 결합할 필요가 있다.

사실 구조주의 철학에서 보자면 이데올로기와 담론은 서로 배타적인 개념이다. 담론이라는 용어 자체가 이데올로기라는 단어의 쓰임을 비판하면서 사용되었기 때문이다. 예를 들어, 푸코는 이데올로기 개념은 진리와 대립적이고, 주체를 구조의 효과로 이해하지 않으며, 물질적 하부구조의 종속적인 요인으로 이해된다고 비판한다(밀즈 2001, 59). 그래서 그는 담론 개념을 주요 분석 도구로 이용하는데, 이때 담론이란 모든 발화utterance

와 언술statement의 집합체이다. 푸코는 발화와 언술에서 명시적으로 드러나지 않게 작동하는 규칙, 규범, 관행 등에 주목해, 어떤 발화와 언술이 사회적으로 지식이나 진리로 승인되고 어떤 발화와 언술은 담론 영역에서 배제되는지를 분석하고자 한다(푸코 1992). 이런 포함과 배제의 원리가 작동하는 '담론의 질서'는 권력이 행사되는 장이며, 그 속에서 개인들이 권력을 행사하거나 행사되는 권력에 저항하는 과정을 드러내는 것이다.

하지만 푸코의 이데올로기 개념에 대한 비판은 이데올로기를 주로 허위의식으로 보는 마르크스의 부정적 개념만을 비판하는 것이기 때문에, 이 글에서 사용하는 긍정적인 이데올로기 개념과는 무관하다. 또한 구조주의 철학은 모든 현실을 언어로 환원하려는 편향이 있으며, 푸코의 담론 분석도 마찬가지다. 따라서 말과 행위를 구분하고, 언어로 환원될 수 없는 실천 형태를 분석해 담론 분석을 보완할 필요가 있다. 여기서 실천 형태 분석이란, 대중들이 이런저런 행위를 할 수 있었음에도 불구하고 왜 특정한 행위를 하게 되었느냐는 물음에 대한 탐구이다. 가령 광주 항쟁에서 대중들은 왜 〈애국가〉를 부르고 태극기를 흔들었는지 등에 주목해 볼 수 있다.

하지만 언어와 실천에 대한 분석에서 문제는, 의도적이고 의식적인 차원과 그 이면에 숨겨진 무의식적 욕망과 환상을 동시에 해석하고 사회적 의미를 파악하는 일이다. 여기에는 연구자의 주관이 개입할 여지가 크고, 자의적 해석으로 나아갈 위험성이 상존한다. 따라서 이를 경계하기 위해서는 말과 실천의 의미를 해석하는 이론적 개념과 문제틀을 일관성 있게 견지해야 한다. 즉, 이데올로기 분석에서도 이론과 개념을 통한 인식은 불가피하며, 연구의 주관성과 지식의 불완전성, 텍스트 해석의 다양성 등을 인정한다고 할지라도, 자의적 해석을 견제하고 해석의 타당성을 확보하기 위해 사실과 이론의 끊임없는 대화가 요청된다. 알려진 사실에 대한 여타의 다양한 해석들을 참조하거나 기존의 해석에서 누락되거나 옆으로 밀려난 사실들을 다른 관점에서 재조명함으로써 해석의 객관적 타당성을 끊임없이 질문하는 가운데 보다 설득력 있는 분석과 묘사가 가능해질 것이다(곽차섭 2000; 조한욱 2000; 단턴 2008; 진즈부르그 1994).

2. 5·18 광주 항쟁의 이데올로기

(1) 반공이 전제된 자유민주주의

5·18 광주 항쟁에 관한 기존 연구들을 검토해 보면, 다소 의아하게도 항쟁 당시에 운동 주체들이 어떤 이데올로기를 통해 투쟁했는가 하는 점에 관한 논의는 별로 존재하지 않는다. 더구나 5·18 광주 항쟁 연구의 한축을 담당해 온 민중론이나 변혁론 등은 사후적으로 항쟁의 의의를 탐구하는 것이었지 실제로 어떤

이데올로기가 작동했는가를 밝히는 작업은 아니었다.

한 연구는 광주 항쟁의 특징을 이렇게 서술한다. "그토록 많은 인명 피해와 소용돌이에 휘말려 격렬하게 진행된 항쟁인데도 아무런 이념이 개입되지 않았다는 사실이 광주 항쟁의 또 다른 특징이기도 하다. 있다면 대한민국 헌법에 명시된 민주 공화정 이념만이 있었을 뿐이다"(김영택 2007, 151). 아무런 이념이 없었다고 하면서도 민주 공화정 이념이 있었다고 하는 이유는, 광주 항쟁이 쿠데타 세력을 저지하는 방어적인 투쟁의 한계를 벗어나지 못했다고 보기 때문이다. 그러나 여기서 말하는 이념, 즉 이데올로기가 "사회들의 역사적 삶의 본질적인 구조"라면(알튀세르 2017, 405), 이데올로기가 없는 사회관계도, 이데올로기가 없는 투쟁이나 항쟁도 현실적으로 실존한다고 보기는 어렵다. 그럼에도 불구하고 '무이념'을 말하는 이유는, 어쩌면 광주 항쟁에서 특정한 이데올로기가 지배적으로 작동하고 있었다는 것, 더구나 그것이 지배 이데올로기였다는 것을 공식적으로 승인하는 일이 마치 광주 항쟁을 크게 폄하하는 것처럼 여겨질 수 있었던 당대의 환경 때문일지도 모른다.

하지만 예컨대 오병길(당시 30세, 운전기사)의 다음과 같은 증언은 1980년 5월의 광주에서 계엄군의 엄청난 폭력을 목격한 대부분의 사람들이 생각했을 법한 바를 그대로 전달해 주고 있다. "당시의 5·18을 보고 느낀 점은 한마디로 얘기해서 자유민주주의 국가에서는 도저히 상상조차도 할 수 없는 계엄군의 만행이었다고 생각한다"(한국현대사사료연구소 1990, 606). "국민을 위해 국가가 있고, 국가를 위해 군인이 있다"고 말하는 해정구(당시 39세, 운수업)의 다음과 같은 증언도 마찬가지다.

> 너무나 갑작스럽게 느닷없는 일을 당했지만 이런 일이 일어난 원인을 살펴보면 억울하기 짝이 없다. 국민이 낸 세금으로 국민을 보호하기 위해 존재하는 군인이 국민에게 총을 쏜다는 것은 있을 수 없는 일이다. 공산주의 국가에서도 혈연이 있고 민족애가 있다고 알고 있다. 어떤 이유로든 변명이 성립되지 않는 처사라 아니 할 수 없다. 다친 상처가 어찌 다 아물어질 수 있고 찢겨진 몸이 어찌 예전처럼 회복될 수 있을 것인가. 국민을 위해 국가가 있고, 국가를 위해 군인이 있다고 우리는 어디서라도 주장할 수 있다(한국현대사사료연구소 1990, 989).

계엄군의 잔혹한 폭력은 "자유민주주의 국가에서는 도저히 상상조차도 할 수 없는" 일이라고 여겨졌고, "국민이 낸 세금으로 국민을 보호하기 위해 존재하는 군인이 국민에게 총을 쏜다는 것은 있을 수 없는 일"이었다. 이와 같은 말들은 광주 시민들이 대한민국 국민이라는 주체-위치와 동일시하는 정체성을 갖고 항쟁에 참여했으며, 자유민주주의를 저항의 이데올로기적 자원으로 받아들이고 있음을 잘 보여 준다.

5월 18일부터 27일까지 전개된 광주 항쟁의 이데올로기가 한국전쟁 이후 지배 이데올로기로 확립된 자유민주주의였으며, 그것도 반공주의를 전제하는 자유민주주의였다는 점은 여러 자료에서도 드러난다.

우선 항쟁 당시의 주요 구호들을 살펴보면, '전두환 물러가라', '계엄령 해제하라', '김대중 석방하라' 등의 범위를 크게 벗어나지 않았다. 또한 여러 유인물과 성명서에서 그 주요 내용은 공수부대의 잔혹 행위에 대한 폭로와 비판, 현 상황에 대한 정보 제공, 민주주의 투쟁에 대한 호소와 결의, 구국 과도정부 수립 요구 등이었으며, 운동 주체를 호명하는 경우에 대개 '민주 시민'과 '애국 시민'이라고 지칭하고 있다. 이는 항쟁 내내 주요한 역할을 담당한 「투사회보」의 경우도 마찬가지다. 가령 「투사회보」 5호(5월 23일)에 적힌 '우리의 구호'는 "최규하 정부는 즉각 물러가라, 전두환은 모든 공직에서 사퇴하라, 계엄령을 즉각 해체하고 구속 중인 학생과 모든 민주 인사들을 즉각 석방하라, 구국 민주 과도정부를 즉각 구성하라, 광주 시내에 배치된 계엄군은 즉각 철수하라, 민주구국투쟁위원회의 결의를 전폭적으로 지지한다" 등이다(광주광역시 5·18사료편찬위원회 1997, 41).

요컨대 유신 군부독재와 그 잔당인 쿠데타 세력을 물리치고 민주 사회를 건설하는 것이 5·18 광주 항쟁의 지배적인 담론이었으며, 이는 5·18 이전의 유인물과 성명서에서 나타난 바 있는, "18년 독재와 그 대표적인 유신에 대한 반대의 목소리와 개헌을 통한 정부의 교체에 대한 관심"의 연장선상에 있었음을 함의하며, "항쟁 참여 집단이 유신과 독재에 항거해 민주화를 이루고자 했고, 독재 혹은 유신 잔당의 계엄과 권력에 맞서 봉기한 것으로 항쟁의 정치적 성격을 규정하고 있음을 알 수 있다"(임철성·노시훈 2004, 188, 203). 이 경우 민주주의란 자유민주주의 이외의 다른 것이 아니다.

이런 점은 항쟁의 마지막 시민궐기대회에서 발표된 「80만 민주 시민의 결의」(5월 26일)에서 자신들의 운동을 '광주 시민 의거'라고 규정한 데에서도 드러난다.[6] 이런 규정은 광주 항쟁 이후 최초로 항쟁 주체의 시각을 드러낸 「광주 시민 의거의 진상」(1980년 6월, 작자 미상)에서 5·18을 "군사독재 체제 강화에 대한 도전이고 자유민주주의 열망의 표현"으로서 '광주 시민 의거'라고 지칭한 것과 일치하며, 4·19의거의 틀에서 5·18을 파악하는 이런 인식은 학생운동권에서 급진적 해석이 나오기 이전인 항쟁 1주기(1981년 5월)까지도 항쟁 주체들 사이에서 견

---

6 「80만 민주 시민의 결의」에서 요구한 7개 항은 다음과 같다. "○ 이번 사태의 모든 책임은 과도정부에 있다. 과도정부는 모든 피해를 보상하고 즉각 물러나라! ○ 무력 탄압만 계속하는 명분 없는 계엄령을 해제하라. ○ 민족의 이름으로 울부짖노라. 살인마 전두환을 공개 처단하라. ○ 구속 중인 민주 인사를 즉각 석방하고, 민주 인사들로 구국 과도정부를 수립하라. ○ 정부와 언론은 이번 광주 의거를 허위 조작, 왜곡 보도하지 말라. ○ 우리가 요구하는 것은 단지 피해 보상과 연행자 석방만이 아니다. 우리는 진정한 '민주 정부 수립'을 요구한다. ○ 이상의 요구가 관철될 때까지 최후의 일각까지, 최후의 일인까지 우리 80만 시민 일동은 투쟁할 것을 온 민족 앞에 선언한다"(광주광역시 5·18사료편찬위원회 1997, 73).

지되고 있었다(이용기 1999, 617-618).[7]

또한 항쟁 참여자들의 주요 이데올로기였던 자유민주주의
는 오랜 냉전 체제의 산물인 반공주의를 전제하고 있었다. 운동
주체의 여러 증언들은 자신들이 '폭도', '빨갱이'로 불리는 데 대
해 극심한 거부반응을 보이거나 적극적으로 빨갱이가 아니라고
주장한다. 예를 들어 5월 22일부터 도청에서 활동한 김준봉(당
시 21세, 회사원)은 5월 26일 한 고등학생을 내보내며 "항상 마지
막 책임은 자기 자신에게 돌아온다. 지금 사태를 정확히 후세에
전해 주라. 우리는 빨갱이는 아니었다고 이야기해 주라. 정확하
게 역사에 전달된다면 내 죽음은 헛되지 않을 것이다. 꼭 살아남
아서 전해 주라"라고 말한다(한국현대사사료연구소 1990, 233).
이와 유사한 증언은 여러 곳에서 발견할 수 있다.

> 정보과 형사가 "너 같은 자식이 군대에 가면 다 빨갱이 물이 들어 군
> 대에 보낼 수 없어" 하고는 수갑을 채웠다. 그 순간 인간적 모멸감과
> 분노가 치솟았다(한국현대사사료연구소 1990, 525).

---

7   5·18 광주 항쟁 이후 1980년대 말까지 관련 유인물과 성명서를 살펴보면, 광주 항쟁의
명칭은 '광주 사태'로 자리 잡고 있었다. 즉, 가장 빈도수가 높은 명칭은 "광주 사태(100),
사태(72), 의거(6), 항거(2)" 등의 순으로 나타났다(임칠성·노시훈 2004, 196). 1980년대 초
에는 대학가와 지식인 사회에서도 '광사'(광주 사태의 줄임말)라고 언명하는 경우가 흔했던
것으로 보인다(최영진 2007, 368).

교도소에 도착해서 얼마 안 있다가 한 사람이 "그래, 김일성이가 우리 아버지다"라고 외치면서 자기 호주머니에서 돈을 뿌리고 죽어 버리데요. 왜 그런 말을 했는지 잘은 모르겠지만 하도 많이 맞아서 한 맺힌 숨이 끊어지는 순간에 그럽디다. 얼마나 오기가 발동했으면 그런 말을 다 했겠어요. 아마 군인들이 빨갱이 새끼들이라고 하자 성질이 나서 그랬던 것 같습니다(한국현대사사료연구소 1990, 1010).

사람들은 6·25 때 빨갱이들도 이렇게 무고한 시민들을 마구잡이로 죽이지는 않았다면서 같은 민족, 한 형제인 대한민국 군인이 이럴 수가 있느냐고 분노를 토했다(한국현대사사료연구소 1990, 1354).

심지어 운동 주체들 사이에서도 서로의 견해나 입장이 충돌하거나 강경해 보이는 발언과 주장을 하는 경우에는 서로를 빨갱이라고 의심하는 상황도 종종 나타났다. 5월 22일 무기 회수와 계엄군과의 협상을 둘러싼 수습파와 강경파 사이의 갈등에서도 수습파는 강경파를 향해 빨갱이가 아니냐고 의심하고 몰아붙였다.

이즈음 도청 내 수습위원회와 계엄군 사이에 연행자 석방을 전제로 계엄군에 무기를 반납하기로 합의하여 100정 정도의 무기가 이미 계엄군의 손에 넘어갔다는 정보가 들어왔다. 김영철, 윤상원과 함께 도청에 들어갔다. 그러나 수적으로 우세한 수습파는 오히려 우리를 향해 "저 사람들 이상하다. 빨갱이가 아니냐"며 몰아쳐 강경·수습파 사이에 대립이 무력 충돌 직전의 상황까지에 이르렀다(한국현대사 사료연구소 1990, 210).

5월 25일 도청에서 장계범이라는 사람이 독침에 찔렸다는 이른바 '독침 사건'은 서로에 대한 불신을 고조시켰고, 마찬가지로 강경파를 빨갱이로 의심하는 일이 잦았다. 나중에 장계범은 계엄군의 '끄나풀'이라는 것이 밝혀졌지만, '독침 사건'을 조작하려는 시도는 대중들이 그것을 믿을 만한 조건에 있었음을 예증한다.

독침 사건이 완전히 조작되었다는 증거는 그 후 내가 계엄사에 붙들려 갔을 때 확인됐다. 27일 도청에서 연행돼 계엄사 헌병대 연병장에 엎드려 있는데 모두들 고개를 들게 하고 주모자급을 가려냈다. 그 자리에서 장계범이가 누가 주모자라고 손짓을 하며 잡아내는 게 아닌가. 그 자리에서 장계범이 지적한 10여 명이 주모자로 따로 분류되었음은 물론이다. 여하튼 25일 오후에 시민수습대책위원의 한 사람이던 장세균 목사가 외신 기자들을 불러 놓고 간첩의 독침에 두 명이 죽었다고 발표했고, 어처구니없게도 그날 저녁 TV에 이 사건은 '독침 사건'으로 보도됐다. 이 사건으로 도청 내에는 불신감이 만연되고 '강경파'는 빨갱이로 몰렸다(한국현대사사료연구소 1990, 207).

이런 증언들에 대해, 쿠데타 세력에게 탄압의 빌미를 주지 않고 자신들의 의지와 항쟁의 대의를 지키려는 전략적 대응이었다고 해석할 수도 있을 것이다. 하지만 이와 같은 반공주의가 단순히 빨갱이로 몰려 탄압을 받을 것을 우려한 방어적 대응이 아니었다는 점은, 학생수습위원회 부위원장 겸 내무위원장을 맡은 황금선(당시 28세, 무직)의 증언을 통해 알 수 있다.

도청 안에 조사과는 23일에, 상황실은 24일에 생겼다. 시민들은 사소한 일이 생겨도 도청으로 전화해 물어 왔으므로 답변하는 과정에서 자연스럽게 조사과가 생긴 것이다. 그런데 조사반장으로 있던 사람이 기관원이 아니었나 싶다. 조사과에서 주로 하는 일이 간첩이라고 잡혀 온 사람을 문책하고 수상한 사람을 조사하는 일이라 그때에도 현직 경찰을 데려오자는 말이 있었는데, 그 조사반장은 25일 아침 군인이 들어온다는 소문이 나돌자 도청을 빠져나갔다(한국현대사사료연구소 1990, 239-240).

방위병의 신분으로 탈영해 도청 조사과에서 활동한 신만식(당시 24세, 방위병)의 증언도 동일하다. "나는 22일부터 도청 점령 직전까지 조사과에서 일을 했다. 조사과에서는 시민들이 수상하다고 신고한 사람들을 조사했다"(한국현대사사료연구소 1990, 322). 도청에 간첩 여부를 조사하는 조사과가 존재했다는 사실은 운동 주체들이 적극적으로 반공주의를 견지했음을 보여 준다. 이에 대해 강력한 반공 이데올로기로 인해 자신들의 운동이 용공으로 몰릴 것을 우려한 전략적 대응이었다고 해석하기에는 반공주의에 따른 실제 실천 행위들이 너무 적극적이고 일상적이었다.

이에 관한 대표적 사례는 가두방송을 담당했던 전춘심(전옥주, 당시 31세)의 경험일 것이다. 5월 22일 그녀는 간첩으로 몰렸다가 풀려나기도 한다.

> 시민들 중 누군가가 '저 여자는 간첩임에 틀림없다'고 했다. 나는 아니라고 부인해도 흥분한 사람들이 우르르 몰려들었다. …… 분명히 수사관들이 시민들 군데군데 끼여 유언비어를 퍼뜨린 것일 것이다. 나와 차명숙은 도청으로 끌려가 꽁꽁 묶였다. 같이 활동했던 차명숙까지 나를 간첩으로 몰아세웠다. "생각해 보니 이 언니가 정말 수상합니다. 그래서 그렇게 말을 잘했는가 봐요." 나는 정말 어떻게 할 수가 없었다. 그래서 화정동 우리 집에 가보자고 했다. 아버지가 보성경찰서장을 지내면서 빨갱이 토벌에 얼마나 큰 공을 세웠는데 나를 빨갱이로 몰다니 …… 같이 간 시민들은 우리 집에 가서야 나의 신원을 확인하고 오해를 푼 다음 돌아갔다(한국현대사사료연구소 1990, 909).

그리고 결국 5월 26일에는 시민을 가장한 수사관들이 전춘심을 향해 "저 여자는 교육을 받고 온 간첩이다"라고 소리치자 몰려든 시민들에게 붙잡혀 보안대로 끌려간다. 수사관들이 이런 방식으로 주요 활동가들을 체포하거나 대중들로부터 고립시킬 수 있었던 이유는 분명히 시민들의 반공주의가 진지하고 강력했음을 반증한다. 당시 반공주의는 항쟁에 참여한 시민들이 때때로 자신의 동료를 의심하거나 우르르 몰려들어 붙잡는 수준이었다.[8]

5·18 광주 항쟁의 이데올로기가 반공이 전제된 자유민주주의였다는 이상의 논변은, 일견 한국전쟁 이후 처음이자 마지막으로 시민군을 조직하고 무장투쟁까지 전개한 광주 항쟁의 실천 형태와 양립할 수 없는 것처럼 보일 수도 있고, 나쁘게 보면 '성스러운' 5·18을 일방적으로 폄하하는 것처럼 여겨질지도 모른다.

그렇지만 이에 대해서는 사실상 이미 여러 논문들에서 광

---

8 5월 21일에도 기자를 자칭하며 촬영하는 민간인에게 누군가 "저 자식 간첩이다"라고 소리치자 시위대열의 사람들이 그를 붙잡아 즉석에서 공수부대에 인계한 사례가 있었다(한국현대사사료연구소 1999, 596). 이와 관련해 최영태는 "간첩이라고 하면 모두가 경계를 하고, 심지어는 대치하고 있는 시위대와 공수 사이에도 잠시 휴전을 하고 간첩 혐의자를 인수인계할 만큼 시위대들의 반공 의식은 강했다"고 평가한다(최영태 2006, 134). 그러나 최영태는 시민들의 '투철한 반공정신'을 지적하면서도, 광주 항쟁에서 반체제적 구호가 없었던 것은 빨갱이 덫에 빠지지 않으려는 시민들이 극도로 자제한 결과일 가능성이 있다고 조심스럽게 제기한디. 그러나 당시 이네올로기 지형에서 반체제적인 이데올로기는 사실상 존재하지 않았기 때문에 이것을 자제의 결과라고 보기는 어렵다.

주 항쟁의 '한계'로 지적돼 왔다고 볼 수도 있다. 명시적으로 자유민주주의 이데올로기의 지형 내에 있었다고 인정하지는 않지만, 광주 항쟁에서 대중들의 요구와 주장이 '낮은 차원'에 머물러 있었다고 간접적으로 비판하는 연구들이 존재하기 때문이다. 예를 들어, 박현채는 "광주 항쟁은 투쟁 형태에서는 높은 차원의 무장투쟁으로 되면서도 그것이 제기하는 요구는 낮은 차원에 한정된 것 이상의 것이 아니었다"라고 그 한계를 평가한다(박현채 2007, 54). 그리고 이런 지적은 자연 발생적 항쟁을 질적으로 상승시키지 못한 '지도부의 빈곤'에 대한 비판으로 이어진다(김세균·김홍명 2007). '낮은 차원'에 머무르는 자발적 항쟁은 강력한 지도부(이를테면 레닌적인 지도부)가 개입하고 주도해 질적으로 상승시켜야 한다는 것이다. 이는 지금까지도 대개 대중 봉기를 무시하거나 폄하하게 되는 기본 논리이기도 하다.

그러나 이는 대중 봉기의 동학을 '한계'로 전치시켜서, 지배 이데올로기를 통해서 투쟁하게 되는 대중 봉기의 고유한 형상을 가려 버린다. 그와 같은 관점에 따르면 어떤 대중 봉기도 '자발성의 한계'에서 자유롭지 못할 것이다. 하지만 자본주의 체제에서 대중 봉기의 '반역'이 반드시 사회주의나 공산주의와 같은 대항 이데올로기에 기반해 발생하는 경우는 극히 드물다. 어쩌면 대항 이데올로기로 무장한 순수한 대중들은 결코 도래하지 않는다고도 말할 수 있을 것이다. 대중 봉기란 우발적인 사건과 결합해 갑작스럽게 분출하는 것이기 때문이다. 오히려 대중 봉기의 '반역'은 대중들이 지배 이데올로기를 원리 원칙 그대로 실현하려고 할 때 일어난다. 실제로 광주 항쟁에서 운동 주체들이 지배 이데올로기인 자유민주주의를 문자 그대로 집단적으로 현실화시키려 할 때, 그것은 기존의 사회질서를 거부하는 돌이킬 수 없이 거대한 이데올로기적 반역으로 변모했다.

(2) 항쟁 공동체의 환상

대중 봉기와 정치권력 간의 대립 강도가 격렬해질수록 지배 이데올로기를 둘러싼 내적 균열과 갈등 또한 심화된다. 그러나 지배 이데올로기에 균열이 발생할 때조차 운동 주체는 지배 이데올로기를 기각하지 않으며, 오히려 운동 주체의 환상이 그 틈을 메워 지배 이데올로기에 일관성을 부여하고, 대중 봉기가 지속되는 한 지배 이데올로기를 이상화해 그것을 끝까지 관철시키려 한다.

먼저 주목해야 할 것은 항쟁 내내 태극기와 〈애국가〉가 주요 실천 형태로 등장하고 있다는 점이다. 태극기를 앞세우고 〈애국가〉를 부르는 것은 거의 모든 집회와 시위에서 나타난 행위였다. 가령 5월 18일의 시위에서는 대열의 선두에 태극기가 있었다.

우리도 스크럼을 짜고 공원에서 오는 대열에 합류했다. 눈덩이처럼 대열이 불어났다. 광주천을 따라 광주 공원 쪽으로 가면서 구호를 외쳤다. '김대중을 석방하라', '비상계엄 철폐하라', '휴교령을 철회하라', '전두환은 물러가라', '정치 일정 단축하라' 등의 구호였다. 그리고 〈투사의 노래〉, 〈농민가〉, 〈홀라송〉 등의 노래도 불렀다. 대열의 선두에는 태극기를 든 학생이 있었다(한국현대사사료연구소 1999, 598).

이는 항쟁 당시의 역사적 장면을 기록한 여러 사진들에서도 찾아볼 수 있다. 태극기는 5·18 이전에 시작된 '민족민주화대성회'에서도, 5·18 이후 도청 앞에서 열린 시민궐기대회에서도 사용되었고, 시민군들은 차량에 태극기를 꽂고 질주했으며, 장갑차를 모는 시민도 태극기를 흔들었고, 병원 영안실과 상무관에 안치된 시신들은 태극기로 감쌌다(5·18기념재단 2004, 17, 24, 76, 85, 102; 2006, 83, 93, 107, 119, 127). 또한 당시 시위와 집회에서 주로 부른 노래는 〈애국가〉, 〈아리랑〉, 〈선구자〉, 〈우리의 소원은 통일〉 등이었으며,[9] 이 가운데 많이 불린 것은

---

9 "학생으로 보이는 청년 한 명이 앞에 서서 선동을 하면 우리는 <아리랑>, <선구자>, <우리의 소원은 통일> 등의 노래를 함께 불렀다"(한국현대사사료연구소 1999, 283). "시민들은 계속 불어나고 할머니에서부터 손주에 이르기까지 '살인마 전두환은 물러가라'라는 구호를 외쳤고, <우리의 소원은 통일>, <아리랑> 등의 노래를 불렀다"(한국현대사사료연구소 1999, 329). 여기서 <우리의 소원은 통일>이라는 노래의 경우에는 일정한 민족주의를 함의한다. 그러나 광주 항쟁에서 반제·반미는 존재하지 않았을 뿐만 아니라 오히려 미국에 우호

〈애국가〉였다. "노래는 〈우리의 소원은 통일〉, 〈홀라송〉, 〈아침이슬〉, 〈투사의 노래〉 등이었고, 무엇보다 〈애국가〉를 많이 불렀다"(한국현대사사료연구소 1999, 690). 더구나 시민궐기대회에서 〈애국가〉 합창은 아예 식순에 포함돼 있었다. "오후 3시 제1차 범시민궐기대회가 도청 앞 광장에서 개최되었다. 궐기대회 식순은 희생자에 대한 묵념, 〈애국가〉, 수습위원회의 공지사항 전달, 민주주의 만세삼창 순서로 진행되었다"(한국현대사사료연구소 1999, 876).

이런 실천 형태는 광주 항쟁의 이데올로기가 자유민주주의였다는 해석과 논리적으로 부합한다. 태극기와 〈애국가〉는 '자유민주주의 대한민국'의 대표적인 상징이기 때문이다.[10] 이를 잘 보여 주는 것이 5월 27일 새벽의 대대적인 진압 이후에 뿌려진 유인물인 「800만 서울 시민에게 고함」(5월 29일)이다. 항쟁이 진압된 후, "살인 명령을 내린 전두환 일당의 자폭"을 요구하며 "우리 모두 함께 자유민주주의 대한민국을 소리 높여 외쳐 봅시다. 민주주의 만세! 대한민국 만세!"를 외치는 이 유인물의

적인 태도를 보였으며(최영태 2006, 136-137), 이와 같은 민족주의는 자유민주주의와 쉽게 양립할 수 있다.

10 정근식의 경우에는 태극기의 사용을 공유 상징의 저항적 전유로 파악하면서 이를 시민적 공화주의로 해석한다(정근식 2007). 여기서 시민적 공화주의는 자유주의와 공동체주의 각각의 장점만을 종합하는 개념인 것 같다. 하지만 개념 자체를 이론적으로 자세히 탐구하지는 않고 있어서 시민적 공화주의가 뜻하는 바는 상당 부분 모호하다.

마지막에는 다음과 같이 쓰여 있다. "5월 30일~6월 10일까지 를 희생당한 광주 시민·학생들의 영령을 위한 '애도의 기간'으로 정했습니다. 국기 강하식 때 〈애국가〉를 들으시며 전 시민·학생들은 광주 쪽을 향해 자유민주주의를 위해 민족의 제단에 바쳐진 고인들을 추모하며 묵념해 주시면 감사하겠습니다"(광주광역시 5·18사료편찬위원회 1997, 105-106).

5·18 광주 항쟁에서 태극기와 〈애국가〉는 특히 5월 20일 오후 시민들이 공수부대를 물리치고 항쟁 공동체를 형성하기 시작하면서 보다 전면에 부상한다. 또한 계엄군의 발포에 맞서 시민군이 출현하는 5월 21일과 22일에는 수많은 태극기가 파도처럼 물결을 일으켰다.

아침부터 태극기를 휘날리며 질주하는 여러 차 위는 무장한 학생과 시민으로 가득 차 있었다. 이미 석가탄생일인 21일 정오경에는 화순 방면으로부터 무장한 시민, 학생들이 태극기와 총을 흔들며 시내에 들어와 연도 시민들은 열광적인 박수로 이들을 맞이했다. …… 마침내 무장을 하지 않을 수 없었던 학생과 시민군은 손에 손에 태극기를 들고 완전히 장악한 시가지 전역을 행진하면서 환영을 받고 있었다. …… 아낄 것이 무엇이 있는가. 전 시민은 자발적으로 밥을 지어 운반하고 음료수를 제공했다. 자유와 민권을 위해 청춘을 불태우고 싸우는 자랑스러운 용사들, 이 사람들이 어찌 폭도이며 불순분자라고 할 수 있는가. 봉기한 애국 투사가 아닌가. 휘날리는 태극기의 파도여!(한국현대사사료연구소 1990, 176).

항쟁 공동체는 피와 밥과 수류탄을 함께 나누는 사랑의 공동체였다. 시민들은 헌혈로 피를 나누고, 함께 밥을 나눠 먹으며, 서로 수류탄을 건네며 함께 싸우는 사랑을 실천했다(김상봉 2008, 369-372). 이 광주 항쟁의 공동체를 절대공동체로 개념화한 최정운은 다음과 같이 서술하고 있다.

이곳에는 사유재산도 없고, 생명도 내 것 네 것이 따로 없었다. 물론 이곳에는 계급도 없었다. 이제는 웃을 일도 심심치 않게 생겼다.

저녁이 되자 어디서 나왔는지 수많은 시민들, 어린아이들 손에 작은 태극기들이 물결치고 있었다. 절대공동체를 이룬 시민들은 〈애국가〉를 부르며 태극기를 흔들고 국가의 권위를 주장하기 시작했다. 그 마귀 같은 공수부대를 보낸 신군부는 타도의 대상이며 따라서 진정한 대한민국은 광주 시민들이 대표해야 한다는 것이었다(최정운 2012, 175-176).

항쟁 공동체가 형성되면서 태극기와 〈애국가〉로 대표되는 자유민주주의는 마치 현세에 구현된 듯한 외양으로 도래한다. 자유민주주의 이데올로기의 핵심 용어들인 '자유', '평등', '민주주의'는 그 본질적 의미가 무엇이든 1980년 5월의 광주에서는 사유재산도 계급도 없이 함께 싸우고 함께 먹으며 삶과 죽음을 나누고 서로 웃음 짓는 사랑의 공동체, 또 다른 상상된 공동체로 현상했다. 그것은 대중 봉기가 최고의 상태에 도달했을 때 만들어지는 대안적인 공동체였다(임현진 1991, 274).

그러나 이에 대해 최정운은 절대공동체가 국가의 권위를 주장하고 스스로 국가권력으로 변환하고 있다고 해석한다. 태극기와 〈애국가〉를 통해 국가의 의례를 집행하기 시작하고, 시민들을 징병하고 재산을 징발하는 등 국가권력을 행사했으며, 스스로 무장력을 갖춰 시민군을 조직하는 데 이르러 국가로 완성되었다는 것이다. 그리고 이렇듯 절대공동체가 국가로 변환된 것이 5월 21일 오후부터 절대공동체를 서서히 와해시키는 주요 동인이었다고 파악한다(최정운 2012, 178-188).[11] '전남민국', '광주공화국'이라는 용어로 표현된 '새로운 국가의 탄생'이었다는 것이다(최정운 2001, 326).

하지만 항쟁 공동체가 국가로 전환되었다는 해석은 논란의

---

[11] 절대공동체 개념에 대해 최정운은 퇴니스가 제시한 공동사회(공동체)의 '예외적 순수성'을 강조하는 용어라고 설명하고 있지만(최정운 2012, 178 주 62), 그 '예외적 순수성' 내지 '절대성'이 갖는 함의를 보면, 적과 동지의 구별을 정치의 핵심으로 파악하는 칼 슈미트의 결단주의와 클라우제비츠의 절대전쟁 개념을 더 많이 응용하는 것 같다(최정운 2012, 178 주 62, 201 주 80 참조). 아울러 절대공동체가 국가로 변환되었다는 주장도 이 두 이론에 근거한 것처럼 보인다. 그러나 적과 동지의 구별이 국가만의 독점적인 정치적 행위라고 볼 이유는 없으며(Mouffe 2000), 최정운도 지적하듯이 절대전쟁은 본래 국가 간 전쟁을 설명하는 개념이 아니다.

여지를 남긴다. 이는 절대공동체를 국가도 이데올로기도 없는 순수한 맨몸의 인간들의 공동체로 규정하는 데에서 비롯한 역편향인 것처럼 보인다.[12] 그 때문에 항쟁 공동체에서 차츰 나타나는 분열과 갈등(예컨대 무장과 비무장, 계급, 가족을 둘러싼)을 해명하기 위해 절대공동체에서 국가가 도출되었다고 주장하는 것이다. 이는 또한 순수한 절대공동체와 시민군이 등장하는 '해방 광주'를 분리해, 기존의 해석들과는 다르게 시민군과 '해방 광주'를 부정적으로 인식하는 효과를 낳는다(정근식 1999, 299). 하지만 당시의 항쟁 공동체(특히 절대공동체가 등장한 직후의 해방 광주)가 '자유민주주의 대한민국'에 대립하는 일종의 대안 국가였다고 하는 것은, 그것을 민중 권력 내지 프롤레타리아독재의 맹아라고 명명하는 것만큼이나 설득력이 부족하다.

물론 5·18 광주 항쟁은 대중 봉기가 절정에 도달할 때 구성되는 대안적인 공동체를 형성했으며, 이는 역사적인 대중 봉기들이 만들어 낸 다양한 형태의 평의회Council, Commune, Räte, Soviet 형태들 가운데 하나였을지도 모른다(카치아피카스 2009). 그리고 만일 성공했다면, 그것은 자본주의를 변혁하고 민족국가가 아닌 새로운 국가를 건설했을지도 모른다(물론 이것을 여전히 '국가'

---

12 이런 점에서 절대공동체 개념은 정치가 일시적으로 해소된 상태, "정치가 지양된 비정치적 상태"를 함의하고 있으며, 따라서 "반정치적이고 비정치적일 수밖에 없는 개념"이라는 비판은 타당하다(강정인 2000, 304-305).

라고 불러야 할지는 열린 문제다). 그러나 그것은 현실화되지 못한 채 항쟁 공동체의 환상으로 남겨졌다(김창진 2007, 197-199).

　오히려 태극기와 〈애국가〉로 대표되는 항쟁 공동체의 일련의 실천 형태들은 자유민주주의를 1980년 5월의 광주라는 시공간에서 실현시키려는 불가능한 시도가 아니었을까? 그것은 학교와 가족이라는 이데올로기적 국가 장치들을 통해 익숙해진 지배 이데올로기를 매개로 삼아서 항쟁 공동체에서 체험한 항쟁 주체들의 환상을 투영한 것이 아니었을까? 그것은 '자유민주주의 대한민국'을 대체하는 것이 아니라 자신들이 그 일부가 되어야 하는 '자유민주주의 대한민국'의 균열과 틈을 메우려는 필사적인 노력이었다. 또한 그것은 최정운이 잘 지적했듯이 "진정한 대한민국은 광주 시민들이 대표해야 한다는 것"이었으며, 이는 광주 시민들이 스스로 '자유민주주의 대한민국'의 '국민'임을 자임하는 헤게모니적 실천이었다. 헤게모니적 실천은 다원적 정체성들을 등가 연쇄chain of equivalence로 묶어 내는 것이며, 여기서 특수자는 보편적 대표성을 자임함으로써 자기 자신을 특수자가 아니라 보편자로서 제시한다(라클라우·무페 2012; 김정한 2011). 말하자면 광주 시민들의 헤게모니적 실천은 '우리가 대한민국 국민이다!'라는 언어로 집약되었다.[13] 요컨대 자

13　이와 같은 정치적 언어는 노동자계급의 해방을 전체 인류의 해방으로 제시했던 것과

유민주주의에 내재돼 있는 자유와 평등이라는 이상적 보편성을 실현하기 위해서 자신들의 항쟁을 특수한 광주 시민들이 아니라 대한민국 국민 전체의 대표를 자임하는 행위로 표현했던 것이다. 이 때문에 운동 주체들은 스스로 완전하고 충만한 민주·애국 시민이 되어야 했으며, 이는 평상시보다 더 질서를 지키고 더 이웃을 돌보며, 더 간첩을 색출하고 더 태극기를 소중히 여기며, 〈애국가〉와 〈아리랑〉에 눈물을 흘리는 모습으로 나타났다. 하지만 동시에 그것은 사유재산도 계급도 없이 너와 네가 한데 어우러지는 '진정한' 민주주의, '참된' 민주주의에 대한 체험, 운동 주체들만이 겪을 수 있는 실재적인 체험이기도 했다. 그것은 대중 봉기가 만들어 낸 현세의 유토피아이자 운동 주체의 환상이었다.

그러나 제5공화국이라는 현실의 자유민주주의는 이런 대중 봉기의 환상을 결코 통합할 수 없었으며, 그에 따른 5·18 광주 항쟁의 사후 효과는 자유민주주의에 대한 조롱과 환멸이었다. 광주 항쟁에서 운동 주체들은 지배 이데올로기인 자유민주

닮아 있다. "역설적 계급들은 특수한 집단의 권리들을 이러한 특수성 자체의 이름으로 방어하는 것이 아니라 이 집단에 가해지는 차별 또는 배제는 인류 그 자체에 대한 부정을 표현하는 것임을 선포하면서 방어한다. '노동' 착취에 대한 투쟁의 이름으로 행해진 프롤레타리아트의 해방운동들, 또는 성적 차이 속에서의 평등의 이름으로 행해진 여성들의 해방운동이 그러한 운동이다"(발리바르 2007b, 548).

주의의 이름으로 투쟁했지만, 그것이 1980년대 사회운동에 미친 효과는 자유민주주의에 대한 총체적인 거부였다. 어쩌면 1980년대 중반 이후 세계사적 시간대보다 훨씬 뒤처진 마르크스주의의 부활은, 기존의 사회질서를 근본적으로 비판하는 가장 급진적인 사상만이 5·18 광주 항쟁의 환상에 응답할 수 있었기 때문일지도 모른다.[14]

4. 대중 봉기의 이데올로기적 사후 효과

대중 봉기의 이데올로기는 지배 이데올로기이다. 이는 대중 봉기가 사회운동과 갈라지는 지점이다. 사회운동은 지배 이데올로기를 비판하는 다양한 대항 이데올로기를 구성하면서 이를 대중적으로 확산시키려고 노력할 수 있다. 그러나 대중 봉기는 여러 사회운동이 제시하는 대항 이데올로기를 수용해 투쟁을 전개하기보다는 이미 대중들에게 내면화돼 있는 지배 이데올로기를 글자 그대로 활용하거나 일정하게 변형함으로써 투쟁을 전개한다. 이는 대중 봉기가 우발적·자발적·비조직적으로 발생

---

14 여기서 '응답'은 대중 봉기가 지배 이데올로기와 환상을 통해 제시한, 다분히 유토피아적인 '새로운 사회의 꿈에 대한 응답'이다. 이런 점에서 5·18 광주 항쟁과 관련해 '타인의 고통에 대한 응답'으로서 '서로주체성'의 형성을 논의하는 김상봉(2006)과는 다르다.

하기 때문이기도 하다. 요컨대 대중 봉기는 자신만의 고유한 이데올로기를 미처 준비하지 못한 채 발생한다.

5·18 광주 항쟁에서 항쟁 주체들은 자유민주주의를 비판하고 기각하는 것이 아니라 오히려 자신들이 빨갱이나 공산주의 세력으로 규정되는 데 반대해 질서정연한 민주 시민의 정체성을 유지하고자 했으며, 〈아리랑〉과 〈애국가〉를 합창하고 태극기를 흔들며 '국민 그 이상의 국민' 혹은 '국민보다 더한 국민'이 되고자 했다. 물론 대중 봉기가 전개되면서 국가권력과 대중들의 적대적 대립선은 점차 명확해지고, 그에 따라 지배 이데올로기에 균열이 발생한다. 그러나 이런 경우에도 운동 주체들은 자신들의 환상을 투영해 지배 이데올로기의 균열을 메우고 그에 일관성을 부여하고자 한다. 광주 항쟁에서도 자유민주주의를 이상화하고 민주 시민·애국 시민의 정체성을 유지하려는 항쟁 주체의 환상은 또 다른 상상된 공동체로서 항쟁 공동체를 구성했다. 이는 자유민주주의를 1980년 5월의 광주에서 실현시키려는 불가능한 시도였으며, 그만큼 자유민주주의를 가로지르는 현세의 유토피아이기도 했다. 물론 대중 봉기가 절정에 이른 항쟁 공동체에서도 이데올로기는 소멸하지 않으며 그에 따른 분열과 갈등은 회피할 수 없다.

어쩌면 대중 봉기는 이런 자신의 고유한 동학으로 인해 언제나 실패할 수밖에 없는 운명일지도 모른다. 이것이 대중 봉기의 진정한 비극일 것이다. 그러나 대중 봉기의 소멸에도 불구하고 그 과정에서 운동 주체들이 겪은 체험과 분출된 열망은 결코 사라지지 않는다. 여기서 구성된 대중 봉기의 환상을 재가공해 보편화시키지 않는 한, 지배 이데올로기는 더 이상 지배 이데올로기로 기능하지 못하며 국가권력의 정당성은 크게 약화된다. 오히려 대중 봉기의 환상은 기존의 지배 이데올로기와 갈등하는 새로운 대항 이데올로기의 주요 자원으로 작동한다. 5·18 광주 항쟁 이후 이는 자유민주주의와 갈등하는 새로운 사회운동의 변혁적 민족민중론, 계급론 등으로 나타난 바 있다.[15] 대중 봉기의 효과로 사회운동의 이데올로기적 전환이 일어나고 여러 사회운동이 재구성되는 이유도 여기에 있다. 어쩌면 이것이 지배 이데올로기에 가하는 대중 봉기의 '사후 복수'일 것이다.

---

15 자세한 내용은 이 책의 4장 참조.

5·18 광주 항쟁에서
시민군의 주체성

1. 현대 정치철학에서의 주체성

현대 정치철학에서 주체성 문제는 난해하고 복잡하면서도 많은 이목을 끌고 있는 주제이다. 1960년대에 구조주의가 등장해 '주체의 죽음'을 선언하기는 했지만, 주체가 구조의 효과에 불과하다는 도발적인 주장은 1968년 혁명을 경험하면서 현실 적합성이 부족하다는 비판에 직면해야 했다. '구조는 거리로 내려올 수 없다'라는 당시의 구호는 구조주의가 현존 체제에 순응하고 복종하는 주체만을 전제하고 있다는 비판을 압축적으로 보여 준다. 구조주의가 곧바로 포스트구조주의로 통칭할 수 있는 새로운 철학적 흐름으로 전환되어, 구조의 효과로 환원될 수 없는 주체 형성에 대해 사유하기 시작한 까닭은 이와 무관하지 않을 것이다.

하지만 주체성 문제에 대한 최근의 관심은 이런 철학적 전환 외에도 세계적인 정치경제적 변동과 맞물려 있다. 1980년대 이후 금융자본이 주도하는 신자유주의적 세계화는, 한편으로 복지 체제를 해체하며 노동력의 재생산을 관리하는 국가 기능을 약화시켰고, 다른 한편으로 실물 생산에서 금융 투기로 자본주의의 축적 양식을 이동시켰다. 이런 변화는 국가와 자본에 '포섭'되지 못하는 수많은 '잉여 인간'을 양산했다. 예컨대, 국가의 치안과 행정에서 방치되어 실질적인 시민권이 없는 시민들과 아예 형식적인 시민권조차 없는 이주민·난민들이 생존의 위험에 처해 있고, 자본에 의해 생산관계 외부로 배제되어 착취조차 당할 수 없는 실업자들이 세계적으로 범람하고 있는 것이다. 이와 같은 배제의 일반화로 인해 국가와 자본에 포섭되거나 그에 대항하는 주체성으로서 국민(민족), 시민, 민중(인민), 계급 등 그동안 인문 사회과학에서 주요하게 논의되었던 범주들에 대해 근본적인 의문이 제기되고 있다.

그렇지만 주체성에 관한 현대 정치철학의 논의들은 고도의 추상적인 개념과 논리로 인해 구체적인 현실의 주체를 발견하거나 설명하는 데 여러 가지 한계가 있다. 예를 들어, 자율주의에서 말하는 다중이나 들뢰즈 철학에서 제시하는 유목민, 지젝이 강조하는 실재의 주체subject of the real 등은 나름의 탄탄한 논리적 정합성에도 불구하고, 그에 적합한 주체의 현실적 실존에 대해서는 다양하고 때로는 서로 상반되는 해석들이 어떤 참조할 만한 준거점도 없이 평행선을 달리고 있는 형국이다. 이런 상황에서는 이론에 현실을 꿰맞추려 한다는 흔한 비판을 온전히 감수할 수밖에 없다.

이 글에서는 이런 교착상태를 돌파하기 위한 하나의 실마리로서 5·18 광주 항쟁에서 등장한 시민군의 주체성을 살펴보려 한다. 시민군은 한국전쟁 이후 역사상 유례없는 무장투쟁을 전개했고, 최후까지 공수부대와 싸우며 광주 항쟁의 진실을 역사로 전하는 데 큰 역할을 수행했다. 또한 주체성의 차원에서도 진정한 의미의 정치적 주체를 형성했으며, 이 때문에 1980년대 사회운동의 급진적 변화를 가능하게 한 상징적 동력이었다고 평가되고 있다. 그러나 다음 절에서 살펴볼 것처럼, 광주 항쟁의 주체성에 관한 기존 연구는 사회구성체론에 입각해 생산양식에서의 경제적 주체-위치만을 강조하거나 인간주의에 입각해 항쟁 주체의 특징으로 인간성이나 이성과 인격을 중시하고 있다. 또한 광주 항쟁의 전체적인 특징과 성격을 분석하는 데 초점을 맞추고 있기 때문에, 항쟁 과정에서 나타나는 주체성의 변화 양상에 대해서는 간과하고 있다.

이런 한계를 돌파하기 위해 이 글에서는 현대 정치철학, 특히 구조주의와 포스트구조주의의 주체성 이론에 기반해 시민군의 주체성이 항쟁의 전개 과정에서 어떤 특징을 갖고 있었으며 어떻게 변화했는지에 대해 분석해 보고자 한다. 여기서 주체성은 주체가 무엇이고, 어떻게 형성되며, 그 특징은 무엇인가를 포괄적으로 지칭하는 용어다.

현대 철학에서 하나의 혁명이라고까지 일컬어지는 구조주의가 발견한 것은 상징계이다. 간단히 '언어의 세계'라고 할 수 있는 상징계는 기표들의 차이의 체계, 변별적 체계를 가리킨다.

구조주의에 따르면, 주체화란 한 개체individuality가 상징계로 진입해 상징계 내에 있는 이런저런 위치를 점유하는 것을 뜻하며, 상징계 내의 특정한 위치와 스스로를 동일시할 경우 주체로 구성된다고 말할 수 있다. 예를 들어, 알튀세르는 이 과정을 호명과 억압으로 설명한다(알튀세르 1991; 2007). 한편으로 이데올로기적 국가장치들은 상징계 내의 주체-위치로 개인을 호명해 주체를 구성하며, 호명에 응답하는 개인은 그 주체-위치와 자신을 동일시함으로써 정체성identity을 형성하고, 다른 한편으로 억압적 국가 장치들은 억압을 통한 규율화를 통해 상징계 내의 주체-위치를 수용하도록 강제한다. 이런 관점에서 주체는 자율적으로 행위하고 사고하는 주체이면서 동시에 상징계에 종속돼 있는, 상징계의 법과 규범을 내면화한 주체이다. 영어의 주체subject가 주권적 주체(라틴어 subjectum)와 예속적 주체(라틴어 subjectus)를 동시에 의미하는 이유가 여기에 있다(발리바르 2008, 27-31).

그러나 이런 문제틀만으로는 상징계를 전복하거나 그에 저항하는 주체를 해명하는 데 한계가 있다. 이와 달리 상징계 외부를 사유하는 사상들을 통칭하는 포스트구조주의에서 주체는 어떤 방식으로든 상징계에 저항하거나 그로부터 벗어나는 것을 가리킨다. 구조주의가 상징계 내부로 진입하는 주체화 과정으로 주체를 개념화한다면, 포스트구조주의는 상징계에 대항하는 과정으로 주체를 파악한다. 예를 들어, 지젝은 진정한 정치적 주체를 '공백'이라고 표현한다(지젝 2007, 44). 즉, 현존하는 상징계 내부에서 어떤 주체-위치도 갖지 못하는, 상징계의 공백이자 텅 빈 장소다. 따라서 진정한 정치적 주체는 주어진 상징계에서 어떤 자리도 차지하지 못하며, 기존의 상징계가 제공하는 어떤 주체-위치와도 정체화하는 데 실패한다. 주체는 오히려 상징계 외부에 있는, 따라서 기존의 언어로는 재현할 수 없는 실재와의 정체화로 나타난다. 예컨대 시민군은 광주 항쟁의 '진실'을 지키기 위해 항쟁 과정에서 형성된 형제 공동체와 자신을 정체화하고 최후의 항전을 선택했다.

물론 들뢰즈 철학이나 이를 정치학으로 번역하는 네그리의 자율주의도 상징계 외부에서 주체를 사고한다는 점에서는 지젝과 동일하다. 하지만 그들이 주체성의 형상으로 내세우는 유목민이나 다중은 기존의 상징계를 해체하는 데 집중할 뿐 새로운 상징계를 구성하는 데 부정적이다(서동욱 2002, 458-459). 그것은 상징계 내부로 포획되지 않는 전복적인 욕망에 기초해 부단히 탈영토화하고 탈코드화하는, 다시 말해 끊임없이 상징계 외부로 탈주하는 주체이다(이진경 1995). 이와 달리 실재와 정체화하는 주체는 새로운 상징계를 구성하는 데 부정적이지 않으며, 오히려 자신의 행위를 통해 새로운 상징계로 이행하도록 촉발한다. 이처럼 1980년대 이른바 '혁명의 시대'를 이끌어 낸 새로운 사회운동은 시민군의 행위에 대한 살아남은 자들의 응답이었으며, 1970년대와는 단절적인, 마르크스주의와 공산주의라는 낯선 언어의 세계를 칭출했다.

2. 5·18 연구에서의 주체성

대개 혁명이나 봉기, 운동의 주체라고 하면 참여 인구의 신분을
가리키는 것으로 이해하기 쉽다. 그에 따라 참여 인구를 계층별
로 분류한 후 가장 많은 비중을 차지하는 계층이 바로 핵심 주체
였다고 결론을 내린다. 주체성에 관한 본격적인 탐구는 아니었
지만 5·18 광주 항쟁에 관한 대부분의 기존 연구들도 예외가 아
니다. 항쟁의 주체를 '범광주 시민'이라고 하든 '범민중 세력'이
라고 하든, 여기에는 계층별 차이 없이 광범위한 시민이 항쟁에
참여했는가, 아니면 특정 계층이 양적으로나 질적으로 더 많이
참여했는가를 판단하는 차이가 있을 뿐이다(강현아 2004b). 이
런 점에서는 계급론적 접근도 마찬가지다. 노동자나 도시 빈민
이 광주 항쟁의 핵심 주체라고 주장하는 연구들도 그 지표는 대
개 구속자와 피해자의 계층을 알려 주는 직업별 분류에 의존하
고 있다(대표적으로 김세균·김홍명 2007; 이정로 1989; 손호철
2003c).

하지만 어떤 계층에 속하는지, 어떤 직업을 갖고 있는지가
곧 주체성을 판가름하는 기준이 될 수는 없다. 정치적 주체는 참
여자의 직업이나 사회경제적 위치에 따라 직접적으로 결정되는

것이 아니기 때문이다. 참여자의 사회경제적 신분을 확인하고 특정 계층이나 직업군에 속한다는 사실을 밝힌다고 해서 그가 곧 정치적 주체가 되는 것은 아니다(최영진 2007, 352). 물론 이런 접근법이 전혀 무용하지는 않다. 여기서 전제하고 있는 바는 사회구성체론에 의거해 경제적 위치와 이해관계가 곧 정치적 주체를 구성한다는 논리인데, 이는 경제적 이해관계를 중심으로 전개되는 사회운동의 경우에는 일정하게 타당성을 가질 수 있기 때문이다. 그러나 광주 항쟁처럼 경제적 이해관계가 아니라 우발적이고 역사적인 사건에 기초해 일어난 경우에는 그와 같은 전제가 맞지 않을 가능성이 높다.

이런 전제 논리를 '유물론'으로 규정하고 비판한 연구가 최정운(2001; 2012)과 김상봉(2006; 2008)이다. 최정운은 "유물론은 결코 5·18이 이루어 낸 절대공동체의 정신에 접근할 수 없다"라고 하면서 경제 원리나 그에 기초한 이념들로는 광주 항쟁을 인식할 수 없다고 주장한다(최정운 2012, 198). 그러나 그는 시민, 민중, 계급 대신에 광주 항쟁의 주체로 '인간'을 내세움으로써 근원적으로 근대 철학의 인간주의를 원용하는 데 머무른다. "굳이 5·18의 투쟁의 주체를 논하자면 바로 '인간'이었다"(최정운 2012, 320). 사실 이런 관점에서는 세계의 중심에 '인간'이 있기 때문에, 어떤 혁명과 운동이든 '인간'이 주체가 아닌 것은 존재할 수 없다.

최정운에 동의하면서도 보다 본격적인 철학적 탐구를 모색

하는 김상봉은 서구 철학 전체가 타자를 배제하는 홀로주체성의
틀에 묶여 있다고 비판하면서 서로주체성이라는 신조어로 광주
항쟁을 이해하려 한다. 서로주체성은 개인의 개별성을 지양하면
서도 타자와의 만남을 통해 확장된 주체성을 생성시키는 공동의
주체성을 가리키며, "공동의 주체성은 내가 홀로 정립하는 주체
성이 아니고 나와 네가 서로 정립하는 주체성이며 함께 정립하
는 주체성이다"(김상봉 2008, 348). 광주 항쟁의 주체는 만남의
범주들(용기, 약속, 타인의 고통에 대한 정신적·현실적 연대)로 파악
되는 서로주체성을 형성한 공동의 주체subjectum commune라는
것이다. 그러나 주체성을 사고하면서 타자와의 만남과 연대를
강조하는 그의 연구는 실천적으로 시사하는 바가 크지만, 주체
성에서 '인격'과 '정신'을 강조할 때 지나치게 의식 철학으로 기
울고 있다(김상봉 2008, 341). 이는 주체의 의식과 실천을 규정
하는 여러 요인들(경제적 원인으로 국한되지 않는)을 쉽게 생략한
채 개인의 인격과 의식의 자율성만을 부각시키는 또 다른 편향
을 낳을 수 있다.

3. 시민군의 주체성

상징계 내의 주체-위치에 의해 주체가 구성된다는 관점에서 보
자면, 5·18 광주 항쟁에서 참여자들의 주체성을 해명하기 위해

서는 우선 당시의 이데올로기 지형을 살펴봐야 한다. 사회구성체론에서 주장하듯이 생산관계 내의 주체-위치, 또는 인간주의 내지 의식 철학에서 강조하듯이 인간적인 이성과 감정이 아니라 이데올로기 지형 내에 배치돼 있는 주체-위치가 주체성을 주요하게 규정하기 때문이다. 결론부터 말하자면, 5월 18일부터 27일까지 전개된 광주 항쟁의 이데올로기는 한국전쟁 이후 지배 이데올로기로 확립된 반공과 자유민주주의였다.

이는 당시 주요 구호, 유인물과 성명서, 증언 등을 통해 확인할 수 있다. 우선 거리에서 외쳐진 주요 구호는 '전두환 물러가라', '계엄령 해제하라', '김대중 석방하라' 등에 머물러 있었고, 「투사회보」를 비롯한 유인물과 성명서에서도 공수부대의 잔혹 행위에 대한 폭로, 현 상황에 대한 정보 제공, 민주주의 투쟁에 대한 호소와 결의, 구국 과도정부 수립 등이 주요 내용이었다(광주광역시 5·18사료편찬위원회 1997, 41). 5월 26일 마지막 시민궐기대회에서 발표된 「80만 민주 시민의 결의」는 항쟁을 '광주 시민의 의거'로 규정하면서 민주 인사들로 이뤄진 민주 정부 수립을 요구하고 있다(광주광역시 5·18사료편찬위원회 1997, 73). 공수부대를 몰아내고 군부독재와 쿠데타 세력을 비판하며 민주 사회를 건설하는 것이 5·18 광주 항쟁의 지배적인 담론이었던 것이다. 이렇게 항쟁 주체의 시각은 자유민주주의의 틀에서 벗어나 있지 않았다. 또한 이런 틀에는 냉전 체제의 반공주의가 결부돼 있었다.[1]

또한 당시 시위와 집회에서 가장 많이 불린 것은 〈애국가〉였으며, 시민궐기대회에서 〈애국가〉 합창은 대회를 시작하는 의례였다(한국현대사사료연구소 1990, 690, 876). 특히 시민들이 공수부대를 물리치고 도청을 차지하는 5월 21일과 이를 자축하는 5월 22일에는 수많은 태극기가 파도처럼 물결을 일으켰다.

태극기를 흔들고 〈애국가〉를 부르는 실천 형태의 함의는 "진정한 대한민국은 광주 시민들이 대표해야 한다는 것"이었으며(최정운 2012, 176), 그들이 "대한민국이라는 한 나라의 국민으로서 자기를 정립했다는 것을 의미한다. 비록 고립돼 있었으나 그들은 자기를 참된 의미에서 대한민국의 시민으로 인식했던 것이다"(김상봉 2008, 335). 여기서 자신을 대한민국 국민으로 정립한다는 것은 자유민주주의, 더구나 반공이 전제된 자유민주주의라는 지배 이데올로기를 내면화하고, 이런 상징계의 주체-위치를 자신의 주체성으로 정립한다는 말과 다르지 않다.

이에 대해 정근식(2007)은 한국 현대사의 역사적 맥락에서 태극기의 사용을 공유 상징의 저항적 전유로 파악하면서 그 의미와 지향이 시민적 공화주의에 있다고 주장한다. 서구 시민혁명에서 나타났던 공화주의 원리가 극적으로 표현된 것이 광주 항쟁이라는 것이다. 그는 시민적 공화주의를 다음과 같이 규정한다.

---

1 자세한 내용은 이 책의 3장 참조.

공화주의 정치는 상호 의존적인 시민들로 하여금 개인의 권리에 바탕을 두면서 공공선이 무엇이고 공공선을 어떻게 실현해야 하는가를 다룬다. 또한 단순히 개인의 권리에 초점을 맞추는 자유주의 이론과는 달리 공동선의 실현을 위한 의무를 강조한다. 또한 정치를 공동체의 전정치적으로 공유된 가치의 표현으로 보는 공동체주의와는 달리 공화주의는 정치 공동체의 정치적 구성을 강조한다(정근식 2007, 179).

여기서 시민적 공화주의는 자유주의와 공동체주의 각각의 장점만을 종합하는 개념인 것 같다. 하지만 이 외에는 시민적 공화주의 개념 자체를 이론적으로 자세히 탐구하고 있지는 않아서 시민적 공화주의가 뜻하는 바는 상당히 모호하다. 또한 한국에서 자유주의(또는 자유민주주의)는 개인과 공동체를 모두 중시하는 특징이 있으며, 이렇게 "서양 자유주의가 그 발전의 초기 단계에서 그러했던 것보다 개인의 사회성·공동체성을 더 부각시키게 되는 것은 이념의 운동 공간으로서 역사적 맥락이 갖는 차이를 반영한다"는 견해에 따르면(문지영 2009, 159), 정근식이 제기하는 '서구의 시민적 공화주의'는 사실상 '한국의 자유민주주의'와 별다른 차별성이 없다.

4. 시민군의 형제 공동체

이와 같이 1980년대 이데올로기 지형과 주체-위치에 대한 분석은 광주 항쟁에서 나타나는 전체적인 주체성의 특징을 파악하는 데 유용하다. 지배 이데올로기인 자유민주주의가 제공하는 주체-위치와 스스로를 정체화해 진정한 대한민국 국민이자 시민으로서 항쟁에 나서는 주체의 특징을 잘 보여 주기 때문이다. 그러나 이것만으로는 당시에 나타난 항쟁 공동체의 형성에 대해 온전히 설명할 수 없다. 시민들이 헌혈로 피를 나누고 함께 밥을 나눠 먹으며 서로 수류탄을 건네고 함께 싸우는 '사랑의 공동체'(김상봉 2008, 369-372)는, 주어진 상징계 내부의 주체-위치와 일정하게 중첩되면서도 그것을 벗어나는 계기를 만들어 냈기 때문이다.

물론 태극기와 〈애국가〉로 상징되는 주체성의 형상은 5월 21일 계엄군의 집단 발포 이후 등장한 시민군에게도 동일하게 나타난다. 예를 들어, 한 시민군은 "카빈총 한 자루씩을 받은 친구와 나는 두 사람이 한 조가 되어 주로 외곽 지역을 돌며 상황을 체크하는 보안 경비 임무를 맡아 보았다. '보안 경비'라는 딱지를 차 뒤에 붙이고 앞에는 대형 태극기를 내건 채 22일부터 27일 새벽까지 계속했다"(한국현대사사료연구소 1990, 306)라고 증언한다. 공수부대의 침탈과 만행으로 인해 시민군은 자신들이 '자유민주주의 대한민국'의 국민이라는 상징계 내부의 주체

-위치를 재확인하고 강화했던 것이다. "우리 시민군 모두는 정의를 세우고 자유민주주의를 수호하고자 동지애로 함께 똘똘 뭉친 사람들"이었다는 박남선의 말이 이를 잘 보여 준다(박남선 1988a, 33).

시민군은 5월 21일 크게 시내 방위대와 지역 방위대로 나뉘어 조직되었고, 5월 22일 이후 수습파의 주도로 무기 회수 활동이 진행되면서 지역 방위대가 힘을 잃고 5월 23~24일에 해산하는 대신, 시내 방위대는 새롭게 재편되면서 방위와 치안을 담당했다. 5월 22일에는 도청 상황실이 구성되면서 상황실 업무를 수행하는 기동 순찰대가 창설되었고, 5월 26일에는 항전파인 민주시민학생투쟁위원회가 구성되면서 계엄군의 재진입에 대비하는 기동타격대가 공식적으로 결성되었다(안종철 2001, 285-288; 정재호 2008, 117-120).

돌이켜 보면, 제대로 훈련되지 않은 학생과 시민들이 총을 들고 공수부대와 맞선다는 것은 엄두도 낼 수 없는 일이겠지만, 이미 계엄군이 발포하고 수많은 사람들이 죽임을 당한 상황에서 총을 드는 것은 어려운 선택이 아니라 당연한 선택이었다. "우리는 왜 총을 들 수밖에 없었는가? 그 대답은 너무나 간단합니다. 너무나 무자비한 만행을 더 이상 보고만 있을 수 없어서 너도나도 총을 들고 나섰던 것입니다"(광주광역시 5·18사료편찬위원회 1997, 63). '시민군'은 계엄군의 발포와 무차별 살상에 대항해 소극적인 자위나 적극적인 전투를 위해 무장을 선택한 이들에게 '자연스럽게' 붙여진 명칭이었다(안종철 2001, 284). 이는 1980년 5월의 광주라는 시공간에서 기존의 상징계의 좌표가 동요하고 급격히 변화하고 있었음을 함의한다. 불가능하다고 여겨졌던 것이 당연하게 받아들여지고, 불가능한 것과 가능한 것의 좌표가 달라지고 있었던 것이다.

물론 시민들에게 총은 타인을 살상할 수 있는 무기로서 두려움의 대상이었지만, 동시에 공수부대의 만행에 맞서 자신과 '우리'의 생명을 지켜 줄 수 있는 귀중한 생존 도구이기도 했다. 따라서 공수부대의 무차별 발포를 목격하거나 그로 인해 많은 시민들이 죽었다는 소식을 듣고, 총이 있어야 목숨을 지키고 공수부대에 맞서 싸울 수 있다는 생각은 당연하게 받아들여졌다. 또한 이는 일부 개인들이 선택하고 주도한 것이 아니라 집단적인 선택으로서 대중들의 사고 흐름을 형성하고 있었다.

> 친구들 셋이서 전남여고 쪽으로 가면서 "우리가 할 수 있는 일이 무엇이겠는가를 찾아보도록 하자" 이야기를 하면서 …… 대인시장 부근으로 들어가 국밥집에서 공짜로 밥을 먹고 있는데, 할아버지 몇 분이 앉아 계시면서 우리를 보고 물었다. "싸우지 않고 오는 건가? 총을 들고 싸워야지." "밥 먹고 싸우겠습니다." 국밥집에서 나와 우리도 총을 들고 싸우기로 의견을 모으고 차와 총을 구하기 위해서 계림파출소 앞으로 갔다(한국현대사사료연구소 1990, 330).

이 5월 21일의 상황에서 "총을 들고 싸워야지"라는 할아버지의 말은 명령이나 권고라기보다 다들 그렇게 생각하고 행위하는 것을 단지 되풀이해 전달한 것에 지나지 않는다. 5월 18일 이전에는 결코 상상할 수도 없었던 행위가 가능한 것으로 여겨지고 있었기 때문이다. 따라서 총을 드는 선택은 절박한 선택이었지만, 어쩌면 개별적인 실존적 고민을 깊게 요구하는 선택과는 거리가 있었을 것이다. 그만큼 총을 드는 것은 하나의 자연스러운 집단적 흐름이었다.

바리케이드를 치고 나자 시민들이 '계엄군이 총을 쏘아 난리가 났다'고 하면서 총을 가지러 가자고 했다. 우리는 지원동으로 향했다. 지원동에서 무장을 한 차량을 만났다. 그들이 남광주시장 부근의 술집에서 총을 나눠 준다고 해 남광주로 갔다. 남광주 부근의 술집을 모두 뒤졌으나 총을 나눠 주는 곳은 없었다. 어떤 술집에서는 '지금 총이 문제가 아니라 원자폭탄이라도 있으면 주겠다'고 했다. 그때 무장한 지프차가 지나가면서 빨리 숭의실고 앞으로 가라고 했다. 오후 3, 4시경이었을 것이다. 숭의실고 건너편 도로에서 차머리를 지원동 쪽으로 돌려놓고 3, 4명의 청년들이 무기를 분배하고 있었다. 무기를 받기 위해 여러 명이 줄을 서고 있는데 빨리 무기를 주지 않았다. 성미가 급한 나는 차 위로 올라갔다. 군용 트럭 안에는 총 100여 정과 50발 들이 실탄 박스가 여덟 박스가 있었고 수류탄 세 박스가 있었다. 나는 카빈 한 정과 실탄 100발, 클립 3개, 수류탄 3개를 가져왔디(한국현대사사료연구소 1990, 508).

그리고 이와 같은 상징계의 변동에 따라 시민군의 주체-위치와 정체성도 점차 달라지기 시작한다. 이는 무게중심이 가족 관계에서 친구 관계로 이동하는 현상을 통해 엿볼 수 있다. 우선 광주 항쟁 초기에 거리로 나가거나 총을 들고 무장하는 과정에는 대개 '친구들'이 함께하고 있었다. 여러 증언들을 보면, 평소 가까운 친구와 얘기를 나누다가 시위에 참여하거나 시위를 구경하다 시위대에 있는 친구를 만나 함께 움직이거나 공수부대에게 친구가 몰매를 맞아 시위에 참여하는 경우가 상당히 많다.

20일 잠시 지하 다방에서 친구인 태수(당시 숭실고 3년)와 동네 청년들 3명과 이야기를 하다 우리도 밖에 나가기로 했다. 맨몸으로 나가면 위험할 것 같아 각자 쇠몽둥이, 각목 등을 갖고 나갔다(한국현대사사료연구소 1990, 352).

'재권이가 광주에 내려왔다가 공수부대에게 맞아서 집에 누워 있다는데 한번 가보자'고 친구가 말해 함께 갔다. …… 공부밖에 모르는 모범생인 재권이가 아파 누워 있는 모습을 보니까 울화가 치밀었다. 그때 '싸워야 한다'는 생각이 들었다(한국현대사사료연구소 1990, 306).

넓은 의미에서 친구에 포함되는 선후배를 비롯해 항쟁 이전의 일상적 친구 관계는 시민군의 조직과 투쟁에서 항상 중요한 관계였다. 적극적으로 항쟁에 참여한 사람들 중에는 고등학교 서클에서 친구들의 도움으로 정세를 얼마간 알고 있기도 했고 (한국현대사사료연구소 1990, 354), 같은 집에 사는 대학생 형들에게 많은 영향을 받기도 했으며(한국현대사사료연구소 1990, 393), 같은 또래거나 그보다 어려 보이는 여성이 열심히 시위를 하는 모습을 보며 감동을 받아 적극적으로 참여하기도 했다(한국현대사사료연구소 1990, 442). 이미 최정운이 잘 설명한 바 있듯이, "기존의 공동체의 관계에서 절대공동체에서도 타당한 유일한 관계는 친구였다. 시민군들은 우연히 친구를 만나면 뛸 듯이 기뻤고 같이 더욱 용감히 싸웠다. 친구에 준하는 학교나 고향 선후배 관계 역시 절대공동체의 투쟁의 상황에서는 큰 힘이었다. ⋯⋯ 세상이 어떻게 변하던 변치 않는 유일한 관계는 친구였고 시민군들은 친구 관계를 조직에 이용하곤 했다"(최정운 2012, 248-249). 이는 무장 시위대를 주도한 구성원들이 '이웃 연결 망'을 통해 친구와 선후배 관계로 묶여 있었다는 사실에서도 확인할 수 있다(최정기 2007a, 224-225).

이렇게 친구 관계가 시민군의 항쟁 동력이었다면, 반면에 가족은 시민군의 해체 동력이었다. 가족이나 친족 관계는 항쟁 기간 내내 시민군에게 계속 싸울 것인가 돌아갈 것인가를 선택해야 하는 갈등을 제공했으며, 실제로 무기를 놓고 집으로 돌아가는 경우도 많았다(최정운 2012, 245-247). 하지만 가족을 책임져야 하는 가장이기 때문에, 또는 부모의 만류로 중간에 포기하고 집에서 숨어 있어야 했던 사람들은 시민군에 대한 '부끄러움'과 '죄책감'을 느껴야 했다(한국현대사사료연구소 1990, 372). 그러나 가족 관계를 물리치고 투쟁에 적극 참여하는 경우도 상당했으며, 그 방식은 나이가 어린 중고등학생의 경우 시민군 활동을 하기 위해 자신의 가족 관계를 숨기거나 어머니의 반대를 무릅쓰고 계속 남거나 몰래 집을 빠져나오는 등 다양했다. 이는 광주 항쟁 기간 동안의 사망자들에 대한 광주지검의 검시 자료에 나타나듯이(안종철 2001, 20), 전체 사망자 165명 가운데 10대와 20대가 각각 36명(21.8%), 75명(45.5%)으로 가장 많았던 이유를 설명해 준다.

사격하는 정도에 따라 특공대를 선별한다고 하였다. 사격 연습은 약 한 시간 동안 하였다. 그러고 나서 특공대를 선별하는 작업에 들어갔다. 뽑히는 자격은 처자식이 있는 사람과 독자, 장남인 사람은 제외하고 사격술이 뛰어난 남자였다. 나는 15세 먹은 독자였지만 독자라는 것을 숨겼다. 32명이 뽑힌 특공대에 나도 합격을 하였다. 두려움이 없었다. 며칠 사이 나는 어린 중학생이 아니라 정의와 분노에 가득 찬 시민군이 되어 있었다(한국현대사사료연구소 1990, 386).

순찰을 돌고 도청으로 들어와서 어머니를 만났다. 어머니는 나를 찾기 위해 나주에서 도청까지 걸어오셨다고 했다. 어머니는 내 손목을 잡았다. '기광아, 얼른 집에 돌아가자.' '어머니 안 됩니다. 지금 들어가면 우리는 모두 죽으요. 곧 들어갈랑께 걱정 마시고 들어가시오.' 어머니는 내 성질을 알아서인지 아무 말도 못하고 안쓰러운 표정만 짓고는 돌아가셨다. 그때 내 심정은 학교와 집안은 안중에 없었다. 계엄군이 국민을 죽이는 것은 나라가 엎어지는 것이라고 생각했기 때문에 개인적인 것은 아무것도 아니라고 생각했다(한국현대사사료연구소 1990, 502).

며칠 동안 집에 연락하지도 못했던 나는 24일 집으로 돌아갔다. 가족들은 걱정으로 밤낮을 지새우고 있었던 터라 모두 반가워하셨다. 그날 밤 형님의 권유로 조선대병원의 형님 방에 있었지만 도저히 그대로 있을 수가 없어서 유서를 써놓고 형님 방을 나왔다(한국현대사사료연구소 1990, 261).

친구와 가족은 모두 항쟁 이전의 공동체에서 중요한 관계였다. 하지만 항쟁이 진행되고 시민군이 조직되는 과정에서 친구 관계와 달리 가족 관계는 새로운 항쟁 공동체를 항쟁 이전의 공동체로 되돌리려는 주요 제도로 작용했다. 이는 가족이 학교와 더불어 지배 이데올로기를 재생산하는 핵심 기제라는 점에서 어쩌면 당연한 결과였다. 오히려 가족은 광주 항쟁이 소멸한 후 희생자 가족들의 적극적인 진상 규명 운동과 그에 대한 정부의 극심한 탄압이 맞물리면서 일부분 저항의 기제로 전환되는

경향을 보인다.[2]

더구나 친구 관계는 항쟁 과정에서 새롭게 만들어지기도 했다. 익명의 시민군들과 함께 경계 근무를 서고, 그러다 서로의 신분이나 고향 등에 관해 이야기를 나누며 친근함을 느끼고, 함께 임무를 수행하며 형제애와 동지애를 갖게 되는 것이다.

> 누가 누군지 전혀 모르는 사람들이었지만 낮에는 마음대로 따로따로 돌아다니다가도 밤에는 언제나 그 정도의 숫자가 그 옥상으로 돌아왔다. 항시 같은 사람들은 아니었을 것이다. 우리는 매일 밤 자연스럽게 모여 화기애애한 분위기에 근무를 섰다(한국현대사사료연구소 1990, 359).

> 나는 고교생 한 명에 광천공단에 다닌다는 공원 두 명과 함께 근무를 섰는데, 조책임자로 내가 지목되었다. 우리는 서로 이것저것 이야기를 나누게 되면서 서로의 신분이나 고향 따위를 알게 되었다. 나뿐만이 아니라 모두가 격전이 있게 될 경우 죽음에 대한 두려움이

---

2 이 경우에도 가족의 저항은 과거 지향적으로 가족의 평화를 우선시한다. "가족 구성원 중 하나가 기존 체제에 대한 저항을 시도하는 경우, 국가권력의 통제는 그 개인과 그 개인이 속한 가족에 대해 동시에 이루어진다. 국가권력의 통제에 직면한 가족의 보편적인 대응은 저항자인 구성원에 대한 통제와 감시로 나타나며 가족을 다시 평온한 상태, 즉 국가권력의 직간접적인 통제 행위가 일어나기 전의 상태로 돌려놓기 위한 노력을 시도하는 것으로 나타나곤 한다"(이인규 2003, 225-226).

있었다고 본다. 그런 심리가 서로 이야기라도 좀 더 친근하게 함으로써 같은 입장임을 확인하는 것으로 표현되었다. 그러면서 형제애 같은 느낌을 가졌다(한국현대사사료연구소 1990, 366).

우리는 특수기동대라 불렸다. 주로 순찰의 임무를 맡았다. 도청의 지시와 통제를 받는 경우는 별로 없었다. 우리는 외곽 지역인 화정동, 백운동 로터리, 광천동 사거리를 순찰하였고 교도소 앞까지 간 적도 있다. 우리를 지휘한 사람은 무전기를 잘 다룰 줄 알았다. 우리는 서로에게 동지애를 느끼며 며칠을 보냈다(한국현대사사료연구소 1990, 505).

이와 같은 형제애와 동지애는 기존의 공동체에서 맺은 친구 관계의 범위를 뛰어넘는 것이었다. 여기서는 대학생, 노동자, 빈민 등의 사회적 신분이나 직업은 아무런 문제가 되지 않았고, 서로에 대한 거부감이나 차별은 더더욱 존재하지 않았다.[3] 특히

---

3 흔히 항쟁 과정에서 하층민 출신이 대학생이나 지식인에 대해 느끼는 실망과 배신감이 몇몇 증언에서 언급되기는 하지만, 이는 항쟁 당시보다 그 이후의 영창 생활이나 사회생활의 경험에서 사후적으로 생겨나 증폭되는 경우가 많았다고 여겨진다. "우리처럼 배우지 못한 사람들은 헌병대 영창 생활을 하면서 대학생들에게 많은 실망을 했다. 말로는 함께하고 어쩌고 하면서 실제로는 공동체 의식이나 생활을 파기하는 개인주의적인 모습을 보고 학생들에 대한 불신과 회의가 생겼다. 그때 느꼈던 감정들이 쉽사리 사라지지 않을 것이다"(한국현대사사료연구소 1990, 484).

마시막에 결성된 기동타격대는 기존의 상징계 내의 주체-위치와 정체성을 극복하는 특징을 보여 주고 있다. 기동타격대는 공개 모집으로 창설하기는 했지만 주로 기동 순찰대에서 활동한 사람들을 주로 선발하고 공식 의례와 선서를 통해 소속감을 부여하는 등 동질감이 아주 강했고(안종철 2001, 288; 정재호 2008, 120), 모든 개인들에게 별명을 붙이고 부르면서 이전의 사회관계를 떠난 새로운 개인의 정체성을 만들어 낼 정도였다.

> 기동타격대는 대원들 개인의 정체identity를 독특한 방식으로 만들어 냈다. …… 예를 들어, '찐빵', '백곰', '범' 등의 기억하기 좋고 부르기 편하고 친숙한 느낌을 주는 이름을 짓고 모자에 조별과 별명을 함께 썼다.
>
> 이로써 시민군은 해방 후 닷새 만에 새로운 종류의 개인을 조직의 공식적 기관으로 하는 조직을 만들기에 이르렀다. …… 당시 새로운 인간이란 이전의 사회관계를 떠난 인간이었다. 개인이 조직의 공식적인 제도가 됨으로써 조원들은 함부로 조를 이탈해서도 안 되고 조를 바꿀 수도 없었다(최정운 2012, 289).

시민군은 형제애에 기초한 공동체를 형성했고, 가족 관계를 비롯해 기존의 사회관계를 거부하거나 그로부터 빠져나와 서로를 인식하는 새로운 정체성을 구성했다. 이것은 기존의 사회적 신분이나 직업을 벗어나 그것을 뛰어넘는 형제 공동체였다.[4] 물론 마지막에 결성된 기동타격대의 경우 노동자, 빈민 등 상대적으로 하층민 출신 청년들이 대다수였다고 추론되기는 하지만, 그들이 새롭게 구성한 형제 공동체에서 그런 출신 성분 자체가 새로운 정체성을 형성하는 데 큰 영향을 미쳤다고 보기는 어렵다. 목숨을 걸로 끝까지 함께 싸운다는 동지애와 형제애가 더 크게 작용했을 것이기 때문이다.

우리의 구호와 노래는 시민들의 박수와 함성 속에 묻혀 갔고 이미 내 몸도 시민들의 환호성에 휩싸여 그들과 한 몸이 되고 있었다. 나는, 몸은 비록 차에 타고 있지만 내 모든 것은 함성과 박수가 터져 나오는 그 속에 있었다. 내가 태어나 처음으로 느껴 보는 감격이며 환희였다. 사람들마다 모두 새로워 보였고 나도 새로워지고 있다는 사실을 느낄 수 있었다. 어떤 시민도 내 형제요 부모들이었고 나는 그들의 자식이며 한 가족이었다. 내가 서울에서 부산에서 어머니를 생각하며 열심히 일해 돈을 벌어야 한다는 다짐을 열 번이고 스무 번이고 확인했다. 그리고 우린 힘차게 〈애국가〉를 불렀다(5·18 광주

---

4 여기서 형제애fraternity는 프랑스혁명에서 유래한다. "프랑스의 혁명가들은 자유와 평등을 통해 마련된 것은 단지 인간의 새로운 상호 관계를 위한 전제일 뿐이라는 사실을 철저히 인식하고 있었다. 그래서 그들은 형제애라는 단어를 사용했다"(촐 2008, 53). 하지만 형제애는 여성을 배제하는 등 일정하게 폐쇄적인 한계가 있었고, 프랑스에서는 나중에 '연대'라는 용어로 대체되었다고 한다. 즉, 형제 공동체는 보다 보편적인 공동체보다는 낮은 국면에 해당한다.

의거청년동지회 편 1987, 183).

형제 공동체에서는 마치 한 가족과 같은 애정을 느낄 수 있었고, 이는 특히 도시 빈민이나 고아원 출신처럼 정상적인 가족의 경험이 없거나 부족했던 이들에게 매우 소중한 것이었다. 하지만 이 형제 공동체를 또 다른 형식의 가족공동체라고 할 수 있는지는 불분명하다. 오히려 형제 공동체를 가족에 비유한 것은 그만큼의 사랑과 연대감의 표현이라고 하는 게 더 타당할 것이다. 프랑스혁명의 경우에는 국왕이라는 나쁜 아버지를 몰아내고 "자식들 중 특히 남자 형제들이 자율적으로 행동할 수 있는 가족으로 대체"하려고 했던, 즉 국가를 거대한 가족으로 간주하고 새로운 종류의 가족공동체를 구성하려고 했던 '가족 로망스'가 작동하고 있었다고 설명되기는 하지만(헌트 1999, 10-11; 조한욱 2000, 72-73), 광주 항쟁에서 형제 공동체는 가족 관계가 아니라 친구 관계를 매개로 삼아 주어진 상징계 내의 주체-위치를 일정하게 탈피하고 새롭게 맺은 동지 관계에 기초해 새로운 정체성을 형성하는 경향이 나타나고 있었다. 물론 이런 형제 공동체에서는 항쟁에 참여한 여성들의 활동과 경험을 주변화하고 배제하는 효과를 드러내는 한계가 있다(강현아 2004a; 안진 2007). 하지만 이런 한계는 가부장적 가족 모델이 주요한 무의식적 기반을 이루었기 때문이라기보다, 총을 들고 경계를 서며 싸워야 하는 시민군 활동의 특수성에서 기인하는 바가 더 클 것이다.[5]

5. 새로운 주체의 탄생: 최후의 밤

계엄군과 대결하는 과정에서 상징계의 좌표는 변동하기 시작했고, 특히 시민군은 기존의 상징계에서 주어진 주체-위치와 정체성을 때로는 소극적으로 때로는 적극적으로 거부했으며, 새로운 관계를 맺으며 어느 정도 새로운 정체성을 구성해 나갔다. 다시 말해서, 항쟁이 진행되는 과정에서 반공과 자유민주주의라는 지배 이데올로기 자체를 뛰어넘는 것은 아니었을지라도 주체성의 변화가 나타났다. 그리고 그 가장 극적인 형태는 5월 27일 '최후의 밤'에 출현한다.

5월 21일 이후 '해방 광주' 시기에 생겨난 시민군의 형제 공동체는 5월 27일 무력 진압을 결행한 계엄군에 맞서야 했다. 이미 5월 25일부터 박남선 상황 실장은 시민군의 경비 보고를 받을 때마다 '마지막이니 갈 사람은 가시오'라고 말하곤 했다. 5

5　하지만 1980년대 저항 세력의 이론과 실천이 광주 항쟁의 시민군을 전략적 모델로 설정함으로써, 이런 시민군 활동의 특수성은 열사와 투사의 주체-위치를 남성화하는 보다 일반적인 경향으로 발전한다. "[1980년대] 대항 폭력의 동원과 결부된 '투사' 정체성은 80년 5월 광주 학살 및 무장투쟁에 대한 역사적 기억과 관련이 깊은 것이다. 광주 항쟁은 군부독재와의 대결을 '내전'의 상황으로 의미화하게 만들었기 때문이다. 민주화 운동의 과정에서 정권과 저항 세력의 첨예한 대립이 존재할 때마다 '제2의 광주 사태'라는 말이 대중의 입에 회자되었다. …… 대항 폭력의 동원을 필수적인 것으로 여기면서 열사-전사의 형제애(동지애)와 남성성의 연결은 더욱 공고해진다"(김재은 2002, 46-48).

월 26일 밤과 27일 새벽까지 시민군은 곳곳에 배치된 기동타격대와 도청 병력, 시 외곽 방위력 등을 포함해 대략 500여 명 정도가 싸움을 준비하고 있었다(정재호 2008, 129-130). 시민군은 계엄군이 진입해 올 것을 이미 알고 있는 상황이었다. 일부는 설마 무차별 무력 진압을 하지는 못할 것이라는 가능성을 염두에 두고 있기는 했어도, 모두 똑같이 죽을 각오를 하고 있었다. "우리는 27일 새벽 도청 앞 광장을 대열 지어 지나가며 〈출정가〉를 드높이 불렀다. …… 우리들은 죽음을 생각하고 있었다"(한국현대사사료연구소 1990, 211, 261). 5월 26일 마지막 열린 시민궐기대회에서도 항쟁 지도부는 이런 정황을 대중들에게 일깨워 둔 상태였다. "오늘밤 계엄군이 진입해 올 가능성이 큽니다. 일시에 궐기 대회장은 싸늘한 침묵에 빠졌다. 차츰 여기저기서 목숨을 걸고 끝까지 항전해야 한다는 비장한 외침들이 터져 나왔지만, 전체적으로 대회장은 불안한 기색이 감돌았다"(박호재·임낙평 2007, 392).

5월 27일 계엄군의 진압이 확실한 가운데 죽음을 각오하고 항전을 기다리는 이 최후의 밤은 무엇이었을까? 어떤 이는 "계속 속이 타고, 떨리고, 소변이 마려워 담배만 피워" 대면서도 버티고 있었고(한국현대사사료연구소 1990, 837), 어떤 이는 "이상하게도 나는 초조하거나 두려운 감정이 들지 않았다. 여전히 나는 다른 세 명과 함께 「투사회보」를 등사하는 데 열중했다"(한국현대사사료연구소 1990, 867). 그리고 어떤 이는 지금 죽어도 임무를 방기할 수 없다며 "싸움을 하더라도 식사는 해야 하니까 다음날 아침 분까지 식사를 준비"했고(한국현대사사료연구소 1990, 228), 어떤 이는 "YMCA에서 고아 출신들끼리 최후의 만찬을 들었다. 죽기로 각오하고 그날 밤 싸움에 임했던 것이다" (한국현대사사료연구소 1990, 303). 또 어떤 이는 "일어나 창문으로 밖을 내다봤더니 계엄군이 보였다. 나는 죽을 각오를 하고 가지고 있는 총에 실탄을 장전했다. 그리고 남쪽에 계신 부모님에게 자식된 도리로서 먼저 가게 된 것을 죄송스럽게 생각한다고 마음속으로 큰절을 올렸다"(한국현대사사료연구소 1990, 449).

그 밤은 무기를 놓고 집으로 갈 것인지, 총을 들고 끝까지 싸울 것인지 결정해야 하는 진정한 선택의 밤이었다. 하지만 죽음을 눈앞에 두고 총을 드는 것보다도 총을 내려놓는 것이 더 힘든 선택이었다. 무엇보다 항쟁 과정에서 구성된 항쟁 공동체의 진실, 형제 공동체의 동지애와 형제애를 저버릴 수 없었기 때문이다. 상황실장인 박남선조차 갈등을 피할 수 없었지만, 자신이 함께한 수많은 시민들을 두고 홀로 떠날 수는 없었다.[6]

---

6 "죽음의 시간은 내 앞으로 다가오고 있었다. 생각에 잠겨 있던 나는 갈등을 느끼기 시작했다. 집안의 장남인 내가 이대로 죽어 버린다면 나의 집은 어떻게 될 것인가? 이렇게 그냥 죽어 가야 될 것인가? 어머님과 동생들을 남들과 같이 편하게 모시면서 한번 잘 살아 보았으면 하였는데! 도청 뒷담 바로 넘어서 작은 고모님 댁이 있는데 이대로 살짝 도망을 가버릴까? 안 돼! 지휘관인 내가 도망을 가버린다면 이곳에 있는 수많은 사람들은 혼란에 빠져 버리겠지! 그리고 수많은 시민에게 영원한 죄인이 되겠지! 나는 갈등 속에서 번뜩 정신을 차

이 최후의 밤을 한 증언자는 다음과 같이 묘사하고 있다.

방을 배정받은 나는 총을 벽에 세워 놓고 나도 벽에 기대어 서있었다. 그때까지는 총을 쏜다는 생각도, 그리고 죽은 사람을 그렇게 많이 보았음에도 죽는다는 생각이 전혀 들지 않았다. 다만 굉장히 두려웠다. 아무도 없는 한밤중에 총소리는 들려오고, 어디선가 "계엄군이 들어오고 있습니다, 시민 여러분" 하는 여인의 스피커 음성은 나를 더욱 두려움의 극치로 몰고 갔다. 별의별 생각이 다 들고 그 어떤 논리나 체계화된 생각들보다는 먼저 집과 가족들의 얼굴이 차례로 떠오르고, 내가 살아왔던 과거가 파노라마처럼 지나갔다. 멀리서만 들려오던 총소리가 가까이서도 들려오기 시작했다. 도청 전투가 시작된 것이다(한국현대사사료연구소 1990, 784).

이것은 어쩌면 헤겔이 말한 '세계의 밤'이 아니었을까?

인간은 이런 밤, 즉 모든 것을 단순한 상태로 포함하고 있는 이 텅 빈무이다. 무수히 많은 표상들, 이미지들이 풍부하게 있지만, 이들 중 어느 것도 곧장 인간에게 속해 있지 않다, 혹은 현전해 있지 않다. 이런 밤, 여기 실존하는 자연의 내부 — 순수 자기self — 는 환영적 표

렸다. 그래! 한번 해보자! 죽으면 한번 죽는데 비겁해서는 안 되겠지!"(박남선 1988a, 59).

상들 속에서 주변이 온통 밤이며, 그때 이쪽에선 피 흘리는 머리가, 저쪽에선 또 다른 하얀 환영이 갑자기 튀어나왔다가는 또 그렇게 사라진다. 무시무시해지는 한밤이 깊어 갈수록, 인간의 눈을 바라볼 때, 우리는 이 밤을 목격한다(지젝 2005, 55에서 재인용).

'세계의 밤'은 주체가 태어나기 위해 현실을 지워 버리고 백지상태에서 출발하는 밤이다. 이것은 현실이 소거되고, 세계가 상실로서, 절대적 부정성으로서 경험되는 때이다. 이렇게 현실 전체를 스스로 철회하는 '세계의 밤'을 통과할 때 진정한 정치적 주체가 탄생한다.[7] 그리고 주체는 현존하는 현실인 상징계가 자신에게 부여한 상징적 역할을 완전히 거부함으로써 상징계를 재구성할 수 있는 공간을 열어 놓는다. 지젝은 이런 거부를 고유한 정치적 행위political act라고 개념화하는데, 이를 통해 상

---

[7] '세계의 밤'에 대한 지젝의 해석이 과연 헤겔 본연의 철학에 부합하는지에 대해서는 논란의 여지가 있다. '세계의 밤'은 헤겔이 『정신현상학』(1806)을 완성하기 직전인 예나 시기의 원고(1805~06)에서 "정신이라는 개념"을 서술하는 도입 부분에 등장한다(헤겔 2006, 84). 여기서 '세계의 밤'은 정신이 자신의 힘으로 자기 자신을 결정하기 시작하는 운동의 가장 초기 상태에 해당하며, 이는 언어를 습득하고 사용하기 이전의 '순수 자아'라고 묘사되고 있다(핀카드 2000, 252). 지젝은 상징계에 의존하지 않는 이 '순수 자아'에서 주체의 형상을 발견하려고 한다. 그러나 이런 주체 개념이 상징계 자체를 거부하는 것은 아니다. 기존의 상징계(세계)로는 재현될 수 없는 텅 빈 구멍(밤)에 위치할 때 본연의 주체가 형성될 수 있음을 의미할 뿐이며, 이는 새로운 상징계의 재구성으로 연결돼야 한다.

징계는 새롭게 구성되고 그 속에서 주체는 재탄생한다. 다시 말해서, 고유의 정치적 행위란 기존의 상징계를 거부하고 새로운 상징계를 창출하는 것을 가리킨다. "행위는 주체의 재탄생이라고 할 수 있다. 그것은 현존하는 상징적 질서, 즉 주체에게 부여된 상징적 위임 내지 역할의 완전한 거부를 포함한다"(마이어스 2005, 119). 또한 이런 점에서 주체는 현존하는 상징계가 새로운 상징계로 이행하는 데 필수불가결한 사라지는 매개자vanishing mediator이다.[8] "사라지는 매개자는 현실의 상징적 재구성을 위한 공간을 열어 놓는 바, 현실로부터의 근본적인 철회라는 '광기적' 제스처이다"(지젝 2005, 64). 이런 정치적 행위는 자기 자신에게 폭력을 가하는 상징적 자살의 한 형식이지만, 이것은 자신을 향한 무력한 공격이 아니라 주체가 자신을 발견하는 상징계의 좌표를 변화시키는 것이다(마이어스 2005, 120).[9]

---

8 최정운은 의미심장하게도 시민군, 특히 '복면 부대'를 '리미널한 존재'라고 규정한다. "그들은 당시에 절대공동체와 기존의 광주 공동체 사이의 변환 과정의 한가운데, 이를테면 문턱threshold에 자신들을 잠시 위치시켰던 리미널한 존재liminal entity"였다. "그들은 두 공동체의 어느 책임 있는 자리에도 속하지 않는, 두 공동체 사이에서 당분간 특수한 자유로운 지위에 있게 된 사람들이었다. 그들은 어느 쪽에도 자신을 위치 짓지 않은 자유롭게 혹은 무책임하게 행동할 수 있는 존재였다(최정운 2012, 322 및 주 16).

9 이와 같은 주체 개념은 일체의 상징계를 거부하는 다중이나 유목민과 대비된다. 하지만 시민군은 이런 주체성의 형상과는 멀리 떨어져 있는 것처럼 보인다. 예컨대 '최후의 밤'에 방송으로 흘러나온 "우리는 광주를 사수할 것입니다. 우리를 잊지 말아 주십시오"라는 어떤 여성의 목소리는, 자신들의 '진실'을 재현해 줄 새로운 상징계에 대한 요청과 다르지 않

5월 27일 새벽 죽게 될 줄 알면서 마지막 결사 항전을 선택한 시민군은 가족이나 계층, 직업 등 기존의 주체-위치가 규정하는 상징적 정체성에서 벗어나서 형제애와 동지애에 기초해 새롭게 형성된 상징적 정체성을 선택한 것이 아니었을까? 시민군은 주어진 현실을 온전히 거부하는 정치적 행위 속에서 스스로 소멸하는 진정한 정치적 주체가 아니었을까? 또한 지배 이데올로기인 자유민주주의를 통해서 싸우기 시작했던 항쟁이, 1980년대 사회운동의 급진화에서 보이듯 자유민주주의에 대한 저항으로 이행하도록 만든 사라지는 매개자가 아니었을까? 도청에서 전사한 윤상원이 마지막으로 "우리가 비록 저들의 총탄에 죽는다고 할지라도 그것이 우리가 영원히 사는 길입니다"라고 말했듯이(박호재·임낙평 2007, 407), 시민군은 주어진 현실을 선택한 것이 아니라 그것을 거부하고 영원히 사는 길을 선택했으며, 이는 진정한 정치적 주체의 탄생을 표지하는 선택이었다. 5·18 광주 항쟁이 소멸하는 최후의 밤에 태어난 정치적 주체는 이후 1980년대 내내 변혁적 사회운동이 지향하는 전형으로 정립되었다. 윤상원의 말은 옳았다.

다. 자율주의와 들뢰즈 철학에 입각한 광주 항쟁에 대한 해석으로는 각각 조정환(2009), 이진경·조원광(2009) 참조.

6. 최후의 밤이 남긴 것

5·18 광주 항쟁에서 시민군의 주체성은 크게 세 국면을 통과하면서 변화해 갔다. 첫 번째 국면에서, 시민군은 한국 사회의 지배 이데올로기인 반공과 자유민주주의 지형 내에서 항쟁을 전개하면서 자유민주주의를 곧이곧대로 실현시키고자 했다. 또한 자유민주주의 대한민국 국민으로서 자신의 주체성을 정립하고, 대한민국 군대의 자격이 없는 공수부대에 맞서 자유민주주의를 수호하려는 항쟁을 전개했다. 두 번째 국면에서는, 사회계층과 직업을 뛰어넘어 형제애와 동지애로 하나가 되는 일종의 항쟁 공동체로서 형제 공동체가 구성되었다. 이는 함께 싸우고 함께 먹으며 삶과 죽음을 나누는 사랑의 공동체였고, 그만큼 유토피아적 요소를 간직한 상상된 공동체였다. 마지막으로, 헤겔이 말한 '세계의 밤'에 비견될 수 있는 '최후의 밤'은 결국 지배 이데올로기로 이루어진 기존 상징계에서는 자신의 자리를 찾을 수 없었던 시민군이 죽음을 각오하는 정치적 행위를 통해 주어진 현실을 거부하고 형제 공동체를 선택하는 시공간이었다. 그것은 주어진 상징계의 좌표에서는 불가능한 선택이었지만, 이후 1980년대 새로운 사회운동의 동력과 전형을 창출하는 사라지는 매개자로서 진정한 정치적 주체로 탄생하는 순간이었다. '최후의 밤'이 있었기에 시민군은 광주 항쟁을 재현하거나 반복하려는 새로운 사회운동의 전범이 되었으며, 이런 맥락에서 그들

의 항전과 죽음은 살아남은 자들이 1970년대와는 이질적인 이른바 '혁명'이라는 언어와 실천을 구성케 하는 호명으로 기능했다(서용순 2007).

물론 마지막 국면에서 항전에 나선 시민군은 소수에 불과했지만, 그들의 이와 같은 불가능한 선택이 있었기에, 1980년대의 상징계에서 자유민주주의는 더 이상 사회운동의 언어가될 수 없었으며, 이는 무엇보다 항쟁 주체에게 명확해졌다. 가령, 어떤 이는 "[영창에서] 생활하면서 밖의 소식을 기다렸다. 그런데 소식은 없고 전두환이가 헌법 개정한 소식을 안에서 전해주었다. 헌법 내용을 들어보니까 정말 좋았다. 그런데 그 멋들어진 헌법 귀절 끝에 가면, 단 이것만은 안 된다는 식으로 적혀 있었다"라고 하며 자유민주주의를 조롱한다(한국현대사사료연구소 1990, 475). 또한 어떤 이는 항쟁 이후 온 시민이 떨쳐 일어난 사실에 막연한 자부심만 갖고 살다가 군대에서 자유민주주의의 모순을 인식하고 또 다른 저항을 선택하기도 한다. "더군다나 12대 국회의원 선거 때는 부대 내에서 부재자투표를 했는데 짜여진 각본에 의해서 투표를 할 수밖에 없었다. 나는 처음으로 투표권을 갖는 연령이어서 기대도 많았는데 신성한 권리를 박탈당한다고 생각하자 가슴 깊은 데서 분노가 솟아올랐다. 나는 그런 투표를 거부한 일로 군생활 동안 엄청난 곤란을 겪었다"(한국현대사사료연구소 1990, 351). 그리고 어떤 이는 아예 사회운동에 눈을 뜨고 이론적 사회 인식을 얻기 위해 노력하기 시작한다.

"그때는 탄압기여서 학생들이 얘기를 할 때도 약어, 은어 등을 사용해 알아듣지 못하는 경우가 많았다. 나는 운동을 하려면 이런 것도 배워야 한다는 생각 아래 공부를 하기 시작했다. 학력이라곤 국민학교 4학년 중퇴이지만 피 터지게 공부를 했다. 사회과학에 대한 일반적인 시각이 잡힌 후부터는 직접 글을 쓰는 등 나름대로 이론적인 체계를 잡기 위해 다각도로 열심히 하고 있다"(한국현대사사료연구소 1990, 511). 이 모든 것의 출발점에 5·18 광주 항쟁, 특히 5월 27일 '최후의 밤'이 있었다.

5장

대중 봉기의 패러독스

1980년 광주 항쟁과 1989년 톈안먼 항쟁

1. 두 가지 증언

현실 사회주의가 몰락하던 시기에 중국에서 일어난 톈안먼 항쟁을 바라보며 한국에서는 '중국의 광주 항쟁'이라는 표현이 널리 사용되었다. 한국에서 1989년은 5·18 광주 항쟁이 1987년 6월항쟁으로 일정한 결실을 맺고 한창 정치적 민주화가 진행되고 있었으며, 아울러 5·18의 진실 규명을 위한 노력이 이루어지고 각종 자료와 연구 논문들이 쏟아져 나오던 해였다. 이 때문에 중국에서 자행된 6·4 톈안먼 학살 사건은 자연스럽게 1980년의 광주를 연상시키지 않을 수 없었다. 하지만 정치권력이 대중들의 저항을 무력을 동원해 학살했다는 점에서는 유사하지만, 1980년 광주 항쟁과 1989년 톈안먼 항쟁 사이에는 한국과 중국의 사회 체계의 차이만큼 다양한 차별성도 존재한다.

당시 『타임』(1989/06/19)은 톈안먼 항쟁을 "공산주의에 대한 반란"이라고 표현했다. 아마 대다수 서구 언론의 관점도 이와 다르지 않았을 것이다. 반면에 한국의 광주 항쟁은 한편으로는 군사독재 정권에 의해 '빨갱이들의 폭동'으로, 다른 한편으로는 1980년대 급진적인 사회운동 세력에 의해 민중 권력이나 프롤레타리아독재, 코뮌 등으로 묘사되었다. 하지만 톈안먼 항쟁을 '반공'이라 하는 것도, 광주 항쟁을 '친공'이라 하는 것도 당시 참여자들이 이해하고 인식하고 있던 바와는 거리가 멀다.

예컨대 광주 항쟁에 대해서 "국민이 낸 세금으로 국민을 보호하기 위해 존재하는 군인이 국민에게 총을 쏜다는 것은 있을 수 없는 일"이라고 비판하는 것은 어디까지나 국민적 정체성에 기초할 때 나올 수 있는 말이다.[1] 또한 톈안먼 항쟁에 대해 주요 학생 지도자 가운데 한 명이었던 우얼카이시는 이렇게 회상했다고 한다.

> 그는 대학생들이 공산당을 전복시키는 것을 바라지 않았다고 회상했다. 그들은 헌법에 명시된 언론 자유에 대한 존중을 가지고 당을 대화에 초대한 것이었다. 순진했다고? 공산당 한가운데에 총서기인 자오쯔양이 구현한 자유로운 성향이 자리 잡고 있었다. 그 당시 동구는 연이은 혁명의 와중이었고 소비에트연방은 페레스트로이카가 진행되고 있었다. 베이징 대학생들은 쿠데타를 일으키기보다는 중국의 고르바초프가 나오기를 희망하고 있었다(소르망 2006, 45).

---

[1] 해정구(당시 39세, 운수업)의 증언(한국현대사사료연구소 1990, 989).

이 글의 문제의식은 이 두 가지 증언 내용에서 출발한다. 이는 1980년 5월 18일부터 5월 27일까지 전개된 5·18 광주 항쟁과 1989년 4월 15일부터 6월 4일까지 진행된 톈안먼 항쟁의 전개 과정과 주요 쟁점들을 비교하는 가운데 분명해질 수 있을 것이다.

먼저 명칭 문제에 관해 간단히 정리할 필요가 있다. 주지하듯이 명칭의 사용은 항쟁의 성격을 어떻게 파악하느냐에 따라 달라지기 쉽다. 5·18의 경우 광주 시민 항쟁, 광주 민중항쟁, 광주 무장봉기 등으로 다양하게 규정된 바 있으며, 최근 국가의 공식 명칭은 광주 민주화 운동이라 불리고 있다. 6·4 사건의 경우에는 광주 항쟁과 달리 중국 정부에 의해 공식적으로 복권되지 않았기 때문에 합의된 명칭이 존재하지 않는다. 서구에서는 대개 '톈안먼 광장의 저항'Tiananmen Square Protests이나 '톈안먼 광장 학살'Tiananmen Square Massacre이라고 지칭하고, 중국인들은 '육사운동'六四運動 또는 '육사민주운동'이라고 하며, 학생들은 '4·5월 애국민주운동'이라고도 하지만, 중국 정부는 당시부터 공식적으로 '반혁명 동란動亂, turmoil'이라고 지칭하고 있다. 2004년 톈안먼 사건 15주년을 맞이해 중국 외교부 대변인은 '1989년 봄여름의 정치 풍파'春夏之交的政治風波라고 하여 조금 완화된 용어로 표현하기도 했다.[2] 또한 한국에서는 대개 '6·4 톈안먼 사건' 내지 '톈안먼 사태', 또는 '톈안먼 민주화 운동'이라고 지칭하곤 한다. 이 글에서는 비교적 중립적인 어감을 갖고 있는 '광주 항쟁'과 마찬가지로 다소 느슨하지만 포괄적인 명칭으로 '톈안먼 항쟁'Tiananmen Uprising이라 부르고자 한다.

2. 해방 광주와 해방 광장

1980년 5월의 광주 항쟁과 1989년 5월의 톈안먼 항쟁은 모두 대학생들이 선도적으로 민주화를 요구하면서 시작되었다. 이에 대해 한국의 신군부 세력은 이들을 '빨갱이 폭도'로 규정하고 계엄령을 선포하며 공수부대를 투입해 유혈 진압에 나섰고, 이와 유사하게 중국 공산당의 보수파는 학생운동을 '공산당과 사회주의 체제를 부정하는 정치적 동란'이라 규정하고 계엄령을 선포하며 군대를 투입했다. 그렇지만 이런 강경 대응은 오히려 특정 계층을 뛰어넘는 광범위한 저항을 불러일으켰다. 광주 시민들은 한국전쟁 이후 최초의 무장투쟁으로 공수부대에 저항했으며, 베이징의 대학생들은 '동란' 규정의 철회를 요구하며 톈안먼 광장에서 단식 농성을 벌였고 주민들도 대학생들을 지지

---

2 2009년 6·4 톈안먼 20주년을 맞이해 5월 10일에 베이징에서 베이징 대학의 첸리췬錢理群 교수 등이 참가한 비공개 세미나가 개최되었는데, 이 세미나의 명칭은 '육사민주운동 토론회'六四民主运动研讨会였다. 「천안문 '침묵의 20년' 끝나지 않은 민주화」, 『한겨레』 (2009/ 05/31) 참조.

하며 계엄군을 막아섰다. 1980년 광주에서 시민들은 총을 들고 무장을 하며 계엄군을 물리치고 '해방 광주'를 만들었으며, 1989년 톈안먼 광장에서는 수천 명의 학생들이 단식을 하고 수십만 명의 주민들이 이를 지원하면서 계엄군과 대치해 '해방 광장'을 구성했다.

신군부 세력이 계엄령을 선포한 1980년 5월 18일부터 27일까지 전개된 광주 항쟁에서 해방 광주는 5월 20일 오후에 시민들이 공수부대를 물리치고 항쟁 공동체를 형성하면서 만들어진 공간이었다. 그러나 이 해방의 공간을 처음 지배한 것은 역설적이게도 태극기와 〈애국가〉였다. 시민들의 저항은 대한민국 국민이라는 정체성에 기초하고 있었고, '대한민국의 군대가 어떻게 국민에게 폭력을 휘두르고 학살하는 짓을 할 수 있는가'라는 것이 흔한 상식적인 비판이었다. 이는 공식적인 지배 이데올로기가 자유민주주의였고, 한국전쟁 이후 시민들이 강력한 반공주의와 자유민주주의를 내면화하고 있었다는 점에서 어쩌면 자연스러운 현상이었다.

당시의 유인물과 성명서, 구호 등도 마찬가지였다. "전두환 물러가라", "계엄령 해제하라", "김대중 석방하라" 등이 주요 구호였고, 애국 시민과 민주 시민이라는 호칭이 일반적이었다. 특히 「투사회보」와 5월 26일 마지막 시민궐기대회의 성명서인 「80만 민주 시민의 결의」에서도 쿠데타 세력을 몰아내고 민주 정부를 수립해야 한다는 의지가 강력하게 나타나 있다. 이것은 훗날 일부 좌파 학자들이 광주 항쟁에 대해서 급진적인 무장투쟁에도 불구하고 의식 수준은 매우 낮았다고 평가하는 근거가 되었다. 오히려 광주 항쟁의 경험은 시민들에게 대한민국 국민이라는 정체성을 더욱 강화하는 계기가 되었다.[3]

중국의 경우에는 공식적인 지배 이데올로기가 사회주의였지만 사정은 크게 다르지 않았다. 1989년 4월 15일 후야오방(당시 73세, 전 공산당 총서기)의 죽음으로 시작된 추모 시위는 정부의 부정부패를 비판하고 정치 개혁을 촉구하는 데 초점이 있었다. 개혁 개방을 추진했던 후야오방은 학생운동에 우호적이라는 이유로 1987년에 자기 비판서를 제출하고 퇴임함으로써 정치 개혁의 상징적인 인물로 받아들여지고 있었고, 추모 시위는 "살아 있는 사람을 비판하기 위해 죽은 자를 애도하는" 전통을 정치적 저항의 기회로 삼을 수 있는 계기였다(마이스너 2004, 694).

1976년 저우언라이가 죽었을 때, 중국의 심장부에 있는 톈안먼 광장에서 자발적인 추도 모임들이 있었다. 저우도 후처럼 진보주의 사상의 대변자로 여겨졌고, 톈안먼에서 저우에게 경의를 표한 사람들은 나중에 당이 '애국적인' 사람들로 규정했다. 그래서 학생들은 1989년에도 후에게 경의를 표하면 같은 대우를 받을 것이라고 예상

---

3   자세한 내용은 이 책의 3장 참조.

했다. 그의 사망 소식이 알려진 다음날, 일단의 '베이징 대학교' 학생들이 자신들의 영웅을 위한 화관을 들고 톈안먼 광장에 모였다(질리 2002, 142).

4월 16일부터 추모 시위에 참여한 학생들의 요구는 관료들의 부정부패를 척결하려 했던 후야오방에 대한 재평가, 정치 억압의 구실로 기능하는 반정신오염·반부르주아 캠페인 철회, 언론의 자유, 지도부 재산 공개, 교육 예산 증액 등이었으며, 대체로 평화적이고 비폭력적인 시위와 행진을 전개했다(Lin 1992, 154).[4] 그러나 4월 22일 후야오방 장례식에 5만 명 이상의 대학생들이 톈안먼 광장에 집결해 인민대회당 앞에서 시위를 벌이고, 4월 24일 수업 거부와 동맹휴업을 결의하는 등 대학생들의 시위가 계속되자 위기감을 느낀 정부는 4월 26일 『인민일보』 사설을 통해 학생운동을 심각하게 비판하는 사설을 내보낸다.

그들은 민주주의의 기치를 들고 민주적 법체계를 파괴하고 있다. 그들의 목적은 민심을 어지럽히고 전국에 걸쳐 동란을 일으켜 정치적 안정과 통일을 파괴하려는 데 있다. 이는 계획된 음모이자 폭동이며,

---

4   당시 학생운동의 목적에 관한 설문조사 결과는 학생들의 경우 부패 종식(71%), 정확한 뉴스 보도(69%), 표현의 자유(51%) 등이었고, 주민들의 경우 부패 종식(82%), 관료 부당이득 종식(59%), 정확한 뉴스 보도(50%) 순으로 응답했다(Calhoun 1994, 246·248).

그 진정한 본질은 중국 공산당의 영도와 사회주의 체제를 근본적으로 부정하는 것이다. 이것은 당 전체와 전국의 모든 민족 앞에 던져진 심각한 정치투쟁이다(Han 1990, 84-85에서 재인용).

덩샤오핑은 통상적인 학생 소요가 아니라 공산당과 사회주의 체제를 부정하는 정치적 동란이며, 중국 사회주의를 파괴하려는 계획적인 음모라는 판단을 내렸던 것이다. 1978년 '민주의 벽' 시기에 1976년 저우언라이 추모 시위의 정당성을 승인함으로써 권좌에 복귀하는 데 성공했던 덩샤오핑은, 그때와 달리 1989년 후야오방 추모 시위는 용납할 수 없었다. 후야오방에 대한 재평가는 자신의 권력을 위태롭게 할 것이 자명했기 때문이다. 그러나 이와 같은 정부의 대응은 오히려 학생 시위를 격화시키는 역효과를 초래했다. 4월 26일 『인민일보』 사설은 베이징 대학의 모든 학생들을 매우 분노하게 만들었다. "그때까지 우리는 공산주의 정부를 실제로 전복하려고 하지 않았다. 우리는 그런 과업이 불가능하다고 느꼈다. 우리 대부분은 우리의 고귀한 애국심이 모욕당했다고 느꼈다"(Zhao 2001, 155).

대학생들은 "공산주의 정부를 지지한다", "사회주의를 지지한다"라는 구호를 덧붙이면서 "부패에 반대한다", "민주주의를 전진시키자" 등의 요구를 멈추지 않았으며, 4월 27일에는 (자료마다 참여 인원수에 혼선이 있기는 하지만) 10만~20만 명에 이르는 학생들이 톈안먼 광장으로 행진했고, 50만~100만 명에 이르는 사람들이 거리 시위를 전개했다. 또한 5월 4일 5·4운동 70주년 기념일에는 6만 명의 학생들이 톈안먼 광장으로 평화 행진을 했고, 주민들도 참여해 30만 명이 톈안먼 광장에 모여 기념식을 진행했다.

이와 같이 상황이 더욱 악화되자 정부 내에서는 대응 방안을 둘러싸고 보수파와 급진파 사이에 권력투쟁이 일어났으며, 이는 톈안먼 항쟁이 다시 전국적으로 퍼져 나가는 한 요인이 되었다. 특히 자오쯔양 총서기는 5월 4일 아시아개발은행Asian Development Bank, ADB 연차총회에서 학생들의 구호와 요구가 중국 체제와 대립하지 않는다고 연설해 학생들의 애국주의를 격려했고, 이런 그의 입장 표명은 학생들을 승리의 분위기로 들뜨게 했다.[5] 자오쯔양은 자신이 후야오방처럼 희생양이 되는 것

---

[5] 톈안먼 항쟁으로 촉발된 공산당 내부의 권력투쟁에 대해서는 Nathan and Link (2001); 자오쯔양(2010) 참조. 당시 공산당 총서기였던 자오쯔양은 2009년에 공개된 이 비밀 회고록에서 자신은 대학생들과 대화를 통해 평화적으로 해결할 수 있다는 확신을 갖고 있었지만, 자오쯔양이 북한을 방문하고 있는 동안(4월 23~30일) 리펑 총리가 덩샤오핑을 설득해 강경 노선을 채택하도록 만들었다고 진술하고 있다. 문화혁명의 기억을 갖고 있는 덩샤오핑은 즉각적인 통제가 회복되지 않는다면 전국적인 격변이 일어날 것이라는 리펑의 보고서를 승인했다. 북한에서 돌아온 자오쯔양은 4월 26일 『인민일보』 사설의 공세적 표현들을 철회하고 유화적인 조치를 취하려 했지만, 이런 요청을 덩샤오핑은 받아들이지 않았다. 자오쯔양은 5월 16일 고르바초프의 중국 방문 회담에서 덩샤오핑이 당 내의 실권을 장악하고 있다고 '폭로'하는 최후 수단까지 사용했지만 리펑과의 권력투쟁에서 패배했으며, 결국 5월 19일 톈안먼 광장에 모습을 드러낸 이후 실질적으로 실각했다. 리펑은 5월 20일 0

을 우러했으며, 자신의 정치 생명을 유지하기 위해 학생들을 옹호하는 온건파의 편에서 덩샤오핑과 강경파를 압박하는 길을 선택했다. 자오쯔양의 온건한 대응은 학생들의 시위 규모를 축소시키는 효과를 거두었고, 학생들은 교정으로 돌아가 정부 고위 지도자들과의 대화를 준비하는 대화단을 구성했다. 학생들이 원하는 바는 어디까지나 보다 나은 중국을 건설하기 위해 정치적·경제적 현안에 대한 자신들의 의견을 정치에 반영하도록 하려는 것이었으며, 결코 공산당과 사회주의를 부정하는 것이 아니었다.

이 국면에서 급진파 학생들이 계획한 단식 농성은 톈안먼 항쟁을 확산시키는 결정적인 계기였다. 단식(또는 절식節食)은 유교를 신봉하는 충절 의사들이 명분을 취하기 위해 사용하던 방법 가운데 하나로 대중들 앞에서 스스로를 희생함으로써 자신들의 정당성을 보여 주려는 것이었다(루이링거 1995, 190). 이

시 30분에 계엄령 발동을 공표했고, 자오쯔양은 2005년 사망할 때까지 16년 동안 가택 연금 상태로 살아야 했다. 자오쯔양은 1989년 6월 23일 「6·4 사건에 관한 해명 발언」(13기 4중전회)에서 학생운동의 목적은 정치 개혁과 부패 반대에 있다고 주장했다. "나는 이번 학생운동에서 주의 깊게 볼 만한 두 가지 특징이 있다고 보았다. 첫째, 학생들은 헌법 수호와 민주 추진, 부패 반대 등의 구호를 제기했다. 이런 요구는 당과 정부의 주장과 기본적으로 일치하는 것으로 우리는 이를 거부할 수 없다. 둘째, 시위에 참가한 사람과 그들을 지지하는 사람이 매우 많았고 각계 인사도 있었으며 베이징 안에서는 인산인해를 이루었다"(자오쯔양 2010, 449).

는 톈안먼 운동의 가장 중요한 실천 형식이었고, 학생운동이 베이징 전체 주민의 항쟁으로, 나아가 전국적인 항쟁으로 확대될 수 있도록 하는 중심적인 기능을 수행했다. 단식 농성은 급진파 학생들이 정부와 대화하는 데에만 집착하는 학생 지도부를 비판하고, 대화 의지조차 없는 정부의 양보를 얻어내기 위한 기획이었다.[6] 5월 13일부터 톈안먼 광장의 인민영웅기념비 앞에서 300여 명의 대학생들이 단식 농성을 시작했고, 이와 더불어 수많은 대학생들과 주민들이 톈안먼 광장을 점거해 천막을 치고 단식 농성자들에 대한 지원 활동에 돌입했다.

우리가 단식 농성을 하는 이유는 다음과 같다. 첫째, 정부가 베이징 학생들의 동맹휴업에 대해 취하는 무관심하고 냉랭한 태도에 저항하는 것이다. 둘째, 정부가 베이징 학생들의 대화단과 대화에 임하지 않고 주저하는 데 저항하는 것이다. 셋째, 이 애국적인 학생 민주주의 운동에 '동란'이라는 낙인을 찍는 정부의 지속적인 전술에 저항하는 것이며 일련의 왜곡된 언론 보도에 저항하는 것이다. 단식 농성자

---

6 단식 농성은 5월 8일 우얼카이시가 처음 제안했고, 5월 11일 왕단王丹과 우얼카이시 등이 모임을 갖고 5월 13일부터 단식 농성을 시작하자고 결의했다. 5월 13일로 날짜를 잡은 것은 5월 15일 고르바초프의 중국 방문을 고려했기 때문이다. 전 세계의 이목이 집중돼 있는 고르바초프의 역사적인 방문이 예정된 상황에서 톈안먼 광장을 점거하고 있으면 정부로서는 고르바초프가 도착하기 전에 양보할 것이라고 생각했던 것이다(Zhao 2001, 162).

들의 요구는 다음과 같다. 첫째, 우리는 정부가 베이징 학생들의 대화단과 쌍방 평등의 원칙에 근거해 실질적이고 구체적인 대화를 이행할 것을 요구한다. 둘째, 우리는 정부가 지금 학생운동이 애국적인 학생 민주주의 운동임을 인정하고 이에 대한 평가를 바로잡아 공정하고 정당한 가치를 부여해 줄 것을 요구한다(Han 1990, 202).

이 「단식 농성 선언문」에 담긴 내용은 당시 대학생들의 인식과 지향을 잘 보여 준다. 정부와의 대화를 통해 문제를 해결할 수 있다고 여기고 있었고, 더 중요하게는 자신들의 항쟁이 결코 사회주의를 부정하는 것이 아니라 애국적인 성격이라는 자부심을 갖고 있었다. 하지만 정부는 단식 농성자들의 두 가지 요구 가운데 첫 번째 사항은 얼마간 수용할 자세가 되어 있었고 공식적인 대화를 위한 물밑 협의를 진행했지만, 두 번째 사항과 관련해 이미 '동란'으로 규정된 학생운동을 애국적인 민주주의 운동으로 인정하는 것은 도저히 받아들일 수 없는 문제였다.

따라서 톈안먼 항쟁은 후야오방의 추모 시위에서 시작되었지만, 대대적인 단식 농성을 계기로 학생들의 요구를 애국주의로 승인할 것인지의 여부가 핵심 쟁점으로 부상했으며 정부와 학생들 간의 갈등이 다시 첨예한 대립으로 나아갔다. 광주 항쟁이 반공주의와 자유민주주의에 기대어 '더 나은 민주주의'를 지향했다면, 톈안먼 항쟁은 체제의 공식 이데올로기를 바탕으로 '더 나은 사회주의'를 열망하고 있었던 것이다. 따라서 민주주의, 자유, 법치, 반독재 등의 요구 사항들은 결코 자유민주주의적이지 않았으며, 사회주의라는 핵심어를 중심으로 매듭지어져 있었다. 대학생들이 즐겨 불렀던 노래가 〈인터내셔널가〉와 중국 국가인 〈의용군 행진곡〉이었던 이유도 여기에 있다.

요컨대 이데올로기의 차원에서 1980년 광주 항쟁과 1989년 톈안먼 항쟁은 서로 대칭 관계에 있었다. 1980년 신군부 세력이 장악한 정부는 시민군을 친공·친북 세력이라고 강변했지만, 시민들은 자신들도 대한민국 국민이라고 외치고 있었다. 이와 대조적으로 1989년 중국 공산당은 학생운동을 반공·반체제적인 동란이라고 규정했지만, 학생들과 주민들은 자신들이 제대로 된 사회주의를 요구한다고 주장했다. 다시 말해서 광주 항쟁과 톈안먼 항쟁 모두 각각 자유민주주의와 사회주의라는 지배 이데올로기를 매개로 자신들의 인식과 언어를 조직했던 것이다.

3. 대중들의 불가능한 상상과 이상

1980년 광주와 1989년 톈안먼에서 전체적으로 대중들은 지배 이데올로기의 틀을 벗어나지 못했지만, 해방구에서의 정치적 경험은 대중들을 서서히 변화시켰다. 한편으로는 해방구에서 상상된 공동체가 만들어졌고, 다른 한편으로는 대중들이 열망하는 지배 이데올로기의 이상ideal이 대중운동을 둘러싼 현실 정치에 시차parallax를 창출했기 때문이다. 해방 광주와 해방 광장에서 대중들의 상상과 이상의 결합은 현존하는 상징 질서의 좌표를 바꾸는 유토피아적 환상이었다.[7]

해방 광주의 항쟁 공동체에 대해 최정운은 "이곳에는 사유 재산도 없고, 생명도 내 것 네 것이 따로 없었다. 물론 이곳에는 계급도 없었다. 이제는 웃을 일도 심심치 않게 생겼다"라고 했으며, 김상봉은 헌혈로 피를 나누고 밥을 나눠 먹으며 서로 수류탄을 건네며 싸우는, 피와 밥과 수류탄을 함께 나눈 사랑의 공동체였다고 했다(최정운 2012, 175; 김상봉 2008, 369-372). 이런 평가는 총을 든 시민들과 무장을 우려하는 시민들 간의 갈등, 지도부 내부의 수습파와 항전파 간의 대립을 부차적인 문제로 다룬다는 점에서 한계가 있지만, 상상된 공동체가 지닌 유토피아적 특성을 잘 표현하고 있다. 그러나 무기 회수에 반대하고 끝까

---

7 이 글에서 사용하는 유토피아 개념은 이룰 수 없는 이상 사회의 꿈이 아니라 기존의 상징 질서에서 불가능하다고 여겨지는 것을 가능한 것으로 사고될 수 있도록 상징 질서의 좌표를 변화시키는 것을 의미한다. "우선적으로 우리는 여기서 유토피아라는 말의 의미를 특화해야만 한다. 가장 내밀한 곳에서 유토피아는 불가능한 이상적 사회를 상상하는 것과는 아무런 상관도 없다. 유토피아를 특징짓는 것은 문자 그대로 자리가 없는u-topia 공간의 건설이다. 즉, 기존의 매개변항들 — 기존의 사회에서 무엇이 '가능한 것'으로 나타나는가를 규정하는 매개변항들 — 바깥에 있는 사회적 공간의 건설이다. '유토피아적인' 것은 가능한 것의 좌표를 바꾸는 제스처이다"(지젝 2004, 159).

지 무장을 고집했으며, 수습파의 투항이나 타협을 거부하고 최후까지 도청을 지키고자 했던 항전파에 초점을 맞춘다면, 보다 중요한 상상된 공동체는 광주 시민 전체가 하나가 된 절대공동체가 아니라 무장과 항쟁 여부를 둘러싸고 절대공동체에 균열이 난 후에도 지속된 시민군의 형제 공동체였다.

5월 20일 오후 계엄군이 물러나고 한동안 광주 시민들은 환호와 기쁨에 잠겼지만, 5월 22일 시민수습대책위원회의 무기 회수 활동에 대응하면서 시민군은 보다 조직적으로 구성되는데, 5월 22일에 도청 상황실의 임무를 수행하는 기동순찰대가 만들어지고, 5월 26일에는 수습이 아니라 항전을 주도하는 민주시민학생투쟁위원회에서 계엄군의 진입에 대비해 기동타격대가 공식 결성되었다. 특히 기동타격대는 공개 모집으로 선발하고 공식 의례와 선거를 통해 소속감을 부여했으며, 모든 개인들에게 별명을 붙이고 부르면서 새로운 정체성을 만들어 내고 끈끈한 동지 관계를 형성했다. 이 형제애와 동지애에 기초한 형제 공동체는 기존의 사회적 신분이나 직업, 가족 관계에서 벗어나 그것을 뛰어넘는 상상된 공동체였다. 새로운 정체성은 지배질서가 부여한 어떤 위계와 차별에도 얽매이지 않는, 목숨을 걸고 끝까지 함께 싸운다는 동지 관계에서 유래했기 때문이다.[8]

---

8 자세한 내용은 이 책의 4장 참조.

이 상상된 공동체에서 시민군에 참여한 이들에게 자유와 평등이라는 이상은 더 이상 자유민주주의에 한정될 수 없었다.

나는 공수부대가 물러났다는 소식을 듣고 친구와 함께 지프차를 타고 도청으로 들어갔다. 도청은 아직 조직적으로 체계가 잡혀 있는 것 같지 않았다. 나는 지프차를 계속 몰고 시내 곳곳의 상황을 살피고 다녔다. 가끔씩 아주머니들이 시위 차가 지날 때마다 빵, 음료수, 김밥 등을 올려 주었다. 법원 앞을 지날 때는 법원 직원이 수고한다면서 음료수를 주고 박수도 쳐주었다. 처음에 나는 민주화가 어떤 것인지 몰랐다. 그러나 그런 상황이 오랫동안 지속되다 보니까 이것이 민주화구나 하는 생각을 하게 되었다.[9]

음식과 피를 나누며 서로에게 목숨을 맡기고 있는 사람들에게 민주주의는 형식적인 절차나 규칙이 아니었다. 자유를 위해 함께 싸우며 평등을 깨닫고, 평등하게 함께 싸우며 자유를 느끼는 것이 바로 민주주의였다. 그것은 모든 사람의 자유와 평등을 구현하는 진정한 민주주의, 참된 민주주의에 대한 체험, 운동에 참여한 정치 주체들만이 겪을 수 있는 실재적인 체험이었다.

해방 광주와 마찬가지로 톈안먼의 해방 광장에서도 단식

---

9 임병석(당시 19세, 화물차 운전)의 증언(한국현대사사료연구소 1990, 448).

농성자들을 중심으로 새로운 상상된 공동체가 창출되었다. 5월 13일에 시작된 대학생들의 단식 농성은 5월 16일 3000여 명으로 늘어났고, 이에 힘입어 5월 16일부터 18일까지 100만 명이 베이징 시내를 행진하고 톈안먼 광장에 운집하는 장관을 연출했다. 톈안먼 광장은 수천 명의 단식 농성자들과 수만 명의 대학생들, 수백만 명의 베이징 주민들, 외지에서 온 수십만 명의 사람들, 관광객들이 뒤얽힌 거대한 야영장이 되었다. 또한 음식물 공급, 쓰레기 처리, 의료 지원과 긴급 후송 등 여러 공적 업무를 수행하는 체계가 마련되었다. 단식 농성은 점차 학생들의 건강을 우려하는 베이징 주민들의 마음을 움직였고, 아무 해결책도 제시하지 못하는 정부를 비판하는 여론이 형성되었다.[10] 학생만이 아니라 교사, 노동자, 언론인, 당 간부, 정부의 중하위 관료에 이르기까지 정부와 학생의 협상을 촉구했다.

하지만 5월 14일 정부와 학생 간의 대화 노력은 난상 토론으로 무산되거나 타협점을 찾지 못했다.[11] 사실상 4월 26일 사

---

10 이 시기에는 중국의 공식 언론들도 톈안먼 항쟁을 매우 긍정적으로 보도했다. 왕후이는 그 이유를 세 가지로 제시한다. 첫째 정치 집단 간의 권력투쟁, 국가 경제정책과 국가 이데올로기 간의 내적 모순, 중앙과 지방의 이익 분화 등으로 언론이 단일하고 통일된 시각으로 운동을 보도할 수 없었다는 점, 둘째 사회적 동원의 폭이 전례 없이 확대되어 전통적인 언론 통제가 불가능해졌다는 점, 셋째 운동에서 표출된 민주와 평등에 대한 요구가 전통적인 국가 이데올로기와 상호 중첩돼 있어서 운동 자체가 모종의 정통성을 갖추고 있었다는 점 등이다(왕후이 2003, 112).

설의 배후에 덩샤오핑이 존재하고, 온건파를 대표하는 자오쯔양 총서기가 강경파를 대표하는 리펑 총리에게 밀려나는 상황에서 단식 농성자들이 기대할 수 있는 것은 5월 15일, 당시 소련의 개혁을 주도하던 고르바초프의 방문이었다. 덩샤오핑과 고르바초프의 정상회담이라는 역사적 사건을 취재하기 위해 전 세계 언론이 모여들었고, 톈안먼 광장의 점거는 강경책을 쓸 수 없는 정부를 압박하는 최선의 수단이라 여겨졌다. 정부 또한 가능하면 고르바초프가 오기 전에 단식 농성을 종결시키려 했지만 '동란' 규정을 철회할 수 없는 한 타협점을 찾기는 어려웠다.

---

11 단식 농성에 돌입하기 직전인 5월 13일 오전에 정부 관리와 학생들 간의 비공식 만남이 있었다. 이 자리에서 자오쯔양의 측근으로 분류되는 중앙통일전선부 부장 옌밍푸閻明復는 "학생운동은 애국주의 운동이다"라고 천명하며 학생들을 설득했고, 왕단과 우얼카이시 등은 공식 대화를 통해 자신들의 요구안이 받아들여지면 5월 15일 고르바초프가 도착하기 전에 단식을 중단하겠다고 협상에 임했다. 그러나 5월 14일에 열린 정부 관리들과 학생들의 공식 대화는 난상 토론으로 무산되었고, 양측이 대화를 통해 타협점을 찾기는커녕 엄청난 혼란과 무질서 속에서 끝나 버렸다. 13명의 정부 관리와 13명의 학생 대화단이 마주하고, 대화단 소속의 학생들과 단식 농성자들, 주요 언론 기자들이 참관하는 가운데 대화는 처음부터 엉망이 되었다. 대화단 소속 학생들이 역사적인 순간을 보기 위해 애초 계획과 달리 너무 많이 몰려들었고, 대화단 내부적으로도 서로 기본적인 합의나 어떤 의견 조율이 전혀 되어 있지 않았다. 더구나 대화단을 신뢰하지 않는 단식 농성자들은 대화가 시작되기도 전에 다소 선동적인 "어머니에게 보내는 편지"를 낭독해 분위기를 감정적으로 몰아갔다. 또한 공식적인 대화라고 하면서 공중파 방송이 되지 않는 데 항의하는 학생들이 난입해 대화를 중지하고 즉시 생방송을 진행할 것을 요구했고, 이런 아수라장 속에서 변변한 대화도 없이 모임은 흐지부지 무산되었다(Zhao 2001, 168-169).

결국 5월 15일에도 50만 명이 톈안먼 광장에서 대중 집회를 개최했고, 소련의 서기장으로서 30년 만에 최초로 중국을 방문한 고르바초프와 관련된 행사들은 차질을 빚었으며, 톈안먼 광장을 점거한 학생들의 행태는 덩샤오핑에게 커다란 모욕을 안겨 주었다.

5월 18일에는 리펑 총리가 톈안먼 광장을 방문했고, 인민대회당에서 학생들과의 대화가 성사되었다. 리펑에게 제시한 학생들의 요구는 4월 26일 『인민일보』 사설에 대한 반박과 공개 대화, 이 두 가지로 수렴되었다. 이는 학생운동이 보다 현실적인 목표를 내세우는 것으로 다소 변화했음을 보여 준다(Lin 1992, 154). 리펑도 학생들에게 "아무도 학생운동을 동란이라고 생각하지 않는다"라고 언급하기는 했지만, 그는 학생들의 단식을 중단시키고 병원으로 보내는 데에만 관심을 기울였다. 리펑은 결코 동란 결정을 공식적으로 철회할 수 없었다. 이는 학생들의 요구를 수용할 때 당과 정부의 권위가 무너질 것을 염려했기 때문이며, 더 중요하게는 학생운동을 동란으로 규정한 덩샤오핑의 결정을 따르지 않을 수 없었기 때문이다(Lin 1992, 158). 학생들은 계속해서 최고위 지도자와의 대화를 요구했지만, 공산당 간부들은 불법적 학생운동 지도자들과 대화하는 것 자체가 국가의 최고 권위체인 당에 대한 모욕으로 인식하고 대화를 거부했다. 이는 중국의 전통적 가치인 체면의 문제이기도 했으며, 또한 학생들이 요구하듯이 공개 대화를 텔레비전과 라디오에서 생방송으로 중계할 경우 정부의 권위와 지도력이 훼손될 가능성이 우려되는 상황이었다.

그리고 사실상 5월 15일을 기점으로 덩샤오핑을 비롯한 당 원로들은 '폭란'暴亂을 진압하기 위해 계엄령을 선포하기로 결정하는 과정에 있었다. 리펑 총리의 톈안먼 광장 방문은 이미 군대가 이동하는 상황에서 학생들을 진정시키려는 의도가 다분했다. 5월 18일 고르바초프가 베이징에서 상하이로 떠난 직후 긴급 소집된 중앙정치국 상무위원회에서는 계엄령 선포를 전격 승인했다. 모든 외국 방문객들이 베이징을 떠난 후 덩샤오핑은 군대를 동원해 톈안먼의 농성을 끝낼 수 있으며, 베이징 주민들이 인민해방군에 차마 맞설 수 없다고 확신했을 것이다. 자오쯔양은 계엄령에 반대했지만 막아 낼 힘이 없었고, 이는 곧 당 내 권력투쟁에서의 패배를 의미하는 것이었다.[12]

고르바초프의 방중은 톈안먼 항쟁에서 중요한 분수령이었지만, 대부분 애국적 헌신으로 참여한 단식 농성자들과 조직적인 운동 경험이 부족한 급진파 학생들은 막상 고르바초프가 도착하자 이를 제대로 활용하지 못했고 당내 강경파의 입장을 바

---

12 자오쯔양은 자신의 정치적 패배가 분명해진 시점인 5월 19일 새벽에 톈안먼 광장을 방문해 단식 농성자들에게 눈물을 보이며 다음과 같이 말했다. "우리가 너무 늦게 왔다. 당신들은 좋은 의도를 갖고 있다. 당신들은 우리 조국이 더 나아지길 바라고 있다. 당신들이 제기한 문제는 결국 해결될 것이다"(Cheng 1990, 133).

꾸기에는 역부족이었다. 결국 리펑 총리는 5월 20일 0시 30분에 계엄령 발동을 공표했으며, 5월 20일 오전 10시 베이징 전역에 계엄령을 발효하고 20만 군대를 배치했다.[13]

하지만 상황은 당과 정부가 예상치 못한 방향으로 흘러갔다. 5월 19일에 이미 소문으로 계엄령이 발동될 것을 염려하고 있던 학생들은 단식 중단을 놓고 격렬한 논쟁을 벌였다. 하지만 톈안먼 광장 점거와 단식투쟁은 지속되었고, 더구나 5월 21일과 23일 계엄령 철회를 요구하는 100만 명이 넘는 베이징 주민들의 대규모 행진과 시위가 일어났으며, 군대의 진입을 막기 위해 곳곳에 바리케이드가 설치되었다. 대다수 학생들과 주민들에게 계엄령은 충격적인 소식이었다. 톈안먼 항쟁이 제기하는 요구들을 정부가 충분히 수용할 수 있을 것이라는 믿음이 있었고, 그 바탕에는 자신들의 애국주의에 대한 자부심이 있었기 때문이다.

이 시기에 군인들은 비무장 상태였고, 학생과 주민들은 군인들과 몸싸움을 벌이며 베이징을 떠나라고 요구했다. 더구나

---

13 5월 20일 0시 30분에 리펑은 형식적인 국가 주석인 양상쿤楊尙昆과 함께 중앙TV에 출현해 계엄령 선포 계획을 발표하며 "동란을 획책하는 소수 분자가 당의 주도와 사회주의 체제를 부정하고 헌법 침해를 바라고" 있으므로, "공산당의 지도력과 사회주의 체제를 보호하고 동란을 끝내기 위해 단호하고 결정적인 조치를 취하겠다"라고 언명했다(Zhang 2001, 183). 계엄령을 발동하고 군대를 동원해 베이징 주민들을 불법 동란으로부터 보호하겠다는 것이었다.

군인들이 톈안먼 항쟁의 진실을 알게 된다면 자신들 편이 될 것이라고 믿었기 때문에, 음식과 음료를 건네며 상황을 알리고 설득하려 노력하기도 했다. 하지만 계엄군과 주민들이 직접 마주하고 있는 상태에서 우발적인 폭력은 피할 수 없는 일이었다. 5월 21일 밤과 22일 아침 사이에 곳곳에서 폭력 사태가 일어났고, 예상하지 못한 베이징 주민들의 격렬한 저항에 군인들과 주민들이 서로 중경상을 입으며 심각한 교착상태에 빠지자 5월 22일 오전에 군대는 일단 베이징 외곽으로 철수한다. 학생과 주민들의 저항이 일시적으로 성공한 것이다(Zhao 2001, 185).

이 성공적인 저항은 항쟁 지도부의 그 어떤 조율도 없이 이루어진 것이었다. 단식 농성자들이 점거한 톈안먼 광장에는 중국 전역에서 사람들이 몰려들었다. 5월 16일과 26일 사이에 수십만 명의 외지 대학생들이 기차와 도보로 베이징으로 들어왔고, 계엄령 발효 후 위기감을 느낀 베이징 시내 대학생들이 차츰 광장을 빠져나가자 외지인들이 한동안 톈안먼 광장의 다수를 차지하기도 했다. 이런 상황에서 지도부가 대중들을 통제한다는 것은 거의 불가능했다. 톈안먼 광장의 지도력은 다양한 학생 분파들이 경합하고 도전하는 과정의 연속이었다. 하지만 해방 광장에 건설된 민주 대학의 의장 장보리가 5월 19일 계엄령을 예상하고 일방적으로 단식 중단을 언론에 공표했을 때에도, 또한 7일간의 단식으로 기절까지 했던 급진파의 우얼카이시가 5월 21일 군대의 진군을 확신하고 학생들에게 톈안먼 광장을 떠나라고 방송했을 때에도, 그리고 같은 날 베이징학생자치연합회北京市高等院校學生自治聯合會가 해산 결의안을 투표에 붙여 통과시켰을 때에도(찬성 32표, 반대 14표, 기권 2표), 대중들은 지도부의 단식 중단과 해산 결정을 따르지 않고 계속해서 광장에 머물렀다. 오히려 해산을 결정한 지도부는 지휘력을 상실한 채 물러나고 톈안먼 항쟁을 새롭게 대표하는 지도부가 구성돼야 했다. 5월 24일에 마지막 지도부로 구성된 보위톈안먼광장지휘부保衛天安門廣場指揮府의 대표로 선출된 차이링도 5월 25일 외부 지역의 학생들은 일부만 남고 나머지는 자신의 지역으로 돌아가 그곳에서 운동을 전개하라고 요구했지만, 이런 방침은 실질적으로 실행되지 못했다(Lin 1992, 105-106).[14] 톈안먼 광장을 떠날 것인지의 여부를 두고 격렬한 논쟁과 대립이 계속되었고 급진파 지도자들을 포함해 점차 많은 대학생들이 몸을 숨겼지만, 여전히 수많은 학생들과 주민들이 광장을 점거하는 상황은 '최후의 학살'이 일어나는 6월 4일까지 지속되었다.

이와 같이 계엄군을 물리치고 해방구를 이룬 톈안먼 광장

---

[14] 톈안먼 항쟁을 이끌었던 학생 지도자들의 행보는 당시의 진실과 멀어진 것 같다. 장보리는 미국으로 망명해 기독교에 귀의했고, 우얼카이시는 타이완으로 가서 라디오 토크쇼를 진행하며 정치평론가로 활동하고 했으며, 차이링은 미국 유학 후 인터넷 기업을 운영하고 있다고 한다. 왕단은 감옥에서 풀려나 미국에서 학위를 받고 타이베이 대학에 재직하고 있는데, 그의 정치적 입장은 자본주의의 모순에 무감한 자유민주주의에 가까이 있다(왕단 외 2006 464, 469-470).

은 수많은 사람들이 모여 즉흥 연설과 격렬한 정치 토론을 벌이고 의사 결정 과정에서 직접민주주의를 실험하는 장이었으며, 또한 젊은이들이 대항문화를 창출하고 축제를 여는 공간이기도 했다. 록 음악을 연주하거나 결혼식을 개최하고, 자유의 여신상을 본떠서 '민주주의 여신상' 같은 조형물을 설치하는 등 해방광장에서는 문화적 반란 또한 진행되고 있었다.[15]

몇몇 미국인 관찰자들이 '중국의 우드스톡'이라고 불렸던 것처럼, 대항문화의 축제처럼 보인 이 운동에서 중국 젊은이들은 1960년대 서양의 급진적 청년들을 모방하고 있었다. 그들은 춤을 추고 가요를 불렀으며 인기 있는 통기타 가수와 록 스타들이 여기에 합류했다. 그들은 즉흥 연설을 하고 열띤 정치 토론을 벌였다. 또한 일본과 한국의 급진적인 학생들을 모방해 색깔 있는 머리띠를 둘렀다. 그리고 불경스럽게도 공산당 지도자들, 특히 덩샤오핑과 리펑 총리를 조롱하는 구호를 외쳐 댔다. 그들은 광장에 세운 임시 자치도시를 유지하기 위해 필요한 업무, 즉 음식물의 공급, 기본적인 쓰레기 처리와 의료 체계의 조직, 탈진한 단식 투쟁자들을 도시의 병원으로 후송하는 구급차의 운영 같은 필수적인 공공 업무를 조직적으로 준비했다

---

15 '민주주의 여신상'은 5월 28일 베이징 중앙미술대 학생들이 작업하기 시작해 5월 29일 저녁 톈안먼 광장으로 옮겨진 후 5월 30일 새벽에 완성하고 아침에 경축 행사를 진행했다. 이 조형물은 마오쩌둥의 초상화와 마주 보도록 배치되었다.

(마이스너 2004, 700-701).

　　이 과정에서 서구 자본주의 문화에 대한 추종과 서구에서 누린다고 가정된 자유에 대한 동경이 생겨나는 것은 불가피했다. 또한 고르바초프의 중국 방문으로 전 세계의 이목이 중국에 집중된 상황에서 수많은 기자회견을 열어 서구 언론에 의존해 정부에 압력을 가하려는 경향이 나타났다. 학생들이 해외 뉴스를 일상적으로 청취한 이유도 마찬가지였다. 서구에 대한 우호적인 태도는 일부 영어로 적은 깃발들('For the People', 'Absolute Power', 'Absolute Corruption', 'Give me Democracy or Give me Death', 'Glasnost', 'People Power')의 사용에서도 찾아볼 수 있었다(Zhao 2001, 273). 톈안먼 항쟁은 전체적으로 애국적 사회주의의 틀 내에 있었지만, 공산당과 대립하고 계엄군과 대치하는 가운데 해방 광장의 문화적 실천들은 장차 지배 이데올로기의 균열을 예비하고 있었던 것이다.

　　그럼에도 불구하고 톈안먼 항쟁의 주요 언어와 활동은 사회주의 전통에 입각해 있었고 시종일관 비폭력적인 방법으로 상황을 해결하려고 노력했다.[16] 이는 대부분의 지식인과 대학생

16　비폭력 방법을 선호한 이유는, 중국의 민주 세력이 체제 내부의 개혁 능력을 신뢰했고 사회주의에 대한 신념을 변함없이 간직했으며, 정부가 무력을 독점하고 사용할 의지가 있는 상황에서 그와 정면 대결할 결기가 없었기 때문이다(Nathan 1986, 173). 왕단은 톈안먼 항

들이 체제 내부의 개혁 가능성을 신뢰하고 있었고 사회주의에 대한 신념을 간직하고 있었기 때문이다. 끊임없이 당국에 대화를 요구하고, 자신들이 애국적인 활동을 하고 있다는 것을 인정받으려 한 이유가 여기에 있었다.

1989년 [톈안먼 항쟁에서] 사회동원을 형성한 이데올로기는 민주와 자유의 가치를 포함하고 있고, 동시에 일상생활의 평등 의식도 포함하고 있다. 또한 전통적 사회주의 이데올로기가 이 특정한 시기에 일종의 비판적인 동원 역량으로 전화되었다. 사회 각 계층의 광범위한 참여를 고려하면, 전통적 사회주의 이데올로기의 측면은 매우 망각하기 쉽지만 아주 중요한 측면을 구성하고 있으며, 우리의 일상생활 속에 깊숙이 자리 잡고 있다(왕후이 2003, 110).

사실상 톈안먼 항쟁의 여러 요구들은 모두 '애국주의'와 '민주주의'라는 두 가지 주제를 변주하고 있었다. 하지만 여기서 '민주주의'는 서구의 자유민주주의가 아니었고, 항쟁의 참여자들이 민주주의를 제대로 이해하지 못한 채 막연하고 모호한 주장을 되풀이한 것도 아니었다. 애국주의와 민주주의의 결합을

쟁이 "집단 상소公車上書와 유사한 방식으로 국가에 개혁을 요구했다는 점"에서 "전통적 정치 문화의 연속"에 있었다고 평가한다(왕단 2013, 409).

잘 보여 주는 것은 톈안먼 항쟁의 지도부가 5월 말에 내놓은 한 문건이다. 이 문건은 계엄령 이후 차이링을 제외하고 왕단과 우얼카이시 등 급진파 지도부가 잠적하기 전에 발표한 것으로, 기존의 다양한 요구들을 압축적으로 요약하고 있다(*Ming Pao News* 1989; Calhoun 1994, 241-242에서 재인용).

① 자발적 학생운동은 광범위한 애국적 민주주의 캠페인을 전개해 왔다. 이 운동은 이미 당 내부의 정치투쟁을 가열시켰으므로, 그것을 대표하는 민주화 세력은 멈추지 않을 것이다.

② 정부 권력을 갖고 있는 사람은 누구나 인민과 조화를 이루어야 하고, 민주주의를 기반으로 삼아야 하며, 정치 체계를 민주적으로 개혁해야 한다.

③ 중국의 미래 지도자들은 민주적 애국주의에 대한 태도를 통해 평가될 것이다. 친민주주의 지도자들은 인민이 지지할 것이며, 민주주의에 반대하는 지도자들은 버려질 것이다.

④ 리펑, 허동창, 위엔무, 리시밍이 애국적이고 민주적인 학생운동을 향해 부정적 태도를 취한 것은 현명하지 않다. 그들은 중국의 주요 지도자로서 자신들의 무능력을 드러냈다. 리펑이 관직에 있다는 것은 학생운동에 대한 지지를 보여 준 노동자, 도시 시민, 관료, 당원들의 안전에 커다란 위험이다.

⑤ 자오쯔양 당 총서기는 운동을 지지한다. 그는 관직에 남아 있어야 한다.

⑥ 이 운동에 대한 부정적 태도 때문에 관직을 잃은 관료는 학생들에게 원한을 품어서는 안 된다.

⑦ 앞서 말했듯이 이 운동은 학생과 인민의 자발적 캠페인이며, 본성상 애국적이고 민주적이다. [학생운동 자체는] 결코 당 내부의 정치투쟁이 아니다.

⑧ 당 투쟁의 결과가 무엇이든, 계엄령은 해제돼야 하고, 군대는 베이징에서 철수해야 하며, 『인민일보』의 4월 26일 사설은 1989년 5월 20일 리펑의 발언과 마찬가지로 거부돼야 한다. 또한 리펑의 퇴임에 대한 제안을 논의하기 위해 인민대회 상임위원회의 긴급회의를 즉시 개최해야 한다.

⑨ 계엄령이 발효된 지 열한 번째 날인 5월 30일에 우리는 대중 집회 후에 톈안먼 광장에서 철수할 것이다.

⑩ 4월 27일은 중국의 민주와 자유의 날로 경축돼야 한다.

톈안먼 항쟁에 가장 적극적이었던 계층은 청년 학생들과 소장 지식인들이었다. 이들은 사회경제적 조건에서 볼 때 자신들의 이해관계에 얽매이지 않고 중국의 장래를 진심으로 걱정할 수 있는 위치에 있었다. 또한 일반적으로 정부에 대한 주요 불만 가운데 하나는 자신들에게 조국 발전에 동참할 기회를 적절히 제공하지 않는다는 것이었다. 즉, 학생과 지식인에게는 '더 나은 사회주의'로 나아가야 한다는 엘리트주의와 민족 진흥에 대한 요청이 지배적이었고, 그 연장선에서 애국주의와 민주주의에 대한 요구가 결합되어 있었다.

학생들과 주민들의 가장 직접적인 관심사였던 부패에 대한
비판도 이런 맥락에서 이해될 수 있다. 부패는 그저 공직자들의
부패와 개인적 도덕성에 국한된 문제가 아니었다. 부패에 대한
비판은 민족적 자긍심 및 결속에 대한 요청과 밀접하게 맞닿아
있었다. 부패가 만연한 기생적인 정부는 중국인들의 일상생활
에서도 부패를 배양하고, 민족적 부강과 경제 발전을 가로막으
며, 인민 대중을 미신과 무지 속에 방치하는 결과를 낳고 있다는
비판이었다(Calhoun 1994, 242-243). 따라서 당시 중국인들에
게 민주주의란 중국의 경제 발전과 민족 진흥이라는 애국주의
의 토대 위에서, 그것을 저해하는 부패 척결, 부패에 무감해진
정부 조직과 관료들에 대한 비판, 인민 대중의 계몽을 위한 과학
과 이성에 대한 요청 등을 총괄하는 일종의 지배어였다. 이런 의
미의 민주주의는, 다양한 정당들이 공존하면서 선거를 통해 공
정하게 경쟁하는 서구의 자유민주주의 제도와는 일정한 거리가
있었다. 항쟁 참여자들이 자유선거에 관심을 가진 것은 현직 정
부 관료들을 정기적으로 교체할 수 있는 가능성 때문이었지, 다
당제와 선거제도 확립에 대한 서구인들의 기대에 동조해서가
아니었다.[17]

---

[17] 그러나 이 경우에도 대부분의 학생들은 인민들이 선거를 제대로 치를 준비가 되어 있

반면에 노동자들은 학생들의 선도적인 투쟁이 이루어지자 5월 18일 베이징노동자자치연합회北京工人自治聯合會를 결성하고, 5월 22일 총파업을 추진했지만 그 효과는 미미했다(호어 2002, 205, 213, 215-216). 학생들과는 달리 공장 안팎에서 강력한 통제를 받고 있는 노동자들은 현실적으로 정부를 비판하거나 적극적인 활동을 전개하기 어려운 조건에 처해 있었으며, 관료주의와 부정부패를 비판하기는 했지만, 톈안먼 광장에서 자신들의 요구를 직접적으로 조직하지 못했고 민주화와 평등에 대해 다소 막연한 입장을 갖고 있었다. 사실상 공산당을 비롯해 정부에게 가장 큰 위험은 지식인과 노동자의 동맹이었지만, 노동자들은 애국적인 학생들의 민주화 운동을 지지하는 차원을 벗어나지 못했다. 더구나 지식인과 대학생들은 강한 엘리트 의식을 갖고 있었고, 이들에게 노동자들은 껄끄러운 존재일 뿐이었다.[18] 학생들은 노동자들의 지지를 원하기는 했지만, 자신들의

는지에 대해서는 의문을 품고 있었다. 이는 인민 대중의 계몽이 필요하다는 엘리트주의적 인식과 동일한 맥락에서 이해될 수 있다.

18 "사실 공산당 지도자들은 노동자-지식인의 동맹을 우려할 필요는 없었다. 대부분의 중국 지식인들이 갖고 있던 엘리트주의가 그런 동맹을 가로막고 있었기 때문이다. 노동자가 지식인보다 더 많은 보수를 받는다는 불평을 제외하고는, 노동계급의 상황에 대해 지식인들의 입에서 나온 말은 거의 없었다. 이런 계급적 편견은 어느 정도 학생들에게도 스며들어 있었다. 학생들의 상당수가 노동자들이 규율을 지킬 줄 모르며 폭력성이 있다는 이유로 민주화 운동에 노동자들이 참가하는 것을 반대했다. 노동자들의 참가는 정부가 운동을 폭력적으

애국적 민주화 운동이 왜곡될 것을 우려해 노동자들의 적극적인 참여에는 부정적이었다(김영진 2000, 238). 단식 농성의 경우에도 학생들은 농촌과 도시에서 노동자들의 대중적 지지를 얻지 못하면 항쟁이 실패할 것이라고 생각하고, 5월 24일경 베이징대학 학생 지도자들이 자신들의 고향 마을을 찾아 대중들과 연계망을 만드는 방문조를 조직하기도 했지만, 이를 제대로 실행할 만큼 역량이 크지 않았다. 또 노동자들 스스로도 집단적인 힘을 조직하고 발휘할 수 있는 방법을 모색하지는 않았다(Lin 1992, 156).[19] 결과적으로 톈안먼 광장의 상상된 공동체는 대학생 지도부들의 갈등, 지식인과 노동자의 분할로 인해 제한적일 수밖에 없었고, 사회주의의 이상은 서구적인 이데올로기와 문화에 점차 잠식되고 있었다.

로 억압할 구실을 찾는 데 도움을 줄 것이라는 주장도 나왔다"(마이스너 2004, 704).

19 이런 맥락에서 보자면 톈안먼 항쟁에서 결정적인 역할을 한 것이 노동자들이라는 딜릭의 다음과 같은 주장은 과장돼 있다. "학생들이 봉기를 시작했고 그 봉기의 주요한 역할을 했지만 그 운동은 단순한 학생운동이 아니었다. 이것이 그 운동에 관한 가장 큰 신화의 하나이다. (그 당시에도 주로 무시되었고 아직까지도 무시되고 있는) 다른 집단들, 특히 노동자들이 운동에서 결정적인 역할을 했다. 정부에 진정한 위협이 되었던 것은 노동자들이 그 운동에 참여한 것이었고 (거의 70년 전 공산당 자체를 낳았던 것과 같은) 노동자-지식인 동맹의 출현 가능성이었다고 말할 수 있다"(딜릭 1991, 333).

4. 최후의 학살의 밤

1980년의 해방 광주는 항전과 시민군의 결사 항전에도 불구하고 5월 27일 새벽 계엄군의 진압으로 해체되었다. 항쟁 기간 동안의 공식적인 사망자는 민간인 166명과 군경 27명으로 집계되고 있다. 그러나 가족, 신분, 직업 등을 모두 포기하고 형제애와 동지애를 바탕으로 한 새로운 정체성을 수용하면서 생물학적인 죽음을 통해 상징적으로 영원히 살아남는 불가능한 선택을 했던 최후의 시민군은 1980년대 내내 모든 사회운동이 지향하는 전범이 되었다. 1980년대 학생운동과 민중운동에서 전사와 투사, 열사의 모델은 시민군 이외의 다른 것이 아니었다. 더구나 해방 광주에서 꿈꾸었던 자유와 평등이라는 이상적 보편성은 한국전쟁 이후 남한에서 실종되었던 마르크스주의와 사회주의를 부활시키고, 자유민주주의에 대한 조롱과 환멸을 불러일으키는 효과를 낳았다. 최후의 항전 직후 지배 이데올로기는 더 이상 해방 광주와 시민군을 해석하고 재현할 수 있는 언어로 작동하지 못했기 때문이다. 그 최후의 밤에 대해 한 시민군은 이렇게 증언한다.

　새벽에 땅을 울리는 탱크 소리에 잠을 깼다. …… 밖을 내다보니 엄청난 숫자의 계엄군들이 밀려오고 있었다. …… 나는 너무나 무서워서 기어가다가 다시 뒤를 돌아보았는데, 바로 그때 용준 형의 몸이 수그러지기 시작했다. 유리 창가에 기대고 있던 용준 형은 서서히 쓰러져 가더니 결국은 다리를 뻗고 다신 일어나지 못했다. "용준 혀엉!" 하고 소리치면서 용준 형 옆으로 북북 기어가서 봤더니 얼굴에서 피가 흘러 내고 눈을 뜬 채로 죽어 있었다. 순간 그렇게 친했고 좋아했던 형인데도 왈칵 무서운 생각이 들었다. 나는 다시 뒷걸음질쳤다. 밑에서는 군인들이 총을 쏘면서 건물 안으로 들어와 올라오고 있었다. 순식간에 총소리와 비명 소리가 섞여 아비규환을 이루었다 (김길식의 증언, 한국현대사사료연구소 1990, 303-304).

1989년의 해방 광장 또한 6월 4일 새벽 톈안먼 광장이 완전히 진압되면서 막을 내렸다. 비공식적인 집계로는 민간인 713명, 군인 14명이 사망한 것으로 알려졌다(張萬舒 2009 참조). 그날의 충격적인 대학살은 공산당과 사회주의에 대한 커다란 실망과 좌절을 안겨 주었다. 더구나 '6·4 학살'의 책임이 급진주의와 혁명 전통에 있다고 비판되면서 사회 전체가 급속히 보수화되었고, 정부와 지식인들 사이에서 신자유주의가 유력하게 발흥하기 시작했다(백승욱 2008, 51, 324-325). 또한 노동자 운동이 국가와 시장의 헤게모니를 승인하고 일부 경영자와 정부 관료의 부패와 무능을 비판하는 소극적인 투쟁에 갇혀 있는 동안(김재관 2004, 139-142), 중국 사회주의에 대한 대안을 서구식 민주주의와 자본주의적 시장경제에서 찾고자 하는 흐름은 더욱 강화되었다.[20] 이는 중국 내부에서 정치적 억압에 시달리는 이들과 해외로 망명한 이들에게 공통적으로 나타나는 경향이었다. 6월 4일의 학살 직후 지배 이데올로기는 더 이상 해방 광장의 언어가 될 수 없었던 것이다. 그날의 학살을 경험한 어떤 이는 이렇게 고백한다.

> 인민의 군대가 인민을 향해 총을 쏘고, 인민의 탱크가 인민의 몸을 덮치는 그 비극의 현장에서 그는 엄청난 무게의 실존적 자문에 부딪혔다. '어떻게 인민의 군대가 인민의 몸을 짓밟을 수 있는가? 인민의 군대에게 인민의 몸을 짓밟으라고 명령하는 것이 마르크스주의요, 공산당이란 말인가?' 천안문 광장을 도망쳐 나오는 동안 그는 이 질문들 앞에서 처절하게 무너져 내렸다(이국운 2009, 108-109).

민주대학의 의장 장보리는 그 학살의 밤을 이렇게 기억하

---

20 첸리췬은 톈안먼 항쟁의 후과를 다음과 같이 평가한다. "한편으로 사회 민주 역량은 치명적 타격을 입었습니다. 이로부터 독립적이고 조직적인 역량이 형성되기가 매우 어려워 졌습니다. …… 1980년대 우렁차게 전개된 사상 문화 운동 역시 중상을 입었고, 민간 사회 저항운동 역시 10여 년간의 침체기에 접어들었습니다. 20여 년 동안 민간 사회의 감독과 제약을 상실한 채 당 권력의 극도의 팽창, 그리고 오만방자한 권력과 금전의 교환이 최종적으로 권력 귀족 자본 계층의 형성을 초래했습니다"(첸리췬 2012, 321-322). 또한 백승욱은 톈 안먼 항쟁의 효과에 대해 "첫째는 대중과 지식인의 동맹의 실패, 두 번째는 신자유주의적 전환을 위한 길 닦기, 셋째는 문화대혁명에 대한 대중적 트라우마의 심화"라고 정리한다(백 승욱 2009, 146).

고 있다.

> 텐안먼 광장의 북동쪽 거리에서 탱크가 천둥소리를 내고 있었다. 분
> 노한 군중들이 사방에서 탱크를 향해 몰려들었고 주위를 가득 메웠
> 다. 광장의 북동쪽에서 그들은 탱크를 불태우려고 했다. 이때 광장
> 동쪽에서 군인들이 주민들의 바리케이드를 깨뜨리고 진격해 왔다.
> 헬멧과 포신이 가로등 아래에서 번쩍거렸고, 무수한 발걸음들이 도로
> 위를 내달렸다. 광장을 포위하려는 것이었다. 그날 밤에 총신이 불을
> 뿜었다. 나는 베이징 거리에 피를 뿌리는 순교자들이 불가피하다는
> 것을 알고 있었다. 6월 3일이 끝나 가고 있었다. 6월 4일의 새벽이 막
> 밝아 오고 있었다. 그것은 어둠의 날이 될 것이었다. 그때 나는 우리
> 가 삶의 마지막 순간을 경험하고 있다고 생각했다(Boli 2003, 47).

요컨대 시민군의 형제 공동체와 자유와 평등이라는 이상이
결합된 해방 광주의 항쟁은 1980년대 한국에서 급진적이고 좌
파적인 이데올로기와 사회운동으로 전환되었지만, 이와 대조적
으로 단식 농성자들 중심의 공동체와 사회주의의 이상이 결합된
해방 광장의 항쟁은 1990년대 중국에서 보수적이고 우파적인
이데올로기와 사회운동으로 발현했다. 1980년 광주와 1989년
중국에서 대중 봉기는 기존의 상징 질서의 좌표를 변화시켰지
만, 각각의 대중들의 삶이 놓여 있는 역사적 조건 속에서 그 방
향은 사뭇 달랐다. 그것은 대중 봉기가 하나의 방향(지배 이데올

로기의 역진)을 향해 있으면서도 두 가지 방향(반대 방향의 이데올로기들)으로 나아가는 패러독스를 보여 주고 있다.[21] 대중 봉기는 지배 이데올로기의 이상적 보편성에 근거해서 지배자들에게 대항하고 지배 이데올로기의 고정된 좌표들을 변화시킨다. 하지만 그 효과가 반드시 역사의 '좋은 방향'을 향해 있지는 않다.

---

21 패러독스para-doxa는 억견doxa에 대립하며, 억견의 두 가지 측면인 양식bon sense 과 상식sens commun에 대립한다. 또한 양식이 하나의 방향만을 긍정하고 유일한 의미만을 특권화한다면, 패러독스는 양식을 두 방향으로 분화시키고 새로운 의미를 형성시킨다 (들뢰즈 1999, 155-164).

6장

5·18 광주 항쟁 전후
사회운동의 이데올로기 변화

1. 반복에서 망각으로

1980년대에는 해마다 5월이 되면 대학 교정은 아수라장이었다. 대학생들은 광주 학살의 책임자를 처벌하라며 연일 반정부 시위를 열었고, 전투경찰(이하 '전경')과 백골단은 무력으로 이를 탄압했다. 매서운 화염병의 불꽃과 자욱한 최루탄의 연기가 5월 내내 끊이지 않았으며, 이런 풍경은 바로 여기가 '전쟁터'라는 사실을 모두에게 일깨웠다. 이렇게 1980년 5·18 광주 항쟁은 매년 5월마다 반복되었다. 그것은 이중적인 반복이었다. 한편으로 대학생들은 광주 학살을 통해 집권한 군부독재에 맞서 싸움으로써 5·18의 항전을 반복하려 했으며, 다른 한편으로 군부독재는 저항 세력에 대한 일상적인 감시와 무차별 폭력으로 5·18의 진압 작전을 반복하려 했다. 5월의 대학가는 5·18 광주 항쟁을 재상연하는 현실의 무대였다.

그러나 오늘날의 대학에서는 5·18 광주 항쟁이 반복되지 않는다. 대학생들은 5·18에 관해 잘 모르거나 알아야 할 필요가 없다고 여긴다. 이는 "그들이 일상을 보내는 대학이라는 특수한 시공간이 '5·18 광주'와 관련해 별다른 의미를 갖지 못한다는 점을 말해 준다"(김보현 2009, 82). 1980년대의 대학이 5·18을 투쟁으로 반복함으로써 그에 관한 인식을 깨우치는 장이었다면, 오늘날의 대학에서는 학생회나 동아리 차원의 5·18 관련 행사조차 거의 전무하다. 대학생들이 5·18 광주 항쟁에 관해 아는 바는 대개 인터넷 만화(『26년』)나 영화(『화려한 휴가』) 등에서 유래하며, 운동권에 속한 대학생들에게조차 5·18 광주 항쟁은 "그다지 와 닿지 않는" 먼 과거의 사건일 뿐이다(김보현 2009, 89).

이런 변화의 이유는 의외로 간단할 수 있다. 군부독재는 종식되었고 민주주의가 확립되었기 때문에 더 이상 5·18 광주 항쟁을 반복할 필요가 없다고 말이다. 이것이 5·18 광주 항쟁을 '민주화 운동'으로 규정하는 국가 담론의 표준적인 해석이다. 그에 따르면 오늘날의 대학생들은 역사에 무지하거나 사회 모순에 대한 의식이 없는 게 아니라 그저 민주화의 혜택을 누리고 있을 뿐이다. 하지만 그들에게 기억을 이어 가지 못하는 책임을 묻고 탓할 수는 없는 일이다. 앞으로는 5·18과 관련해 제정된 각종 법과 제도들이 우리 대신 기억해 줄 것이다.

그러므로 5·18 광주 항쟁은 이미 죽었다. 그것을 경험하고 그와 더불어 젊은 시절을 보낸 이들은 아쉬움이 없지 않겠지만, 5·18 광주 항쟁에서 우선 확인해야 할 것이 있다면 그것이 이미 오래전에 죽었다는 사실이다. 죽은 것을 산 것처럼 대하는 것은 그를 사랑했던 사람들의 무모한 고집이거나 섬뜩한 공포일 수는 있어도 아무런 정치적 함의를 갖지 못한다. 5·18의 의미가 무엇이냐는 평범한 물음에 어떤 사회적 답변도 존재하지 않는 이유가 여기에 있다. 많은 사람들이 기억해야 한다고 말하지만, 무엇을 기억해야 하는지 분명하지 않다. 먼 옛날 좋지 않은 시대에 역사의 비극이 있었다고 해야 할까. 5·18 광주 항쟁이 세상을 바꿨다고는 하지만, 그것이 오늘날의 세상을 바꾸는 일과 어떤 연관성을 갖고 있는지에 대해서도 말하기는 쉽지 않다. 먼 옛날 좋지 않은 시대에 맨손으로 무법자들과 맞서 싸운 의로운 사람들이 있었다고 해야 할까.

이런 곤궁은 무엇을 보여 주는가? 1980년 당시 사진관을 운영하던 김재진(31세)은 이렇게 증언했다.

5월 이후 모든 언론이 통제되어 각종 잡지와 각 신문사가 폐간되었다. 전남일보는 마지막 신문 1면에 '무등산은 알고 있다'는 제목하에 무등산 사진을 기재했다. 신문을 펼쳐 든 큰아들과 나는 아픔의 눈물을 펑펑 쏟았다(한국현대사사료연구소 1990, 994).

그는 '무등산은 알고 있다'라는 말에 펑펑 울었다. 자신이 알고 있는 광주의 '진실'을 말하지 못하던 시대에, 아무리 말해도 사회가 듣지 않던 시대에 무등산은 알고 있다고 했기 때문이다. 사실 1980년대는, 도저히 재현(해석)할 수 없는 사건이었던 5·18 광주 항쟁을 필사적으로 재현(해석)하려는 몸짓들이 만들어 낸 특이한 정치적 시공간이었다. 그것은 무등산이 알고 있던 것을 사회가 알게 하려는 수많은 시도들의 총체였다. 그 선두에 학생운동이 있었고, 이를 통해 계엄군의 부당한 폭력과 학살에 맞서 싸웠던 5·18은 점차 '혁명'으로 이해되었으며, '시민군'은 새로운 세상을 꿈꾸는 주체성의 모델로 받아들여졌다. 5·18을 재현하려는 과정에서 혁명과 시민군을 중심에 두는 새로운 대항 이데올로기가 형성되었던 것이다.

따라서 5·18 광주 항쟁이 처해 있는 곤궁 또는 그 정치적 함의에 대한 탐구는 1980년대라는 정치적 시공간에서 만들어진 새로운 이데올로기에 대한 평가로부터 시작돼야 할 것이다. 이 글에서는 우선 '1980년 5월의 대한민국'을 규정하고 있던 1970년대의 이데올로기 지형을 검토하고, 다음으로 5·18 이후 1980년대 새로운 대항 이데올로기의 출현 과정과 특징을 분석해 보고자 한다. 이와 같이 5·18을 전후해 사회운동의 이데올로기가 변화하는 과정을 살펴봄으로써,[1] 5·18의 진정한 부활을 고민하는 데 참조할 수 있는 사유의 준거틀을 제공해 줄 수 있으리라 기대한다.

---

[1] 5월 18일부터 27일까지 항쟁 과정에서 나타난 대중들의 주요 이데올로기에 관해서는 이 책의 3장 참조.

2. 혁명적 재현과 대항 이데올로기

1980년 5월 26일 마지막 시민궐기대회에서 뿌려진 「80만 민주시민의 결의」를 보면 '광주 의거'라는 표현이 나온다. "정부와 언론은 이번 **광주 의거**를 허위 조작, 왜곡 보도하지 말라"(강조는 인용자). 이 결의문은 명예 회복과 민주화를 요구하면서 이를 받아들이지 못하는 신군부에 대항해 "최후의 일인까지 싸우다 죽겠다는 표시이자 온 국민에게 보내는 그들의 유언이었다"(최정운 2012, 265). 이와 같은 최후의 결의문이자 유언서에 나타난 '광주 의거'라는 규정은 5·18 광주 항쟁의 성격을 이해하는 데 도움을 준다. 당시 광주 시민들에게 5·18은 '혁명'도 '민중항쟁'도 아니었으며 단지 '의거'였다. 예컨대, 운전기사로 일하던 오병길(30세)은 "당시의 5·18을 보고 느낀 점은 한마디로 얘기해서 자유민주주의 국가에서는 도저히 상상조차도 할 수 없는 계엄군의 만행이었다"라고 했고(한국현대사사료연구소 1990, 606), 운수업을 하던 해정구(39세)는 "국민이 낸 세금으로 국민을 보호하기 위해 존재하는 군인이 국민에게 총을 쏜다는 것은 있을 수 없는 일이다. …… 국민을 위해 국가가 있고, 국가를 위해 군인이 있다고 우리는 어디서라도 주장할 수 있다"라고 한다(한국현대사사료연구소 1990, 989). 대한민국은 자유민주주의 국가이고 군인은 대한민국 국민을 위해 존재함에도 불구하고, 1980년 5월의 광주에서 일어난 일은 상식적으로 있을 수 없는 일이라는 것이다. 이런 증언은 당시 대부분의 사람들이 생각했을 법한 바를 그대로 전달해 주고 있다.

물론 '의거'라는 최초의 자기규정과 자유민주주의를 근거로 삼는 상황 판단은 1980년대에 5·18을 재현하면서 등장한 '혁명'이라는 문제틀과는 거리가 멀다. 이는 1970년대 이데올로기 지형을 살펴볼 때 보다 적절히 이해될 수 있다. 5·18은 아무도 예상하지 못한 대중들의 강렬한 운동이었지만, 그 자체가 1970년대 이데올로기와 근본적으로 단절한 것은 아니었기 때문이다.

(1) 1970년대 지배와 저항의 이데올로기

1970년대의 이데올로기 지형을 살펴보면, 5·18 광주 항쟁이 1970년대 반독재 민주화 운동의 연장선상에 있음을 알 수 있다. 주지하듯이 한국전쟁 이후 국가 분단과 남북 대립의 상황에서 이데올로기 지형은 '우경 반쪽 지형'으로 경도되었고(손호철 2003a), 반공과 반북은 1970년대까지도 가장 중요한 지배 이데올로기로 구성되었다. 이는 한국전쟁을 전후해 자진 월북과 폭력적 숙청으로 인해 남한에서 좌익 세력이 전반적으로 쇠퇴한 가운데, 직간접적인 탄압과 체계적인 선전이 결합한 위로부터의 강제, 그리고 전쟁의 참혹한 만행과 반공·반북이 유일한 생존 법칙임을 경험한 아래로부터의 자발적·비자발적 동의가 뒤얽힌 효과였다(이성근 1985; 손호철 2003b).

또한 관련 연구마다 관점이 조금씩 다르기는 하지만,[2] 반공과 더불어 1970년대의 주요 지배 이데올로기 가운데 하나는 자유민주주의였다. 물론 반공 규율 사회(조희연 1998)와 유신 독재 체제에서 자유민주주의는 서구와 비교할 때 그 핵심적인 가치와 원리가 내용적으로 거의 실현되지 않는 형식에 불과했지만, 박정희 정권은 처음부터 자유민주주의와 시장경제의 발전을 후진 국가의 지향점으로 표방하고 있었고(최형익 2003, 123),[3] 유신헌법 또한 자유민주주의를 한국적 상황에 맞게 변용시킨 한

---

[2]　한지수(1989)는 전체적인 지배 이데올로기의 변동 과정을 '1950년대=반공+미국식 자유민주의, 1960년대=반공+근대화(발전), 1970년대=반공+발전+한국적 민주주의'로 파악하고, 정해구(1990b)는 '1950년대=반공+부분적 의회민주주의, 1960~70년대=반공+발전+한국적 민주주의', 임영일(1991)은 '1960~70년대=반공 > 발전 > 안정 > 자유민주주의', 김동춘(1994)은 '1960~70년대=발전(근대화)+국가 안보(자유민주의)', 임현진·송호근(1994)은 '1961~63년=반공주의 > 성장주의 > 권위주의, 1963~71년=성장주의 > 반공주의 > 권위주의, 1972~79년=권위주의(한국적 민주주의) > 성장주의 > 반공주의'로 규정한다. 최근 최형익(2003)은 1980년대 이전의 지배 이데올로기를 '반공주의+민족주의+자유민주주의'의 다양한 조합으로 설명한다.

[3]　"서구에서 물려받은 자유민주주의의 이념과 체제하에 종국적으로 국민 개개인의 소득을 높일 수 있는 경제개발 계획을 어느 정도 성공적으로 달성할 수 있는가가 비단 한국뿐만 아니라 아세아에 있어서 진정한 민주주의의 성패와 장래를 결정하게 될 유일한 관건이 될 것이다"(박정희 1962, 227).

국적 민주주의라고 주장했다(김동춘 1994, 235).[4] 그러나 사실 세계적인 냉전 시대에 자유민주주의의 가치와 원리를 그대로 구현한 국가는 미국을 포함해 거의 실존하지 않았고, 대부분 반공과 안보의 이름으로 자유민주주의를 법적·제도적으로 제한하고 있었다는 점을 상기해야 한다. 따라서 1970년대 한국의 자유민주주의 이데올로기만을 '파행', '예외', '일탈'로 간단히 치부할 수는 없으며(강정인 2004, 376), 비록 내용적인 한계에도 불구하고 '말'뿐인 형식 자체가 현실 사회관계에 미치는 물질적 힘을 갖는 것이기도 하다. 오히려 자유민주주의라는 관념 자체는 담론 투쟁 과정에서 반공, 안보, 발전 등의 언어와 결합해 지배 이데올로기로서 정당성을 획득하는 효과로 나타났다.

> 지배 세력의 위선적 공언(선점) — '우리는 민주주의를 실시하고 있다'는 명제 — 과 대항 세력의 부정적 확인 — '그것은 민주주의가 아니다'라는 명제 — 을 통해 자유민주주의라는 관념은 나름대로 강고한 이데올로기적 정당성을 획득하게 되었고 민주화의 강력한 추진력이 되었다(강정인 2004, 377).

---

4 "유신헌법은 한국적 상황의 논리에 따라 자유민주주의를 구체적으로 적응, 보완시킨 데그 특징이 있기는 하지만 유신헌법에 있어서의 기본적인 정치체제는 여전히 자유민주주의적인 정치체제에 입각하고 있음을 간과해서는 안 된다"(갈봉근 1975, 7).

이런 협소하고 역설적인 이데올로기 지형에서 사회운동의 대항 이데올로기는 크게 두 가지 방향으로 구성되었다. 하나는 자유민주주의이고, 다른 하나는 민중주의이다.

우선 자유민주주의는 지배 이데올로기였지만 동시에 대항 이데올로기로도 기능했는데, 이는 첫째, 반공·반북과 국가 안보, 자본주의 시장경제의 발전이 이데올로기적 정당성의 거의 유일한 기반인 상황에서 독재 정권과 자본주의를 비판하는 데 동원할 수 있는 이데올로기적 자원이 크게 제한돼 있었고,[5] 둘째, 자유민주주의를 표방하는 정부가 실제로는 사상과 표현, 집회의 자유 등 기본적인 자유민주주의적 권리조차 허용하지 않는 상황에서 지배 이데올로기와 현실의 괴리가 극명히 드러남으로써 자유민주주의를 말뿐이 아니라 원칙 그대로 실천하라는 담론이 사회적 정당성을 획득할 수 있었으며,[6] 셋째, 사회운동

---

5 "사회운동 세력의 입장에서는 경제성장과 근대화 자체의 명분과 정당성을 반대할 수는 없었고, 그러한 반대의 대안을 오로지 허용된 이데올로기의 지형 속에서 — 반공주의와 자유주의적인 대안 속에서 — 찾아야 했기 때문에, 동원할 수 있는 이데올로기적 자원이 지배 세력에 비해 매우 제한돼 있었다고 볼 수 있다. 따라서 기존 정당의 이념은 물론, 운동 세력의 정부 비판도 허용된 이데올로기의 지형 속에서 그것을 둘러싼 해석상의 문제에 주로 초점이 맞추어지게 된다. 따라서 '누가 진정한 자유민주주의인가, 어떠한 것이 국가 안보인가' 하는 논리의 대결이 이데올로기 갈등의 중심축이 되었다"(김동춘 1994, 217).

6 "피지배 민중의 계급의식과 민족의식은 지배 이데올로기에 대항해 일반 민주주의적 요구로 나타난다. 물론 피지배 민중의 의식들이 일반 민주주의의 총체적 체계를 갖춘 것은 아니지만, 지배 이데올로기의 성격이 정치적 반동성을 강하게 내포하는 한 일반 민주주의적

에 강력한 정치적 탄압이 대개 좌경용공 혐의를 심지어 조작까지 하면서 자행되는 상황에서 좌경용공 혐의를 피하면서 독재 정권을 비판할 수 있는 담론 전략이 필요했기 때문이다.[7]

실제로 최초의 유신 반대 시위라고 할 수 있는 1973년 10월 2일 서울대 문리대 시위의 선언문에서는 "국내외의 소수 독점자본의 만용에 영합해 국민 대중에 대한 가혹한 수탈을 강화하고 대일 경제 예속의 가속화는 민족경제의 자립 발전을 결정적으로 저해해 숨통을 끊고 있다. …… 정보 파쇼 통치를 즉각 중지하고 국민의 기본권을 보장하는 자유 민주 체제를 확립하라"라고 하여 자립적 민족경제와 더불어 자유 민주 체제를 요구하고 있다(한국기독교교회협의회 인권위원회 1987, 274-275). 또한 유신 체제의 대표적인 시국 사건 가운데 하나였던 1974년 4월 3일 전국민주청년학생총연맹(민청학련)의 '민중·민족·민주

요구로 수렴될 수밖에 없다"(정해구 1990a, 71). "자유민주주의 이데올로기는 결국 국민들로 하여금 그 이념과 현실 간의 괴리를 느끼게 함으로써 …… 궁극적으로는 정권 자체에 대항하는 대항 이데올로기의 구실을 하게 되었다고 볼 수 있다"(손호철 2003b, 161).

7 "대항 세력은 용공 세력이라는 혐의나 누명을 피하기 위해, 민주주의에 대해 근본적으로 새로운 해석을 제기하기보다는 일단 민주주의가 과거의 어느 시점에 성립된 적이 있었다는 전제하에 집권 세력이 민주주의를 파괴했기 때문에, '과거의 민주주의를 되찾자'는 복고성의 의미를 지닌 '민주 회복'이라는 구호에 종종 호소하기도 했다. …… 대항 세력으로서는 화를 자초할 수 있는 혁신적인 정치 이념이나 대안을 제시하는 것보다는 일반 국민 앞에 지배 세력의 자기모순 또는 위선을 폭로하는 것이 자신들의 입장을 정당화하는 효과적이고 안전한 유일한 반대 전략이 되었다"(강정인 2004, 376).

선언'에서는 "기아임금으로 혹사당하는 근로대중과 봉건적 착취 아래 신음하는 농민, 그리고 하나의 격리된 세계에서 확대되어 가는 판자촌, 이것이 13년에 걸친 조국 근대화의 업적인가? 이러한 농민 수탈 체제의 수호신은 바로 1인 독재 체제와 정보 폭압 정치이다"라고 비판하고, "남북통일이 오로지 그들의 점유물인 양 떠들면서 폭력 정치와 민중 수탈 제체를 더욱 공고하게 할 때 통일의 길은 멀어지고 있다. 자유와 평등이 보장되는 진정한 민주주의의 승리만이 통일의 지름길"이라고 밝히며, "반민주적·반민중적·반민족적 집단을 분쇄"할 것을 요청한다(한국기독교교회협의회 인권위원회 1987, 355-356). 이렇게 유신 독재가 근대화의 폐해를 낳고 있으며 남북통일을 가로막고 있기 때문에 진정한 (자유)민주주의가 필요하다는 인식은 1970년대 반독재 민주화 운동의 전체 방향을 설정하는 기초로 작용한다.

하지만 사회운동 세력의 자유민주주의에 대한 요구는 그 비교 준거로서 서구, 특히 미국의 자유민주주의를 이상화하는 것으로 나아갈 수밖에 없다(강정인 2004, 370). 지배 세력의 한국적 자유민주주의를 비판하기 위해서는 미국식 자유민주주의와 대립시켜 그 한계를 지적하는 방식이 유용하기 때문이다. 당시 미국에 대한 인식은, 1973년 말부터 인구에 회자되었다는 3·4월 위기설을 통해 엿볼 수 있다. 떠도는 소문에 불과했던 3·4월 위기설은 '미국이 박정희 정권을 지지하지 않는다'라는 내용으로서 당시 유신 체제 비판의 분위기를 고무했다(서중석

1988, 81; 유인태 1988, 460). 이는 박정희 정권의 유신 체제에 대한 미국의 지지 여부가 반독재 민주화 운동에서 상당히 중요한 요소로 고려되었음을 보여 주며, 자유민주주의 국가인 미국이 마땅히 유신 체제에 반대할 것을 기대하고 있었음을 간접적으로 드러내고 있다.

이런 미국에 대한 인식은 5·18 광주 항쟁에서도 그대로 나타난다. 당시 광주 시민들 사이에서는 미국이 광주 시민들을 돕기 위해 항공모함을 이동시켰다는 확인되지 않는 소문이 떠돌아다녔으며, 미국이 개입할 때까지 조금만 더 버티면 이길 수 있다는 믿음을 여러 증언에서 찾아볼 수 있다.

광주는 26일 아침부터 술렁이고 있었다. 이 광주 시민의 민주화 투쟁을 지원하기 위해 미 항공모함이 부산에 입항했으므로 앞으로 일주일만 더 버티면 우리는 승리할 수 있다는 내용이 나붙었기 때문이었다. …… 우리의 민주주의 실현을 돕기 위해 그 먼 길을 달려온 미 항공모함의 소식은 무기도 반납하고 정부와 계엄군의 기만책에 다소 침체되어 있던 광주 시민들에게 새로운 활력소가 되었다. …… 역시 미국은 6·25 전쟁에서 우리를 구해 주었고 가난하여 헐벗고 굶주리던 우리에게 먹을 것과 입을 것을 나누어 준, 우리의 절대적 우방이며 세계의 평화를 짊어진 고마운 나라였다(김현태의 증언, 5·18 광주의거청년동지회 편 1987, 124-125).

5·18 광주 항쟁에서 나타난 대중들의 이데올로기는 1970년대의 이런 이데올로기 지형을 염두에 둘 때 충분히 이해될 수 있으며, 이런 점에서는 1970년대 반독재 민주화 운동과 광주 항쟁이 일정한 연속성을 갖고 있다. 반공, 자유민주주의, 미국에 대한 우호적 인식 등은 지배 세력의 지배 이데올로기이자 동시에 1970년대 사회운동의 대항 이데올로기였고,[8] 이것이 광주 항쟁에서도 반복되고 있기 때문이다.

유신헌법 제정과 반대를 둘러싼 논쟁 과정에서 그것을 지지한 세력이나 그것을 반대한 세력이나 모두 '자유민주주의'라는 담화 구조를 사용하였다는 점은 우리의 흥미를 끈다. 즉, 자유민주주의란 지배 이데올로기 혹은 대항 이데올로기라기보다는 일종의 공준이었고 거역할 수 없는 공통의 이념적 자원이었던 셈이다(김동춘 1994, 241).

이와 같이 1970년대 반독재 민주화 운동은 전반적으로 자유민주주의 이데올로기가 주도적이었지만, 이와 약간 다른 맥락에서 형성된 사회운동의 또 다른 주요 대항 이데올로기는 민중주의였다. 1970년대에 민중주의가 형성되는 배경이 된 사건

---

8 박정희 정권 시기에 나타난 이런 자유민주주의의 특징을 '저항적 자유(민주)주의'라고 부를 수도 있을 것이다(문지영 2009, 145).

은 산업화의 '역군'이라고 칭송되던 여공들의 노동조건을 개선하기 위해 노동3권을 세상에 외친 1970년 11월 13일 전태일의 분신, 그리고 역시 산업화의 흐름 속에서 삶의 터전인 고향을 떠나 도시 빈민으로 전락한 가난한 철거민들의 1971년 8월 10 광주대단지 사건이었다. 이 두 사건은 1970년대 지식인들에 의해 민중론이 만들어지고 사회운동에서 민중주의가 확산되는 주요 계기가 되었다. 또한 1975년 5월 13일 긴급조치 9호가 선포되고 7월 9일 사회안전법이 통과되면서 1970년대 후반으로 넘어갈수록 학생과 지식인 중심의 반독재 민주화 운동은 크게 약화되고, 1977년 9월 청계피복 노동자 투쟁, 1978년 2월 동일방직 투쟁, 1979년 8월 YH 여성 노동자 투쟁 등 기층 노동자들의 민주 노조 운동과 생존권 투쟁이 반독재 민주화 운동의 역할을 대체하는 상황이 발생하면서 민중주의는 점차 영향력을 획득하기 시작했다. 1970년대 초반의 민주화 운동이 '학생 부문의 선도 투쟁 → 지식인·재야 운동의 활성화'라는 유형이었다면, 후반에는 '민중 부문의 생존권 투쟁 → 지배 세력의 탄압 → 학생·지식인·종교인들의 정치적 항의를 통한 결합'이라는 유형으로 변화한 것이다.

사실 민중民衆은 고대 중국에서도 쓰이던 것으로 피지배층 일반을 지칭하는 용어였고, 1920년대 한국에서 백성, 인민, 대중, 국민 등과 거의 동일한 의미이면서 동시에 다수의 피지배층을 가리키는 단어로 사용되었지만, 독립운동을 전개한 민족적 공산주의의 영향으로 운동 주체를 표현하는 용어는 민중보다는 오히려 인민人民이었다. 그러나 익히 알려져 있듯이 한국전쟁의 여파로 남한에서 좌파 세력은 거의 완전히 근절되었고 강력한 반공주의는 좌파 사상만이 아니라 인민이라는 표현 자체를 금기로 만들었다. 이런 의미에서 1970년대 민중이라는 용어의 재발견은 인민이라는 용어의 실종에 대한 나름의 대응이었던 셈이다.

하지만 1970년대 민중론과 민중주의에서 민중은 독특한 담론 체계를 갖고 있었다. 그것은 보통명사가 아니라 고유명사로서의 '민중'이었다. 조선 시대 농민들의 전통적 세계관에서 유래하는 민중주의는 사회적 하층에 대한 정서적 유대와 지배 엘리트의 최소한의 도덕성을 요구하는 사상인데, 이것이 1970년대 산업화와 도시화의 물결에서 나타난 인간 소외와 빈부 격차에 비판적인 해방신학 내지 민중 신학과 결합해 등장한 것이 민중론이다(윤건차 2000, 66-70). 하지만 당시 민중론에는 1980년대에 분출하게 되는 급진적인 변혁의 전망이 부재했으며, 다만 더불어 사는 소외 없는 공동체의 확립과 공동체 구성원들의 소박하고 평화로운 삶을 지향하며 무엇보다 도덕적 규범을 중요시했을 뿐이다.[9] 여기서 민중은 노동자, 농민, 도시 빈민 등

---

9 이런 맥락에서 민중주의는 공동체의 전통과 관습을 중시하는 도덕 경제moral economy

가난한 사회경제적 기층 집단을 진보 사관에 입각해 역사 발전의 주체로 상정하는 개념으로, 그에 따르면 민중은 사회의 온갖 모순을 삶으로 경험하며 자생적으로 민중 의식을 체득하는 존재로 이해되었다.[10] 그러나 실제로 민중들이 진보적인 민중 의식을 갖추고 있었다고 보기는 어렵다. 전반적인 민중 의식은 민중론의 기대치를 훨씬 밑돌았기 때문이다. 이는 사회 비판적 지식인들이 빈번히 민중의 현실적인 모습에 '실망'하거나 운동을 전개해 나가는 데 있어서 사실상 그들을 '무시'하는 경향으로 나타났다. 1970년대 경공업 자본주의를 주도한 섬유산업의 여공들을 그저 보호하고 도와줘야 하는 대상으로 인식했던 이유도 여기에 있다(김원 2005). 이는 사실상 '민중 의식을 지닌 진보적인 민중'이 역사적 실체라기보다는 지식인들에 의해 '발명된 공동체'라는 점을 보여 준다.

학생과 지식인들이 민중에 대해 주목하고 사유하기 시작하

와 유사하다(Thompson 1991). 도덕 경제는 물질적인 경제적 관계가 아니라 경제적 관계를 규제하는 도덕적인 규범과 관습을 강조하는 개념이며, 마을 공동체의 관습적인 호혜성의 원리를 방어하려는 농민들의 세계관을 반영하고 있다(스콧 2004).

10   최장집은 민중 개념과 그 범위를 설명하면서 사회경제적 위치로 규정되는 '계급 1'과 정치 이데올로기 차원에서 의식성을 지닌 '계급 2' 사이에서 현실적으로 실재하는 범주라고 개념화한다(최장집 1993, 384-385). 그러나 이런 개념화는 사회경제적 위치와 정치 이데올로기 차원 어디에서도 민중이 명확히 규정될 수 없다는 것을 역설적으로 함의하고 있는 것처럼 보인다.

면서, 사회운동의 대항 이데올로기로서 자유민주주의에 기층 노동자들의 생존권 담론이 일정하게 통합되었다. 즉, 주도적인 대항 이데올로기는 자유민주주의였지만, 여기에 공동체, 도덕 규범, 분배 정의 등을 요구하는 민중주의 담론이 하위 이데올로기로 결합한 것이다.[11]

(2) 1980년대 대항 이데올로기의 급진화

5·18 광주 항쟁은 1970년대 이데올로기 지형의 연장선상에 위치해 있다. 광주 시민들이 갑자기 의식의 고양을 경험하고 인식을 깨우쳐서 투쟁이 일어났다고 볼 수는 없기 때문이다. 하지만 광주 항쟁 이후 이데올로기 지형은 급격히 변동한다. 1970년대 운동과 1980년대 운동을 구분하는 표준적인 논의 가운데 하나

---

11 물론 1970년대에 반독재 민주화 운동과 구별되는 사회주의 운동이 전혀 부재했던 것은 아니다. 특히 남조선민족해방전선(남민전)의 활동이 대표적이다(조희연 1991; 안병용 1990; 정태운 1991). 남민전은 1975년 중반부터 1976년 10월까지 조직 구성을 완료하고 1979년 10월 4일 검거될 때까지 미약하나마 유인물 배포, 악덕 재벌 및 부정 축재자의 재물 탈취(일명 '강도 작전') 등의 활동을 전개했으며, 기본 세력인 도시 노동자를 주력군으로 삼아서 "미·일을 비롯한 국제 제국주의의 일체의 식민지 체제와 그들의 앞잡이인 박정희 유신 독재 정권을 타도하고 민족 자주적이고 민주적인 연합 정권을 수립한다"는 목표를 설정하고 있었다(세계편집부 편 1986, 215). 이는 유신 체제에서 직접적인 사회주의혁명보다 그 선행 단계로 민주 정부를 수립하는 통일전선 운동을 지향하고 있었음을 보여 준다. 그러나 1970년대에 사회주의 운동과 그 대항 이데올로기는 사회적 영향력이 거의 없었다.

는, 1980년 5월 광주 항쟁의 충격으로 인해 1970년대 사회 비판 세력이 공유했던 추상적이고 소박한 민중주의의 한계를 절감하고, 한국 자본주의 분석에서 도출된 계급론에 입각해 운동의 주체를 구체화하는 변혁론을 정립했다는 것이다.

> 민주화 과정에서 발생한 광주 민중항쟁은 경험적으로 지배 이데올로기가 지니는 허위성을 적나라하게 노출시키는 한편, 기존의 저항 이데올로기의 한계를 노정시켰다. 광주 민중항쟁은 우선 제한적이고 형식적 민주주의조차 민중적 역량 없이는 불가능하다는 사실과, 민주 변혁은 형식적 민주주의를 넘어 민중적 민주주의를 지향해야 한다는 사실을 보여 주었다(정해구 1990b, 84).

이와 유사하게 조희연은 "1960년대 사회운동의 인식을 '소시민적' 인식의 단계, 1970년대를 '민중주의'적 인식의 단계, 1980년대를 민중적·혁명적 인식의 단계"로 구분한다(조희연 2003, 105). "통상적으로 1960, 70년대의 사회운동 단계를 소시민적 민주화 운동 단계, 포퓰리즘적 민중운동 단계라고 일컫는 바, 이 단계에서는 근본 변혁에의 전망이 부재한 채로 민주 변혁을 '군사독재 정권의 억압의 완화'나 '민간 정부로의 전환'만으로 인식하는 경향이 지배적"이었지만(조희연 1990, 106), 광주 항쟁을 통해 다음과 같이 사회운동 세력이 새로운 인식으로 나아가게 되었다는 것이다. 첫째, 지배 권력의 폭력성을 드러내 사회운동의 극복 대상에 대한 과학적 인식을 가능하게 했다. 둘째, 지배 권력의 본질에 대한 인식을 통해 사회운동을 변혁 운동으로 정립하는 계기가 되었다. 셋째, 민중의 잠재적 변혁 역량을 확인함으로써 자연 발생적이고 고립분산적인 투쟁을 통일적으로 지도할 목적의식적 전위 세력 및 선도 조직의 필요성이 제기되었다. 넷째, 1970년대 민주화 운동의 계급적 한계를 극복하기 위해 노동계급을 정치적 주력군으로 성장시킬 필요가 대두되었다. 다섯째, 군부 세력에 대한 미국의 지원을 확인해 친미적 세계관이 붕괴하고 반외세 자주화 역량의 확보에 대한 공감대가 형성되었다(조희연 1990, 103).[12]

---

[12] 이기훈은 5·18이 1980년대 학생운동의 급진화를 가져온 이유와 관련해 "학생운동의 자기 근거로서 민중의 재발견"이 가장 중요하다고 평가하면서도(이기훈 2010, 78), 조희연과는 대조적으로 그것이 이미 1970년대 후반 학생운동의 이념 운동, 사상운동에서 발전된 것이라고 주장한다. 1970년대의 전반적인 반유신 운동과 다르게 학생운동의 경우에는 1970년대 후반에 낭만적 도덕주의에서 벗어나 사회과학적 인식과 결합하기 시작했으며, 이는 1975년 긴급조치 9호의 발동 이후 엄혹해진 정치적 상황에서 학생들이 취한 불가피한 운동 방식이었다는 것이다. 대표적인 예로 대학가에서 일본어 학습 열풍이 일었을 정도로 일본의 마르크스주의 이론서들에 심취했고, 해직 언론인을 중심으로 사회과학 출판물들이 대량 출간되기 시작했으며, 또한 당시 널리 읽힌 도서들의 목록을 검토해 보면, 학생들이 종속이론, 마오주의, 제3세계 변혁 이론, 사회주의 계급론, 변증법, 민족 민중 문화 등에 많은 관심을 기울이고 있었음을 알 수 있다고 지적한다(이기훈 2005, 503-511). 1970년대와 1980년대의 질적 단절성보다 연속성을 강조하는 이기훈의 논의는 상당히 설득력이 있으며, 1980년대 사회운동의 이데올로기적 급진화는 이미 1970년대 후반에 그 잠재성potentiality이 예비돼 있었다고 볼 수 있다. 그러나 5·18이 없었다면 그 잠재성은 현실성actuality으로 전환되지 못

이처럼 광주 항쟁의 충격은 사회 비판 세력의 정당성의 상징이었던 추상적이고 소박한 민중론의 한계를 벗어나, 구체적인 자본주의 발전에 착목해 보다 과학적인 분석에 입각해 운동 주체를 정립하는 변혁론의 필요성을 절감케 했다. 여기서 이른바 '1980년대'라고 불리는 사회운동의 시공간이 열리기 시작한다. 한국전쟁 이후 소멸한 마르크스주의가 부활했고, 한국 사회의 형태를 분석하는 치열한 사회구성체 논쟁이 전개되었으며, 그 분석 결과에 기초해서 선차적인 변혁 과제를 어떻게 설정하느냐에 따라 북한의 주체사상을 선례로 삼는 NL(민족해방)과 러시아의 레닌주의를 모델로 하는 PD(민중민주주의)라는 두 거대 정파가 만들어졌다. 사실상 북한 중심의 통일론에 방점을 둔 NL은 기존의 민중론을 민족론으로 이해했고(민족의 핵심으로서 민중), 남한의 독자적 변혁론을 내세운 PD는 그것을 계급론과 결합시켜 노동계급을 중심에 두는 광범위한 계급 동맹론으로 변형시켰다(민중의 핵심으로서 노동계급).

　　1980년대는 …… '혁명의 시대'였다. 사회 진보 세력은 이전의 군부독재 타도란 제한된 틀을 넘어서서 사회 개혁의 목표를 자본주의

했을 것이며, 5·18을 부단히 혁명적으로 재현하려는 시도들이 없었다면 그것은 결국 현실화되지 못했을 것이다.

체제의 모순을 척결하려는 체제 변혁으로까지 확대·심화시키면서 이 '혁명의 시대'의 불을 지펴 나갔다. 그리고 사회 진보 세력이 체제 변혁적 운동을 정향해 가는 과정에서 마르크스주의가 진보적 사회 이론의 중심의 자리에 서게 되었다(이성백 2000, 218-219).

그리고 이 과정에서 5·18 시민군은 저항 세력의 새로운 주체성의 모델로 확립되었다. 1980년 5월 21일 계엄군의 집단 발포 이후 등장한 시민군은 '해방 광주'를 주도한 5·18의 핵심 주체였다. 특히 5월 26일 항전파인 민주시민학생투쟁위원회가 지도부를 구성한 후 공식적으로 결성된 기동타격대는 대부분 사회 하층민들로 이루어져 있었지만, 5월 27일 '최후의 밤'에 끝까지 도청에 남아 광주의 '진실'을 사수했다(안종철 2001; 정재호 2008). 이런 시민군의 형상은 1980년대 군부독재와의 대결을 '내전'으로 의미화하는 과정에서 사회운동 활동가들의 전략적 모델로 설정되었으며, 이는 '투사', '전사', '열사' 등의 주체성으로 재현되었다.

그러나 광주 항쟁에 대한 급진적 평가를 통해 1970년대의 대항 이데올로기로서 자유민주주의와 민중주의가 갖는 한계를 인식하고 이를 극복하려는 지향성이 처음부터 자명했던 것은 아니다. 그것은 사회운동가와 지식인들이 사후적으로 광주 항쟁을 재현한 결과물이었다.

5·18 광주 항쟁에 대한 사회운동 세력의 관점은 처음에는

계엄군의 학살에 맞서 싸운 '광주 시민 의거'라는 것이었다. 이런 명칭은 광주 항쟁을 4·19 이후의 반독재 민주화 운동의 연장선에서 파악해, 자유민주주의의 수호를 위한 시민 의거라고 평가하는 것이다. 이런 평가는 항쟁 1주년인 1981년 5월까지도 견지되고 있었다. 하지만 최초의 급진적 해석이 학생운동권에서 먼저 제기되는데, 그 내용은 1981년 9월 전남대 교내 시위에서 살포된 유인물에 담겨 있다(이용기 1999, 618). 이 유인물에서는 광주 항쟁이 반독재 민주화 투쟁이 아니라 계급 모순이 폭발해 발생한 "5·18 광주 민중 봉기"이며, 기존 운동의 한계를 청산하고 "혁명적인 질적 전환"을 촉구하는 "피의 선언"이라고 주장했다. 그리고 이런 투박하지만 급진적인 해석은 학생운동권의 의식화 학습과 혁명 이론의 모색 과정에서 점차 세련돼지고, 1985년 5월에 전국민주학생연합과 전남대 총학생회를 중심으로 민족·민주·민중이라는 '삼민 이념'과 결합함으로써 '광주 민중항쟁'이라는 명칭이 정식화되기에 이른다(이용기 1999, 619). 여기서 광주 항쟁은 4·19 자유민주주의 혁명이 반독재 투쟁에 머물렀던 한계를 극복하고 외세의 제국주의 침략을 분쇄하려 한 "민중 해방운동"이며, "해방 이후 1970년대 말까지 누적돼 왔던 반봉건, 신식민지로서의 정치경제적 모순"을 타파하고자 했던 "혁명적 민중 봉기"로 이해되었다. 따라서 5·18의 계승은 과학적 혁명운동을 전개해 나가는 것이라는 주장이다.

이와 같은 학생운동권에 의한 급진적 재현은, 1985년 5월

『죽음을 넘어 시대의 어둠을 넘어』가 출간되고 서울 미문화원 점거 사건이 일어나면서 사회적으로 확산되고, 1986년에 민중적 입장에서 한국사를 정리한 『한국민중사』에서는 '광주 민중 항쟁'이라는 명칭이 처음으로 공식화되기에 이른다. 물론 이는 본격적인 학계의 역사서는 아니어서 학술적 근거와 논리를 갖추지는 못했다. 하지만 1987년 6월항쟁 이후 열린 민주화 분위기에서 5·18에 관한 자료집, 회고록, 증언록 등이 쏟아져 나오면서, 이를 기반으로 1989~90년에 광주 항쟁에 대한 학계의 평가 작업이 집중적으로 진행되어 본격적인 학술서들이 등장하고, 학생운동권과 활동가들의 급진적 재현이 보다 체계화하는 계기를 마련한다. 그리고 이 시기에 비로소 시민 항쟁, 시민전쟁, 민중항쟁, 프롤레타리아혁명 등등의 다양한 주장들이 제기되면서 광주 항쟁의 성격과 주체에 대한 논쟁이 활발히 전개되기 시작했다(강현아 2004b, 127-128).

이와 같이 광주 항쟁에 대한 급진적 재현은 항쟁 직후부터 당연한 듯이 등장한 것이 아니라 거의 10여 년에 걸쳐 대학생과 지식인 사이에서 벌어진 논쟁의 산물이었다. 여기서 중요한 역할을 한 것은 역시 학생운동 조직이다.

광주 학살의 비극을 겪고 난 우리는 윤상원과 광주 민중의 죽음을 애도하며 학생운동 재편에 나섰다. 이선근과 박성현으로부터 학내 상황을 자세히 듣고 난 뒤, 반독재 투쟁을 주도적으로 전개하면서 노동자 조직과 연내힐 수 있는 조직을 건설하기로 결정했다. ……
현장 준비를 위해 투쟁을 기피하는 노선은 설득력을 상실했던 것이
다(이태복의 증언, 전명혁 2007, 173에서 재인용).

5·18 광주 항쟁 이후 학생운동 진영에서는 무림-학림 논
쟁이 본격적으로 전개되었고, 준비론을 제시한 무림보다는 선
도적 투쟁 및 노동자 조직과의 결합을 주장하는 학림이 전반적
으로 학생운동을 주도했다. 물론 무림-학림이라는 학생운동 내
부의 대립적인 조직적 경향은 이미 1970년대 말에 형성되었다
고 볼 수 있지만(이기훈 2005, 508-509; 전명혁 2007, 171), 그
논쟁 구도의 급진적 전환은 5·18 광주 항쟁을 빼놓고 설명할 수
없다. 이는 선도적이고 전투적인 투쟁이 아니라면, 광주 항쟁을
계승할 수 없다는 분위기가 팽배했음을 짐작케 한다. 그만큼 광
주의 비극은 '살아남은 자의 슬픔'처럼 학생들에게 죄책감과 부
끄러움, 의무감을 심어 주었던 것이다.[13] 이와 같이 "저항 행동
참여자들이 자기 자신에 대해 갖는 참회, 죄책감, 수치심 등의
내향적·부정적 도덕 감정이 적대자 집단에 대한 외향적·부정적

---

[13] 이는 물론 학생들의 것만은 아니었다. 예컨대 조정래는 이렇게 고백한다. "[신군부의]
폭력 앞에서 작가라는 존재는 무력하고 초라하기 짝이 없었습니다. 무력의 공포 앞에 각개
격파된 우리 모두는 살아남은 자의 죄의식 위에 비겁의 침묵까지 쌓아 올리고 있었습니다"
(조정래 2009, 203).

도덕 감정과 동시에 작용"했으며, "이러한 부끄러움과 죄책감은 광주 항쟁 이후 십여 년에 이르도록 민주화 운동의 참여자들에게 대단히 중요한 행동의 동기가 되었다"(신진욱 2007, 225).[14]

대학생들의 경우 1950~60년대 일부 학생 서클에 기원을 두는 소규모 의식화 조직들이, 1970년대 중반부터 본격적으로 형성되면서 민주화와 민중운동에 관한 치열한 이론투쟁을 내부적으로 전개하며 차츰 대항 이데올로기를 만들어 갔다. 유신 체제의 성립으로 대부분의 서클이 비합법화되는 억압적 정치 상황은 오히려 소규모 의식화 조직의 성장을 촉진하는 계기가 되었다. 5·18 광주 항쟁 이후 소규모 의식화 조직은 교내 시위, 유인물 살포, 학내외 소요 등을 일으키며 더욱 급속하게 확산되었고, 1980년대 초에는 전체 신입생들의 70~80퍼센트 정도를 조직화하거나 연계를 맺을 만큼 양적·질적으로 성장했다. 또한 1983~84년에 이르면 비합법적 의식화 조직 외에 공개적인 과별 학회나 서클 등 공개된 대중조직에도 진출해 유사한 의식화

---

14 이것은 1980년 광주에서 경험한 극단적 국가 폭력의 결과이다. 이는 국가(폭력)에 대한 저항의 정당성을 일깨웠고, 학생과 지식인들에게 자괴감으로 작용해 사회운동을 과격화, 급진화시켰으며, 국가 자체에 대한 근본적인 문제 제기를 가능하게 했다. 그리고 이것이 사회운동권에서 급진 민주주의, 민중주의, 반미주의를 확산시키는 문화적 원천이었다(조대엽 2003, 186). 하지만 5·18에서 국가 폭력에 대한 학생들의 경험은 1940~50년대 부모 세대가 겪은 국가 폭력에 대한 체험과도 결부돼 있으며, 그에 대한 가족적 소통이 1980년대 급진적인 학생운동 활동가를 배출하는 한 요인이었다(이희영 2005).

프로그램을 가동했으며, 대학 전체가 대규모 의식화 학습장이

되었다고 해도 과언이 아닐 정도였다(김원 1999; 은수미 2003).

　　이와 같은 조직적 기초 위에서 진행된 1980년대 모든 주요

논쟁은 혁명을 주제로 삼고 있었다. 주화론(현장론)과 주전론(정

치투쟁론), 무림과 학림 간의 논쟁을 시초로 하여, 야비(『야학 비

판』)와 전망(『학생운동의 전망』) 간의 논쟁을 거치며 이후 수많은

소책자 논쟁들이 전개되었다. 이런 논쟁들의 주요 쟁점은 지도

노선, 전위 조직, 선도적 정치투쟁, 노동 현장으로의 이전 등이

었고,[15] 이는 의식화 학습 프로그램과는 별도로 대학생들의 의

식화에 기여했다. 이런 기반 위에서 이른바 CNP 논쟁, NL-PD

논쟁 등 사회구성체 논쟁이 본격화할 수 있었던 것이다.

　　결론적으로 1980년대 학생운동 의식화 조직들은 지속적인 이념 논

15　대학생들이 노동 현장으로 이전해야 한다는 논리는 다음과 같았다. "1970년대에 들어
서서 지식인들은 여러 가지 방법으로 이 나라의 심각한 노동문제 해결의 길을 모색했지만
노동문제를 피상적으로 인식했거나 적극성이 결여되었거나 책임성이 부족했거나 하는 결
점들이 지적되곤 했다. 이러한 결점들을 극복하면서 문제 해결의 길로 한걸음 더 나아가기
위해서는 노동자들이 실제로 처한 상황을 보고 체험하면서 자신의 노동문제에 대한 인식을
새로이 하고 실천 가능한 문제 해결 방법을 하나하나 발견해 나가야 하며, 민중을 향한 뜨거
운 정열로써 자신들의 자세를 가다듬고 적극적이고 과감한 실천의 노력을 지속시켜야 할 것
이다. 그런 노력의 첫걸음으로서 우리의 공장 활동의 필요성이 주어지는 것이다"(서울대학
교 민중생활조사위원회, 『공장활동지침서』(1984), 민주화운동기념사업회 오픈아카이브
archives.kdemo.or.kr/isad/view/00088251).

쟁을 통해, 첫째 한국 사회에서의 혁명의 필요성과 이를 위한 이념 정립을 촉구하고, 둘째 특히 학생운동이 전체 혁명 운동적 시각을 가질 것을 주장하였으며, 셋째 한국 사회의 성격, 혁명의 전망 및 전략을 분명히 함으로써 이후 사회구성체 논쟁의 토대를 놓았고, 넷째 한국 사회의 혁명을 통일과 연결시킴으로써 한반도 차원으로 시야를 넓힘으로써 대항 이데올로기의 형성 및 유포의 주역으로 떠오른 것이다(은수미 2003, 219).

물론 이와 같은 소규모 의식화 조직을 중심으로 한 학생운동 내의 대항 이데올로기 형성은 1980년대 중후반의 사회구성체 논쟁처럼 제도 학계와 지식인들의 개입으로 이어지며 활발히 전개되기는 했지만, 이것이 학생과 지식인을 넘어 대중들의 수준에서도 폭넓게 확산되고 수용되었다고 하기는 어렵다. 그러나 1980년대만 해도 학생과 지식인은 사회적 지위와 권위를 누리고 있었기 때문에 대중들은 학생과 지식인의 발언에 깊은 관심을 갖고 있었고, 이것이 억압적인 정치 상황과 결부되어 대중들이 지식사회의 대항 이데올로기에 민감하게 반응했다고 볼 수는 있다. 그러나 대외적으로 1989~91년 현실 사회주의권이 몰락하고, 대내적으로 1987년 6월항쟁 이후 민주화 과정의 작은 분수령이었던 1991년 5월 투쟁에서 패배하면서 민중운동 세력은 점차 영향력을 상실해 갔고(김정한 1998), 대항 이데올로기의 진원지로 구실했던 사회구성체 논쟁도 별다른 성과 없이 종결되었다.

1980년대 말부터 학생운동 진영만이 아니라 제도권 지식 사회에서도 쏟아져 나오기 시작한 5·18 광주 항쟁에 대한 급진적 재현은 사회구성체 논쟁의 갑작스런 소멸과 함께 수면 아래로 가라앉았다. 그 대신에 1987년 6월항쟁 이후 집권한 노태우 정권부터 5·18 담론을 정부와 국가가 수용하고 포섭하는 경향이 나타나기 시작한다. 전재호(1999)에 따르면, 이는 네 단계로 구분해 설명될 수 있다. ① 1980~83년은 5·18 담론을 국가가 독점하면서 반정부, 용공, 좌경이라는 내용으로 공식화하는 시기였으며, ② 1984~87년 동안에는 군부독재에 맞서는 대항 세력이 5·18 진상 규명과 국가 차원의 복권, 광주 학살 책임자 처벌, 대통령 직선제 개헌 등의 내용을 담고 있는 '대항 5·18 담론'을 제기했고, ③ 1987~92년에는 정치사회에서 노태우 정부와 야당, 민주화 운동 세력 등이 5·18 담론의 실천을 둘러싸고 대결 구도가 형성되었으며, ④ 1992~97년에는 김영삼 정부가 정략적으로 12·12 쿠데타를 기소하고 5·18 특별법을 제정하는 등 국가 주도로 5·18 담론을 실천하는 시기였다. 그러나 이렇게 광주 항쟁이 정작 국가에 의해 공식적으로 승인되고 제도화될수록 5·18 담론의 저항적 상징성은 차츰 사라져 갔다. 이런 과정은 5·18 담론이 일정한 왜곡과 축소를 동반하며 지배 이데올로기 내부로 포섭되고 국가적으로 제도화될 때, 대항 이데올로기로서의 효과는 감소할 수밖에 없음을 보여 준다.[16]

이와 더불어, 5·18 광주 항쟁의 강력한 감화력에 힘입어 1980년대에 5·18 시민군을 모델로 삼아 혁명적 주체성을 꿈꾸었던 이른바 386세대는 사회운동에서 이탈해 민주 정부에 참여하거나 그와 밀접한 관계를 가진 시민단체에 관여하면서 점차 지배 엘리트로 통합되었으며, 이제 민주화가 아니라 신자유주의적 개혁을 앞장서 추진하기에 이르렀다(최장집 2006).

3. 5·18의 부활을 위하여

5·18 광주 항쟁 자체는 1970년대 반독재 민주화 운동과 연속적이었지만, 또한 그와 단절적인 1980년대 혁명적 대항 이데올로기의 원천이었다. 5·18을 '혁명'으로 재현하는 과정에서 선도적인 역할을 수행한 것은 학생운동이었으며, 이는 5·18 광주 항쟁이 실패한 지점에서 그것을 반복함으로써 자유민주주의를 뛰어넘는 새로운 사회를 건설하려는 시도였다. 그리고 이로부터 1980년대라고 불리는 독특한 정치적 시공간이 창출되었다.

---

16 정일준(2004, 109)은 5·18 담론이 국가에 의해 승인된 후부터 저항 담론에서 국가 담론의 일부로 전환되어 국가가 위로부터 부과하는 담론이 되었고, 국가 안보나 경제 발전 등과 같은 여러 국가 담론 가운데 하나가 됨으로써 특권적인 지위를 상실했으며, 민중 담론과 같은 저항 담론과 어떻게 접합시킬 것인가 하는 문제가 대두되었다고 지적한다.

대학가에는 수많은 소규모 의식화 조직들이 범람했고, 마르크스주의를 비롯해 좌파 사상들이 복권되었으며, 사회과학 출판계는 유례없는 호황을 누렸고, 사회운동의 거의 모든 논쟁의 화두는 '혁명'의 둘레를 맴돌았다. 이는 또한 5·18 시민군을 전략적 모델로 삼아 투사, 전사, 열사 등의 주체성과 스스로 정체화하는 과정이기도 했다. 5·18은 학생과 지식인, 나아가 대중들이 마르크스주의로 대표되는 급진적 이데올로기를 보다 쉽게 수용할 수 있게 되는 주요한 결절점이었다. 그러나 문민정부, 국민의 정부, 참여정부 등으로 이어지는 민주 정부에 의해 5·18이 '민주화 운동'으로 제도화되면서, 5·18의 혁명적 재현이 발휘한 사회적 영향력은 급속히 소멸되었다.

국가의 민주화 담론에 포섭된 5·18은 반독재 민주화 운동이라는 제한적 의미로 축소되었으며, 이는 독재 정권이 더 이상 존재하지 않고 정치적 민주화가 확립된 상황에서는 5·18의 저항적 보편성이 갖는 현재적 의의를 발견하기가 어렵다는 것을 의미한다. 물론 한국의 정치 지형이 여전히 민주-반민주 구도(이른바 '87년 체제')로 이루어져 있다는 견해도 있지만(김종엽 2009), 특히 1997년 외환 위기 이후 신자유주의-반신자유주의를 대립항으로 하는 진보-보수 구도(이른바 '97년 체제')가 중심축으로 형성되었기 때문에(손호철 2009), 이런 맥락에서 보자면 민주-반민주 구도를 전제하는 민주화 담론을 통해 5·18의 정치적 저항성을 유지하려는 시도는 시대착오적일 뿐만 아니라

5·18에 담겨 있는 상징적 보편성을 오히려 제약하는 일이 아닐 수 없다.

물론 5·18을 혁명적으로 재현하는 것은 불가능한 몸짓이었다. 무엇보다 1980년 5월의 그날에 대부분의 광주 사람들이 내면화하고 있던 이데올로기와는 멀리 떨어져 있었기 때문이다.[17] 그 거리만큼 혁명적 재현을 통해 학생과 지식인이 아닌 대중들을 호명하는 데에는 한계를 가질 수밖에 없었다. 그러나 혁명적 재현이 실패하는 과정은, 5·18을 '민주화 운동'으로 담론화하는 데 성공하는 과정의 이면이었고, 이와 같은 실패와 성공의 교착이 낳은 궁극적 효과는 5·18 광주 항쟁에 담겨 있던 저항적 상징성의 소실이다. 이것이 오늘날 우리가 목도하고 있는 5·18 광주 항쟁의 망각과 죽음이 아닌가? 5·18의 혁명적 재현의 실패가 곧 5·18 자체의 죽음으로 귀결한 것이 아닌가? 그러

17　최근 5·18 광주 항쟁이 박정희 정권의 발전주의가 신자유주의로 전환하는 과정에서 발생한 한국 최초의 반신자유주의 투쟁이었다는 주장이 제기되고 있다(윤소영 1999; 손호철 2009; 조정환 2010; Katsiaficas 2006). 세계사적인 자본주의의 구조적인 전환이 1980년에 일어난 광범위한 저항의 근본 원인이었다는 것이다. 물론 당시 대중들은 신자유주의를 전혀 인식하지 못하고 있었다는 점에서(심지어 지식인들의 사회구성체 논쟁에서도 신자유주의는 전혀 인식되지 않았다는 점에서) 이와 같은 해석은 한계가 있다. 그러나 이런 한계에도 불구하고, (대중들의 이데올로기가 아니라) 정치경제학 차원에서 5·18 광주 항쟁의 성격을 분석하는 작업은, 특히 5·18의 최대 수혜자라고 할 수 있는 민주 정부들이 앞다퉈 신자유주의를 추진했던 역사적 오류를 강력히 비판할 수 있는 주요 준거점이 될 수 있다.

므로 어쩌면 5·18 광주 항쟁의 진정한 '부활'은, 그것을 다시 우리 시대에 어울리는 새로운 혁명의 기획, 그에 대한 열정 및 상상력과 결합시킬 때 가능한 것일지도 모른다. 1980년대의 혁명적 재현은 실패했지만, 자본주의와 자유민주주의에 대항해 그보다 더 좋은 새로운 사회를 만들기 위해 우리는 그것을 반복해야 한다.

7장

5·18 무장투쟁과
1980년대 사회운동

대항 폭력의 과잉과 반폭력의 소실

1. 시민군의 무장투쟁

1980년대의 사회운동은 5·18 광주 항쟁에서 시작되었다. 그것은 1970년대 사회운동의 한계를 넘어서는 전범으로 받아들여졌고, 1980년대 '혁명의 꿈'을 꾸는 모든 이들에게 상상력의 원천이었다. 5월 27일 새벽 계엄군의 도청 진압을 눈앞에 두고 윤상원은 최후 항전의 역사적 의미를 이렇게 되새기고 있었다.

여러분, 우리는 저들에 맞서 끝까지 싸워야 합니다. 그냥 도청을 비워 주게 되면 우리가 싸워 온 그동안의 투쟁은 헛수고가 되고, 수없이 죽어 간 영령들과 역사 앞에 죄인이 됩니다. 죽음을 두려워하지 말고 투쟁에 임합시다. 우리가 비록 저들의 총탄에 죽는다고 할지라도 그것이 우리가 영원히 사는 길입니다. 이 나라의 민주주의를 위해 끝까지 뭉쳐 싸워야 합니다. 그리하여 우리 모두가 불의에 대항해 끝까지 싸웠다는 자랑스러운 기록을 남깁시다. 이 새벽을 넘기면 기필코 아침이 옵니다(박호재·임낙평 2007, 406-407).

윤상원의 말은 옳았다. '죽음은 영원히 사는 길'이라는 윤상원의 유언처럼, 광주 항쟁은 매년 '5월 운동'으로 반복되었고 1980년대 사회운동의 형식과 방법에 큰 영향력을 행사했다. 더구나 한국전쟁 이후 최초로 총을 들고 무장한 시민군의 형상은 커다란 사회적 충격이었으며, 궁극적으로 사회운동이 본 받아야 할 한국적 혁명의 모델과 지향이라 여겨졌다.

하지만 5·18 광주 항쟁이 법적·제도적 차원에서 국가의 공식적인 민주화 운동으로 정착하는 과정에서 무장투쟁의 역사적 의의는 재평가되지 못한 채 슬그머니 담론 지형에서 사라졌다. 물론 공수부대의 만행에 총을 들고 맞서야 했던 불가피성과 정당성은 인정되고 있지만, 이 경우에 시민군은 적극적인 항쟁 주체라기보다는 국가 폭력의 수동적인 희생자로 묘사되곤 한다.[1] 1980년대 '항쟁 담론'이 1990년대 이후 '희생 담론'으로 교체된 것이다. 이는 마치 세상을 바꿀 혁명의 주역에서 일방적인 피해자로 전락할 때만 무장투쟁이 사회적으로 승인될 수 있었던 것처럼 보인다.

시민군의 무장투쟁을 한국적 혁명의 모델로 삼는 시대와 그 무장투쟁에 관한 이야기가 희생자 담론에서만 정당화되는

---

[1] 국가에 의한 '5·18 민주 유공자' 규정과 관련 법률 제정은 시민들의 희생과 피해에 초점을 맞추면서 항거와 항쟁의 가치를 약화시켰고, 이는 각종 5·18 기념 시설들에도 대부분 반영돼 있다(정호기 2010).

시대 사이에는 1980년대 사회운동의 실추가 놓여 있다. 1980년대 사회운동은 5·18 무장투쟁을 해석하고 재현하면서 대항 폭력counter-violence을 과도하게 특권화하는 방향으로 나아갔으며, 이를 통해 '적과의 전쟁'을 중심에 두는 정치적 논법과 운동 문화를 형성시켰다. 이 글에서는 1980년대 사회운동이 대항 폭력을 특권화하는 과정과 효과를 살펴보고, 무장투쟁에도 불구하고 대항 폭력으로 환원할 수 없는 시민군의 반폭력의 계기들을 재구성해 보고자 한다.

2. 1980년대 대항 폭력의 특권화와 그 효과

(1) 5·18 무장투쟁과 대항 폭력의 특권화

5·18 무장투쟁이 한국 사회에서 상상하기 어려운 새로운 투쟁 형태였다는 데에는 의문의 여지가 없다. 해방 직후의 좌우 대립과 한국전쟁을 겪으며 무수한 학살이 자행되었고, 박정희 대통령의 군사독재와 유신 체제에서 강력한 반공주의를 앞세운 폭압적 탄압이 일상화된 상황에서 저항적 지식인이나 활동가들이 무장을 사고한다는 것은 불가능한 일이었다. 일찍이 '빨치산'의 경험을 갖고 있는 박현채는 5·18의 역사적 의의 가운데 하나로 "민족 민중적 요구의 계기에 있어서 마지막 단계인 무장투쟁의

단계를 구체화시킴으로써 오랜 기간의 금기를 깨고 이것을 정당화시켰다"라고 평가했다(박현채 2007, 55-57). 이와 유사하게 김세균·김홍명도 "민중의 무장 단계는 오랫동안 견지해 온 금기의 영역을 깨뜨리고 투쟁의 최고 형태인 민중의 무력 문제를 전면에 부각시켰다"라고 지적한 바 있다(김세균·김홍명 2007, 418). 무장투쟁은 사회운동에 관한 사고의 금기를 허물고 인식론적 전환을 촉발했던 것이다. 따라서 5·18의 한계로 시민들의 자발적인 무장투쟁을 뒷받침해 더 견고한 투쟁으로 상승시키지 못한 '총괄 조직의 부재'와 '지도력의 빈곤'을 제시하는 것은 자연스럽다. 이 때문에 무장투쟁은 "강요된 자구 행위"에 머물렀으며 "투쟁 형태에서는 높은 차원의 무장투쟁으로 되면서도 그것이 제기하는 요구는 낮은 차원에 한정된 것"이었다고 평가하면서(박현채 2007, 45), "민중 자신의 무장이 감성적 분노의 수준을 넘어 기존 지배 구조에 대한 변혁"으로 나아가야 한다고 요청한다(김세균·김홍명 2007, 417).

이런 관점을 보다 자세히 논변하는 김창진은 무장투쟁이 "특정 사회에서 지배층과 피지배층의 대립으로 현상화하는 사회적 모순 구조를 혁파하고 변혁을 지향하는 민중 세력 및 그 전위부대가 추구하는 정치투쟁의 최고의, 최후의 폭력적 투쟁 형태"이며, 5·18의 무장투쟁을 통해서 "이제 민주화 세력은 운동 과정에서 군부에 대한 자극을 회피하거나 또는 그것을 하나의 돌출적 변수로서 간주할 수 없게 되었으며, 대립과 극복의 상수로서 적극적 인식을 가지지 않으면 안 되게 되었다. 광주 항쟁은 그런 점에서 우리에게 하나의 '살아 있는 역사 교과서'인 셈이다"라고 진단한다. 그에 따라서 "결정적으로는 무장 역량이 기존의 지배 질서를 단지 일시적으로 마비시키는 것으로는 충분하지 않으며 끊임없이 되살아날 수 있는 '반동'의 공세를 격퇴할 수 있을 정도로 강화되지 않으면 안 되는 것"이며, "'무장투쟁'이라는 가장 고차적인 투쟁 형태를 담보해 낼 수 있을 만큼 민중 세력과 그 지도부의 의식 수준이 제고"돼야 한다고 결론 내린다(김창진 2007, 157, 197-198). 이는 무장투쟁을 정치혁명의 문제틀로 이해하고, 기존의 사회질서를 변혁하려는 지배자와 피지배자의 대립은 필연적으로 무력 충돌로 발전할 수밖에 없으며, 따라서 무장 역량을 강화하는 것이 사회운동의 주요 과제라고 판단하고 있음을 시사한다.

이처럼 무장투쟁을 '최고의, 최후의 필연적인 투쟁 형태'로 보는 입장은 사노맹의 이정로에 의해 가장 급진적인 선언으로 나타난 바 있는데, 그는 5·18 무장봉기에서 구체적인 전략과 전술을 배워야 하고, 먼 미래의 일이 아닌 당면 과제로서 실제 기술적으로 무장을 준비해야 한다고 주장했다. "혁명은 지배자의 폭력에 대항하는 피지배자의 정의의 전쟁이다. 광주에서 경험했듯이 반동 권력은 우리 노동자와 민중의 가슴에 총을 겨누는 것을 서슴지 않는다. 우리가 수행하는 이 혁명 투쟁에서 억압자의 폭력과 착취자의 폭력을 근본적으로 종식시키기 위한 유일한 방법은 우리 자신의 힘으로 자신을 지킬 뿐만 아니라 지배자의 권력을 무장해제시키는 민중적 무장의 길밖에 없다"(이정로 1989).

물론 5·18 무장투쟁에 대한 이와 같은 관점과 논법이 일반적인 것이었다고 하기는 어렵다. 예컨대 장을병은 기층 민중이 광주 항쟁에 선도적으로 참여하고 최후까지 무장투쟁을 전개했다는 점에서 사회문제 해결의 주체라고 확인하면서도, 무장투쟁은 계엄군의 참혹한 대학살에 대항하는 자기방어적 정당성을 갖고 있지만, "그것이 곧바로 민주화 운동에 무장투쟁이라는 운동 형태가 필연적임을 의미하지는 않는다"라고 전제한다. "무장투쟁은 일반적이라기보다는 예외적 상황으로 이해해야 하며 가능한 한 피해야 할 것임이 분명하다"라는 것이다(장을병 2007, 396). 이런 간극은 5·18을 하나의 혁명 모델로 보는가, 아니면 보다 온건한 민주화 운동의 일환으로 보는가의 차이에서 기인하지만, 또한 무장투쟁이 필연적이고 필수적인 투쟁 형태인가, 아니면 불가피한 상황의 우연적이고 예외적인 산물인가 하는 쟁점도 결부돼 있다.

하지만 5·18 광주 항쟁의 비참한 진압, 특히 최후 항전의 비극에서 1980년대 사회운동이 도출해 낸 교훈은 운동 주체로서의 민중(그 핵심으로서의 계급), 민중을 결집하고 동원할 수 있는 강력한 조직, 이를 뒷받침하는 급진적 이론과 전략 등으로 수렴되었다. 광주 항쟁은 전두환 군사독재 시기에 저항 투쟁이 지속적이고 전투적으로 수행되도록 하는 도덕적·정신적 추동력이었으며, 이 과정에서 국민국가와 현대자본주의를 변혁하는 급진적이고 혁명적인 사회운동의 전망과 과제에 관해 새로운 인식을 요청하는 논쟁들을 촉발했다(조희연 2002, 113-114).[2] 특히 5·18 이후 학생운동 부문에서는 1970년대 말의 주화론(현장론)과 주전론(정치투쟁론)의 연장선상에서 무림(준비론)과 학림(선도 투쟁론), 야비(『야학 비판』, 대중조직 건설과 현장 이전론)와 전망(『학생운동의 전망』, 당면 정세에 개입하는 선도적 정치투쟁론) 사이의 논쟁들이 일어났고, 그 주요 쟁점들이 지도와 대중, 전위조직과 대중조직, 선도적 정치투쟁과 노동 현장으로의 이전 등이었다는 점에서 알 수 있듯이 핵심적인 화두는 '혁명'의 주위를 맴돌고 있었다. 더구나 광주 항쟁의 경험은 직접적이고 전투적이며 때로는 과격한 정치투쟁 노선이 발언력을 강화하고 논쟁을 주도하는 분위기를 만들어 냈으며, 비합법 의식화 조직 외에도 공개적인 학회와 서클 등을 통해서 대학 전체가 대규모 의식화 학습장이 되어 갔다. 이와 같은 혁명에 대한 공감, 이를 둘러싼 이념 논쟁, 혁명의 전망과 전략 등에 대한 집단적 사고와

---

2 조희연은 1980년대 사회운동이 새롭게 정립한 문제의식을 "지배 권력의 폭력성에 대한 인식과 사회운동의 혁명적 운동으로의 전환의 당위성, 대중의 자연 발생적 투쟁을 지도할 전위 세력 및 전위적 조직의 필요성, 저항운동의 주력이 기층 민중으로 전환돼야 할 필요성, 남한 국가의 대미 종속성과 반미주의적 투쟁의 중요성" 등으로 정리하고 있다(조희연 2007, 114, 주 50).

의식화 활동은 1980년대 중후반 이후 대학과 지식사회에 몰아친 CNP 논쟁, NL-PD 논쟁 등 한국 사회 성격(또는 사회구성체) 논쟁의 토대로 기능했다(은수미 2003, 219).[3] 이는 또한 5·18 광주 항쟁의 사후 효과로서 마르크스주의와 사회주의가 사회운동에서 중요한 이념으로 복원되는 계기를 이룬다.

투쟁 형태와 관련해서도 5·18 무장투쟁의 효과는 지대했다. 1970년대 사회운동의 소규모적이고 방어적인 수준을 넘어서 보다 조직적이고 전투적인 방식을 모색해야 한다는 인식이 널리 수용되었다.

> 실질적으로 1970년대 민주화 운동의 방식 대부분은 자신의 안전을 위한 자위적 수준이었고, 대체로 대학 캠퍼스와 노동 현장에서 이루어졌으며, 가두시위가 전투적으로 진행된 경우도 별로 없었기 때문이다. 그러나 5·18 민중항쟁 기간 동안 발생한 시민군의 무장투쟁은 부당한 국가 폭력에 맞선 시민들의 무장투쟁이 저항 폭력으로서 정당화되는 직접적인 계기를 마련해 주었다. 이를 통하여 1980년대 민주화 운동은 과거 방어적 양식의 민주화 운동 방식에서 벗어나 국가권력의 폭력에 대응하여 보다 전투적이고 조직화된 적극적인 운동 방식으로 변모하였다(이동윤·박준식 2008, 41).

---

3 자세한 내용은 이 책의 6장 참조.

1980년대 사회운동에서 5·18 무장투쟁은 정당성을 가진 대항 폭력으로 이해되었고, 이런 맥락에서 "비폭력이나 시민 불복종을 통한 저항 방법은 지나치게 오랜 시간이 걸리고 다수의 희생을 가져온다는 측면에서 효과적인 운동 방식이 될 수 없었으며, 국가권력의 권위나 정당성이 상실된 상황에서 저항 폭력은 부당한 국가 폭력에 항거하는 효과적 수단으로 인식되었다" (이동윤·박준식 2008, 42). 요컨대 5·18 광주의 비극과 무장투쟁이 비폭력을 타협적이거나 굴욕적인 것으로 간단히 폄하하고 대항 폭력을 특권화하는 이론, 전략, 이데올로기의 원료로 기능했던 것이다. 5·18을 평가하면서 무장투쟁을 '최고의, 최후의 필연적인 투쟁 형태'로 규정하는 것은 혁명의 문제 설정을 도입하면서 대항 폭력을 정당화하고 특권화하는 과정의 논리적 귀결일 뿐이었다. 이는 물론 극단적인 국가 폭력의 경험에 기초한 것이었고, 대항 폭력의 특권화는 그에 대한 반정립이었던 셈이다.

(2) 1980년대 대항 폭력의 효과

5·18 광주에서 자행된 공수부대와 계엄군의 잔혹한 학살과 만행은 극단적 폭력의 체험과 기억을 한국 사회에 비극적인 유산으로 물려주었다. 극단적 폭력은 구조적 폭력(예컨대 국가권력의 합법적 폭력 독점, 자본주의적 과잉 착취, 정체성을 규율하는 상징적 폭력 등)을 초과하는 폭력이며, 구조적 폭력에 대항하는 저항의

정치 자체를 불가능하게 만드는 잔혹한 폭력이다.[4] 이와 같은 극단적 폭력은 그 가해자가 전능하고 그 피해자가 무기력하다는 환상을 형성함으로써 저항자들의 대항 폭력이 또 다른 극단적 폭력을 지향하는 경향을 재생산한다.

1980년대에 극단적 폭력과 그에 저항하는 대항 폭력의 원환 효과는 우선 자살적 대항 폭력으로 나타났다. 자살적 대항 폭력은 극단적 폭력으로 인해 정치의 가능성이 소멸하는 상황에서 능동적인 주체성과 집단적인 연대의 정치를 발견하지 못한 채 자기 자신을 파괴함으로써 저항하는 것을 가리킨다.[5]

5·18에 대한 최초의 저항은 1980년 5월 30일 서강대 학생 김의기의 투신이었다. 그는 서울 기독교회관에서 5·18의 학살을 비판하는 유인물("동포여, 우리는 지금 무엇을 하고 있는가?")을 뿌리며 자신의 목숨을 내던졌다. 지배자의 전능함과 피지배자의 무력함 사이에서 저항과 자살을 동시에 선택했던 것이다. 또

---

4 자세한 내용은 이 책의 8장 참조.

5 "지배와 폭력의 관계가 치유할 수 없을 만큼 각인된 세계와 역사 속에서 정치의 가능성은 본질적으로 저항의 실천과 연계돼 있다. 그러나 이때의 저항은 단지 기성 질서에 대한 반대와 정의의 옹호 같은 부정적 의미의 저항일 뿐만 아니라 능동적 주체성과 집합적 연대가 형성되는 '장소'라는 적극적 의미의 저항이기도 하다. 좀 더 정확하게 말한다면 극단적 폭력의 고유성은 이런 가능성을 소멸시키는 경향, 곧 개인과 집단을 완전히 무기력한 상태로 환원시키는 경향인데, 서로 상이한 형태를 띠는 폭력만이 아니라 자살적인 대항 폭력 역시 극단적 폭력의 일부를 이루고 있다"(발리바르 2012, 118).

한 1980년 6월 9일에는 노동자 김종태가 광주 학살에 분노하며 "유신 잔당 물러가라", "노동3권 보장하라" 등을 외치고 이대 사거리에서 분신했으며, 1981년 5월 27일 서울대 학생 김태훈은 광주 항쟁 희생자 위령제 도중에 "전두환 물러가라"를 외치며 도서관에서 투신했다. 그 후에도 1980년대에 분신과 투신은 유력한 저항의 방식을 형성한다. 1970년대 분신, 할복, 투신이 각각 1명이었던 것과 대조적으로, 1980년부터 1992년까지 전두환·노태우 정권에서 분신 53명, 할복 1명, 투신 11명이었다는 사실은 이를 잘 보여 준다(김원 2011, 318-319).

1980년대 사회운동에서 나타난 또 다른 대항 폭력은 일종의 테러리즘이었다. 1980년 12월 9일 가톨릭농민회 소속 농민회원들의 주도로 일어난 광주 미문화원 방화 사건은 신군부 세력의 쿠데타를 용인하고 5·18 학살을 방조한 미국을 비판하는 반미주의의 서막이었다. 또한 1982년 3월 18일 고신대 학생 문부식의 지휘로 일어난 부산 미문화원 방화 사건은 "미국은 더 이상 남조선을 속국으로 만들지 말고 이 땅에서 물러가라", "민주주의를 원하는 광주 시민들을 무참하게 학살한 전두환 파쇼 정권을 타도하자"라는 성명서를 발표하며 반미 투쟁, 파쇼 정권 타도를 공개적으로 주장했을 뿐만 아니라 당시 건물 안에 있던 동아대 학생이 사망함으로써 커다란 사회적 충격을 불러일으켰다.[6] 이와 같은 테러리즘은 지배 세력의 폭력에 맞서는 폭력적 저항이 항상 정당하다는, 또는 목적이 수단을 정당화한다는 전형적인 대항 폭력의 논리에 기초해 있다. 이는 극단적 폭력이 재생산하는 지배자의 전능함과 피지배자의 무력함이라는 환상을 전도시켜서, 자신들의 물리적 힘을 과시하고 지배자의 무력함을 재현하려 함으로써 궁극적으로 자신과 타자를 모두 파괴한다(김정한 1998, 140-141).

하지만 자살적 대항 폭력이나 테러리즘과 같은 극단적인 형태가 아니더라도 대항 폭력의 특권화는 1980년대 운동 문화 전반에 큰 영향력을 행사했다. 무엇보다 5·18 시민군을 활동가와 저항 주체의 전범으로 삼아서 대항 폭력을 동원하려는 전략이 확산되었고, 이는 군부독재와의 대결을 '내전'으로 의미화하는 상징 투쟁으로 연결되었다. 한편으로는 강력한 국가 폭력이 행사될 때마다 '제2의 광주 사태'로 묘사하고, 다른 한편으로는 매년 5월을 전후로 '제2의 광주 항쟁'을 재현하려는 시도가 1980년대 내내 반복되었으며, 이와 같은 '전쟁 상태'에서 살아 있는 투사와 전사를 호명하고, 생명을 내던진 열사를 불러내는 군사적이고 전투적인 운동 문화가 형성되었다.[7] 특히 5월의 대

---

6 "이 사건 역시 광주 민중항쟁의 연속성에서 파악할 수 있는 것으로 광주 항쟁 당시 계엄군의 엄청난 만행에 대해 광주 시민의 한 사람으로서 전율을 느낀 나머지 '○○○의 광주 살육 작전'이라는 유인물을 제작해 전주, 이리, 군산 등지에 배포하다가 피신하고 있던 김현장이 문부식을 만나 광주 항쟁에 대한 이야기를 들려 준 것이 그 발단으로 되어 있다"(황석영 1985, 257). 이 사건에 대한 문부식의 반성적 성찰에 대해서는 문부식(2002) 참조.

7 따라서 투사, 전사, 열사 문화는 5·18 광주 항쟁의 역사에서 여성들의 역할을 주변화하

학 풍경은 당장이라도 전민 항쟁이 일어날 것 같은 분위기였다. "5월은 축제의 계절이라기보다, 투쟁과 활동의 정점이었으며, 각종 사회정치적인 이슈가 눈앞에 펼쳐지던 시기였다. 5월은 열사, 항쟁 기념, 정권 타도 투쟁, 동맹휴업이라는 붉은 플래카드로 가득 찬 투쟁의 전시장 같은 느낌이 들 때도 있었다. 투쟁을 결의하는 단식과 혈서, 투쟁 결의문이 이어졌고 우리는 조를 짜서 가두로 나갔다"(김원 2011, 47). '적과의 전쟁에서 한 치도 물러나지 않으며 가열찬 적개심으로 죽기를 각오하고 투쟁한다'는 식의 유인물이 '진군식'과 '출정식'에서 낭독되었고, 학생 활동가들의 선후배 관계에서는 위계가 분명해야 했으며, 조직 활동은 정보를 통제하고 소통을 제한하는 군사적인 명령 체계를 닮아 갔다.

이런 운동 문화는 투쟁 형태에서도 마찬가지였다. 간부들이 발언을 독점하는 관습화된 집회 양식, 중앙 지도부의 지휘와 통제를 따르는 규격화된 시위 형태가 일상적이었고, 언제나 중앙 집중적인 활동과 실천이 강조되면서 집회와 시위의 일반 참여자들은 수동적인 청취자가 되었으며, 개인의 자율적인 행위는 일탈 사례로서 쉽게 용납되지 않았다. 그 정점에 있었던 것이 '가

고 1980년대 사회운동에서 전반적으로 남성 중심성이 강화되는 경향을 낳는다(안진 2007; 김재은 2002 참조).

투'(가두 투쟁)라고 불린 도심의 거리 시위였다. '전투조'Combat Cell(C.C.)라는 소수 무장 조원들이 화염병과 쇠파이프를 이용해 시위대를 사수하며 백골단 및 전경과 대치하고 치열한 '공간 쟁탈전'을 벌이는 것은 "시가전, 즉 하나의 전쟁"을 연상시켰다.

또한 권력기관의 타격과 점거도 중요한 투쟁이었다. "대중 동원이 어려울 경우 소수 전위대가 공권력의 근거지가 되는 건물이나, 사안과 직접 관련된 주요 권력기관을 타격 대상으로 선정, 소수 정예를 '자살조'로 투입시켜 화염병 투척 등의 방법으로 타격하거나 순식간에 기습 점거해 운동의 요구 사항을 구호로 외치거나 플래카드를 내걸어 대중적 관심을 환기하는 투쟁 방법"이 별난 것으로 여겨지지 않았다(김백영 2003, 363, 366). 대항 폭력을 특권화하는 정치 노선과 전략이 집단적인 전투에 적합하게 개인을 규율하고, '적과의 전쟁'을 가장 효율적으로 수행할 수 있는 위계적이고 군사적인 조직 질서와 문화를 구성하는 것은 어쩌면 자연스러운 일이었을 것이다. 전경과 백골단의 폭력 진압에 맞서서 집회와 시위를 보호하기 위해 꼭 필요한 경우가 아닐 때에도 때때로 등장한 화염병 투척과 '짱돌' 투석은 마치 대항 폭력의 의례와도 같이 전투적인 운동 문화의 단면이었다.

3. 5·18 무장투쟁에서 나타난 반폭력의 계기들

1980년대 사회운동에서는 5·18 광주에서 국가 폭력의 잔혹성이 적나라하게 드러났다는 이유로 폭력적 저항이 정당화되고 용인되는 분위기가 만연했고, 이는 특히 대학생 활동가들 사이에서 대항 폭력을 당연시하는 관습과 문화를 창출했다. 물론 5·18 광주 학살과 무장투쟁의 역사적 경험에서 1980년대 대항 폭력 운동으로 나아가는 과정에는 형식적인 정치적 민주화조차 제한적으로 이루어진 정세적 효과도 작용하고 있었다. 그러나 1987년 6월항쟁 이후 점차 민주적인 절차들이 제도화되면서 '적과의 전쟁'을 재현하려는 사회운동의 논리와 이데올로기는 침식될 수밖에 없었다. 특히 1989~91년에 현실 사회주의국가들이 해체돼 사회주의 이념이 퇴색하고, 1991년 5월의 '분신 정국'에서 사회운동의 '폭력성'이 과대 포장되어 운동 세력의 정치적 영향력이 실추한 후, 혁명을 위한 대항 폭력이라는 문제 설정은 결정적으로 대중적 설득력을 상실하고 말았다.[8]

그러나 5·18 무장투쟁에서 1980년대의 자살적 대항 폭력, 테러리즘, 대항 폭력을 특권화하는 운동 문화로 나아가는 과정이 필연적인 경로는 아니다. 무엇보다 시민군의 무장을 과연 대

---

8 1991년 5월 투쟁에 대한 자세한 분석은 김정한(1998) 참조.

항 폭력으로 개념화하는 것이 타당한지 재검토해야 한다. 대항
폭력은 폭력에 대항하는 폭력이다. 여기에는 폭력을 행사하거
나 유발하는 세력이나 장치들을 제거하기 위해서는 대항 폭력
이 필수적이라는 사고가 바탕에 있다. 특히 계급 정치와 관련해
서 보자면, 대항 폭력을 옹호하는 논리는 계급투쟁이 궁극적으
로 두 적대 세력들(부르주아지와 프롤레타리아트) 간의 폭력적 대
결(또는 내전)로 나아간다는 진화주의를 전제하고 있다. 자본주
의적 생산양식이 발전할수록 프롤레타리아트의 삶의 조건을 파
괴하고, 이는 결국 부르주아지 스스로 자신의 존재 조건을 파괴
하며 '제 무덤을 파는' 파국으로 치달아 필연적으로 '부르주아
지의 폭력적 전도'라는 프롤레타리아혁명으로 귀결할 수밖에
없다는 것이다(발리바르 2012, 28-29, 41-42). 이와 같은 논리
는 개량이냐 혁명이냐, 삶이냐 죽음이냐 같은 양자택일의 관점
으로 모든 문제와 해법을 환원하는 경향을 나타내기 쉽다. 또한
두 적대 세력들 사이에 어느 한쪽이 제거돼야 한다는 절멸의 논
리에서 극단적 폭력을 요청하는 것으로 나아간다.

과연 시민군의 무장투쟁이 이와 같은 대항 폭력이었을까?
우선 많은 이들이 증언하듯이 당시 시민들의 무장은 공격적인
것이 아니라 방어적인 것이었다. 5월 18일 이후 처음에는 공수
부대의 잔혹한 폭력에 맨몸으로 맞섰고, 다음에는 무기가 될 만
한 각목, 쇠파이프, 돌, 식칼, 화염병 등을 이용했으며, 5월 21
일 오후에 계엄군의 무차별 발포에 대응해 더 이상의 희생을 막

기 위한 수단으로 총을 들었던 것이다. "광주 시민군의 무장투쟁은 계엄군을 공격하기 위한 전투적인 목적이 아니라 21일 계엄군의 집단 발포 이후 더 이상의 희생자를 막기 위한 방어적인 목적을 지니고 있었다"(이동윤·박준식 2008, 34). 시민들의 무장은 일차적으로 자신과 이웃의 생명을 지키려는 데 있었으며 계엄군에 대한 공격은 부차적인 것이었다. 예컨대, 당시 배포된 유인물 가운데 「투사회보」 6호(1980년 5월 23일)에는 "계엄군이 발포하지 않는 한 우리가 먼저 발포하지 않는다"라는 행동 강령이 적시돼 있었다(윤재걸 1987, 366).

사실 시민군은 무장했다고는 하지만 화력에서 엄청난 열세에 있었고, 실제로 총을 제대로 쏠 수 있도록 훈련돼 있지도 않았으며, 나중에 일정한 조직 체계를 갖추기는 했지만 군대 조직에 비견될 만한 수준도 아니었다.[9] "광주 시민군에게 군사적 조직이라는 것은 없었다. 도청에 일정 정도의 상황실이 있었다고 하지만 군사 무기로 무장한 시민군을 이끌기 위한 체계를 갖춘 지휘부는 없었다고 보는 것이 정확하다. 시민군이 사용했던 무기도 보잘것없는 것들이었다. 계엄군의 최신식 무장과 시민군의 원시적 무기는 애초에 경쟁의 대상이 아니었다"(안종철 2001,

---

[9] 당시 광주에 동원된 계엄군은 2만여 명이었다. 공수여단 3405명, 20사단 4946명, 전교사(31사단 등) 1만2002명(민주화운동기념사업회 2010, 121).

298).[10] 이런 점들을 고려할 때 공수부대와 시민군이 치열한 시가전을 벌였다는 것이 '신화'에 불과하다는 김영택의 주장은 타당성이 있다. 5월 21일 계엄군의 집단 발포 이후 시민들이 광주시 외곽에서 무기고를 탈취해 광주로 돌아와 대응 발사를 했지만, "시가전이나 교전이라기보다는 목표 지점도 없는 대응 발사"였으며, 여러 증언들을 살펴보면 시민군이 공격하려고 하다가 "일방적으로 공수부대에게 당하고 물러나는 모습이지, 치열한 총격전이나 교전으로 볼 수는 없다"는 것이다. 또한 같은 날 계엄군이 도청에서 철수한 이유도 시민군의 무력 공격 때문이었다고 보기는 어렵다고 주장한다. 일단 화력과 군사력에 엄청난 차이가 있었고, 탈취한 다이너마이트와 TNT로 도청을 폭파하겠다고 위협하기는 했지만 여기에 공수부대가 겁을 먹었을리 없으며, 도청 인근 건물에 기관총을 설치하기는 했지만 "맹렬히 사격"했다는 일부 기록과 달리 실제로는 한 발도 발사되지 않았다는 것이다(김영택 2010, 380-383).[11] 오히려 공수부대의

---

10 공수부대는 최신 무기인 M16으로 무장했고, 시민군이 탈취한 M1과 카빈 소총은 제2차 세계대전 이후 세계적으로 거의 사용되지 않는 유물이었다.

11 김영택이 오류가 있다고 지적하는 기록은 다음과 같다. "계엄군 임시 본부인 전남 도청이 사정거리 안에 포착되는 병원 12층 옥상 위에 시민군들은 기관총 2정을 나란히 설치했다. …… 그들은 도청을 향해 맹렬히 사격하기 시작했다. 두 정의 LMG 기관총이 예광탄을 날리며 울부짖었다. 도청에는 기관총탄이 우박처럼 쏟아졌다. 도청의 계엄군 본부는 더 이상 지탱할 수 없었다"(황석영 1985, 126).

도청 철수는 5월 21일 오전에 계엄사령부가 재진압 소탕 작전을 수립하면서 계엄군의 외곽 재배치를 결정한 사전 작전에 따른 것일 가능성이 높다(김영택 2010, 395).[12] 물론 이와 같은 결정에는 5월 20일에 일어난 시민들의 전혀 예상치 못한 강력한 저항이 크게 작용했을 것이다.

이런 맥락에서 볼 때 시민군의 무장투쟁이 방어적 성격이었다는 점은 보다 분명해진다. 시민군은 전체적으로 공격적인 전투를 수행할 수 있는 능력이나 체계도 없었을 뿐만 아니라 공수부대를 물리쳐 시민들의 생명을 지키고 희생을 막으려는 것이 총을 든 이유이자 목표였다. "그들[시민군]의 무장은 직접적인 교전보다는 저항의 의지를 표출하는 상징적 의미가 더욱 컸다. 시민군의 무장의 의미가 바로 여기에 있었다. 그 입증은 LMG 기관총을 발사하지 않았고 끝내 다이너마이트나 TNT를 폭파하지 않은 데서도 나타났다"(김영택 2010, 389).[13] 이처럼 무기를 탈

---

12 계엄군의 도청 철수는 5시 30분에 실시되지만, "계엄군이 조선대 뒷산으로 철수하였다는 것을 시민군들은 한참이 지나도록 알지 못했다. 이러한 상황에서 볼 때 시민군이 얼마나 긴급히 급조되었고 시민군 상호간에 통신수단이 갖추어지지 않는 등 이들이 당시의 상황에 즉자적으로 대처하고 있음을 알 수 있다. 이들은 계엄군의 동태도 정확히 파악하지 못하고 있었으며 계엄군을 물리치겠다는 대의명분만 대단히 높은 상태였다." 시민군은 8시경에 뒤늦게 철수 사실을 알아차리고 도청을 접수했다(안종철 2001, 284).

13 당시 도청 지하실에서 폭약을 담당했던 다섯 명은 "끝까지 안전하게 폭약을 지켜야 한다고 결의"하면서 사명감을 갖고 폭약 관리를 철저하게 했고, 5월 25일 불상사를 막기 위해

취하고 서로 나눴지만 공격적으로 사용하지 않았기 때문에 시민군은 '실적'이랄 것이 거의 없었다. "골목에서 시민군들이 그냥 M1 같은 거, 칼빈 같은 거, 총을 무작정 줘요. 수북하니 놔두고. 싸우도록 총을 많이 탈취를 했어요. 그때 화순서 어디서 주변 다 털어 가지고 무기고 다 털어서 그래 갖고 갔지만, 그 사람들이 총을 쏘거나 했던 실적은 안 나와. 무장만 했지."[14]

또한 공수부대의 경우에는 "유사시 적 후방에 침투해 교란작전을 하는 게릴라 부대"로서 수단과 방법을 가리지 않고 적을 제압해 점령하는 것이 존재 목적이며, "군대의 작전은 비록 그것이 자국민을 대상으로 한 것이라 해도 기본적으로 상대를 적으로 간주"했다(조갑제 2007, 63, 70). 하지만 시민군의 경우에는 대부분 "우리나라 군인들이 어떻게 우리를 죽이려 한단 말인

상무대에 요청해서 파견 나온 폭약 담당 문관과 함께 이틀에 걸쳐 뇌관을 모두 분리했다. 양홍범(20세, 권투선수)의 증언(한국현대사사료연구소, 1990, 341-342).

14 조성갑(38세, 광주시청 사회과 공무원)의 증언(오승용 2010, 294-295). 국방부과거사진상규명위원회의 『12·12, 5·17, 5·18 조사 결과 보고서』(2007/07/24)에 따르면, 5·18 당시 확인된 사망자는 민간인 166명, 군인 23명, 경찰 4명이며, 계엄군 사망자 중에서 "광주 시민들의 총격이나 공격 행위로 인한 사망자는 8명(차량 사고 3명, 5.222명, 5.231명, 5.272명)이었고, 오인 사격 13명, 오발 사고 1명"이었다(국방부과거사진상규명위원회 2007, 125). 여기서 "오인 사격 13명"은 5월 24일 오전 31사단과 전교사 기갑학교 부대가 서로 시민군으로 오인하고 교전해 사망한 3명, 같은 날 오후 11공수여단과 전교사 보병학교 교도대가 서로 시민군으로 오인하고 교전해 사망한 10명을 가리킨다. 그 외 경찰 4명은 5월 20일 밤 시위대의 버스 차량에 치어 사망했다.

가?"라는 마음으로 저항했지만,[15] 결코 군대 전체를 적으로 간주하지도 않았고, 계엄군을 절멸시켜야 할 대상으로 여기지도 않았다.

> 사람의 마음이란 참 이상한 것이다. 요 며칠간 군인이라면 이가 갈리고 죽여도 시원찮을 것 같더니, 며칠 동안 식사도 못하고 쭈그리고 있는 것을 보니 무섭고 미운 생각보다 안쓰럽다는 생각이 더 들었다. 그 자리에서 자연스럽게 돈이 거둬졌다. 당시 군인들에게는 가게에서조차 물건을 팔지 않을 때였다. 광주 시민 전체가 군인이나 경찰을 죽일 놈들로 생각하며 똘똘 뭉쳤다는 생각이 든다. 모아진 돈으로 빵과 우유를 구해 나눠 주었다.[16]

> 사람들이 몰려들어 상황실 안팎이 소란스러워졌다. "트럭 뒤에 매달고 다니면서 돌로 쳐죽여야 해!", "분수대 앞으로 끌어내 공개적으로 총살시킵시다!" 무릎이 꿇려진 공수부대원들의 얼굴은 백지장처럼 하얗게 질려 몸을 부들부들 떨고 있었다. 그들은 자신들이 자행

---

15 이지형(18세, 고등학생)의 증언(한국현대사사료연구소 1990, 679).

16 김행주(16세, 고등학생)의 증언(한국현대사사료연구소 1990, 464). 이 증언을 인용하면서 이진경·조원광은 불철저한 전투적 자세나 모호한 동정이 아니라 "혁명이 원한이나 분노에 머무는 '부정'의 힘이 아니라 새로운 것을 창안하고 건설하는 '긍정'의 힘임을 안다면, 기존의 것들을 지우는 혁명적 흐름 속에서 기존의 분노나 원한마저 지우고 넘어서는 양상이 출현하기도 했던 것"이라고 평가한다(이진경·조원광 2009. 153).

한 일을 익히 알고 있었으므로 만일 죽게 된다면 더 없이 처참하게 살해될 것이라고 생각했기 때문이었을 것이다. 얼굴이 새하얗게 변하면서 떨고 있는 그들이 갑자기 불쌍하다는 생각이 들었다. ……갑자기 상황실이 조용해졌다. 즉석에서 그들을 처형할 것이라고 생각한 모양이었다. 그러나 그곳에 모인 사람들의 기대와는 달리 나는, "서로가 교전 중에 상대방을 죽일 수 있으나 포로로 잡힌 사람은 즉흥적으로 죽일 수는 없소. 만일 우리가 차오르는 분노로 이들을 절차도 없이 죽인다면 우리도 그들과 꼭 같이 되는 것이오. 그러니 이들의 처리는 나에게 맡겨 두고 모두 제자리도 돌아가 주시요"라고 결연히 말했다(박남선 1988b, 356-357; 광주광역시 5·18사료편찬위원회 1998, 71-72에서 재인용).

위의 증언들처럼 공수부대의 만행에 분노하고, 때로는 원한의 감정으로 복수심을 갖기도 했지만, 오히려 군인들을 측은하게 여기고 빵과 우유를 나눠 주거나 포로로 잡혀 온 병사들을 죽이거나 상해를 입히지 않고 풀어 주는 경우가 대부분이었다.

가톨릭센터 앞에 많은 시민들이 모여들어 가톨릭센터 측에 무엇인가 항의하고 있었다. 내용인즉 조금 전 7~8명의 공수부대원이 가톨릭센터로 들어가 옥상에 있는 것이 시민들의 눈에 띄었는데 시민들은 그 공수부대원을 내놓으라는 것이었다. 가톨릭센터 측은 계속 발뺌하며 설득했고, 과격한 청년들은 정의와 평화의 상징인 천주교회

의 전남본산인 가톨릭센터가 그럴 수 있느냐고 소리쳤다. 그러고는
차고에서 몇 대의 차를 꺼내 불을 지르고 이어 셔터를 부수고 가톨
릭센터 내부를 수색해 7층에서 공수부대원을 생포하였다. 그들의
무장을 해제시켜 M16 소총 및 철모들을 밖으로 던지자 군중들은 환
호하고 열광했다. 그동안 당하기만 한 시민들에겐 아주 크나큰 감격
적인 승리였던 것이다. 헌데 젊은이들이 흥분에 못 이겨 그 공수부
대원들을 7층에서 유리창 밖으로 내던지려고 하는 것이었다. 그것
을 본 도로의 수많은 군중은 모두 손을 내저으며 '우리가 저자들과
같이 이성을 잃을 수 없지 않느냐, 우리는 끝까지 이성으로 대항해
야 한다'고 설득해 못 하게 하였다(이광영의 증언, 한국현대사사료
연구소 1990, 1016).

수백 명이던 시위 군중은 어느새 수천 명으로 불어나 있었다. ⋯⋯
군 지프와 시민들의 간격이 30여 미터까지 가까워졌다. 군인들은
시민들이 가까이 다가가는데도 거총 자세로만 있었다. "저놈들 총알
이 없다!" 한 청년이 외쳤다. ⋯⋯ 시민들은 함성을 지르고 각목, 돌
멩이를 던지며 순식간에 군 지프를 덮쳤다. 예상대로 군인들은 실탄
이 없었다. 미처 도망가지 못한 두 명의 군인은 시민들에게 실컷 맞
았다. 얼마나 맞았는지 온몸이 피로 물들었다. 군복이 찢어져 속살
이 보였다. 시민들의 분노는 가라앉을 줄 몰랐다. 이렇게 놔두었다
가는 군인들이 죽을 수도 있는 상황이었다. 시민들도 의견이 분분했
다(임영상 2009, 68).

이 시민들은 '죽여야 한다', '살려 주자'는 등의 분분한 논의 끝에 두 군인을 인근 개인 병원으로 옮기는 조치를 취했다. 이처럼 시위 군중들이 군인들을 붙잡아 일부 구타가 있을지라도 즉석에서 토론을 하여 병원에서 치료를 받도록 한 경우도 많다. 이는 시민들이 증오와 원한으로 상대를 파괴하려고 하지 않았으며, 적과 동지라는 이분법적인 정체성에 고정돼 있지도 않았고, 절멸의 논리에 사로잡힌 폭력을 행사하지도 않았다는 것을 잘 보여 준다.

더구나 시민군이라는 명칭에도 불구하고 민간인은 군인이 아니었고, 시민군은 무조건 명령을 이행하며 죽음조차 불사하는 군대와는 거리가 멀었다. 누구든 총을 갖고자 한다면 가질 수 있는 상황이었지만, 또한 총을 내려놓고(때로는 총을 갖고) 집에 가고 싶으면 언제든 자유롭게 갈 수 있었고, 실제로 많은 시민들이 가족의 권유를 뿌리치지 못해 집으로 돌아가거나 개인적인 볼일이 있어서 다녀오거나 고된 싸움과 작업에 지쳐 잠을 자거나 밥을 먹으러 마음대로 오고 갔다. 시민군은 군대식 명령이 아니라 잔혹한 계엄군을 몰아내려는 욕망과 자신의 정당성에 대한 믿음에 근거해서 자율적으로 판단하고 토론하고 행동했던 것이다. 다만 "시민군들에게 행동의 동기를 부여"한 하나의 정치적 목표가 있었다면, 그것은 "폭압적이고 잔인무도한 계엄군을 물리친다는 소박한 목표"였다(안종철 2001, 298). 이와 같이 시민군은 평화와 안전이라는 "대의"를 견지했고, 이것은 시민군이 극단적 폭력으로 나아가지 않도록 하는 중심축이었다. 소박한 방어적 목표를 갖고 움직였던 시민군이, 1980년대에 일부 민중 권력론이나 프롤레타리아혁명론에서 제기했듯이 스스로 국가권력을 자임하거나 장악하려고 했다고 보기도 어렵다.[17]

요컨대 계엄군과 시민군의 대결은 무장력, 조직 체계, 정체성, 이데올로기 등에서 모두 비대칭적이었다. 계엄군은 시민을 적으로 간주하고 명령에 따라 절멸적 폭력을 휘둘렀지만, 시민군은 적과 동지의 이분법적 정체성에 고착돼 있지 않았고, 계엄군에 대한 증오와 원한을 가라앉히려 노력했으며, 누군가의 명령이 아니라 자신의 믿음과 욕망에 따라 행위했고, 그 결과 절멸적 폭력은커녕 공격적인 무력 사용을 집단적으로 제어하면서 방어적 폭력을 유지했다.[18] 따라서 만일 5·18 무장투쟁을 전쟁

---

17 이와 관련해서 최근에 조정환도 유사한 입장을 제시하고 있다. "해방 도시 광주에서 시민학생투쟁위원회가 스스로를 준권력(자치 권력)으로 정립했다는 것은 분명하지만 기존의 국가권력을 장악하려는 노력은 하지 않았다. 오히려 시민학생투쟁위원회의 투쟁 초점은 국가권력의 장악이 아니라 존엄의 공동체로서 자신들의 삶의 존엄을 증언하는 것에 두어져 있었다. 광주의 민중들이 든 총은 집권을 위한 도구나 봉기 수단이었다기보다 계엄군의 만행으로부터 자신들을 지키기 위한 방어의 무기였다"(조정환 2010, 107).

18 최근에 지젝은 대항 폭력을 변호하는 것으로 귀착할 위험이 있었던 자신의 '신적 폭력' 개념을 '방어적 폭력'으로 재개념화하고 있다. "문제는 '상대편이 폭력을 행사하기 시작할 때, 어떻게 이에 대응할 것인가' 하는 것입니다. 그러한 순간에 혁명가들은 대부분 이러한 폭력에 대응할 만한 무기를 갖고 있지 못하지요. 그럼에도 우리는 어떻게든 저항하고, 또 스스로를 보호해야 하는 겁니다. 이 지점에서 저는 알랭 바디우의 견해에 동의합니다. 그는 우

이라고 불러야 한다고 해도 그것은 절대전쟁이라기보다는 차라리 반反전쟁이었으며,[19] 국가 폭력과 대결하는 대항 폭력이 아니라 차라리 폭력에 대항하는 반反폭력이었다고 할 수 있다. 반폭력의 정치는 증오의 이상화에 고착된 상징적 정체성이 극단적 폭력과 결합해 잔혹성을 유발하지 않도록 우리 자신을 문명화하는 것이며, 이를 위해 능동적 주체성과 집단적 연대를 가능하게 하는 새로운 정치(차이의 권리와 평등의 권리, 연대와 공동체의 권리)를 요구하고 구성하는 것이다(발리바르 2011, 168-169; 발리바르 2010, 55-71). 물론 당시에 계엄군을 '악마'나 '마귀', '경상도 군인' 등으로 지칭하며 증오를 이상화하는 양상이 전혀 없지 않았고, 국가권력을 찬탈하려는 신군부와의 참혹한 사생결단의 상황에서 대항 폭력이 전혀 부재했다고 주장하기는 어

리 좌파가 20세기로부터 국가 폭력의 무시무시함을 배워야 한다고 말했지요. 진보적인 좌파의 폭력에 대한 대응은 '방어적 폭력'입니다. 이는 '우리가 광장을 점거한다. 당신들이 공격할 경우에 우리는 대응할 것이다'라는 식의 폭력인 것이죠. 공격적인 폭력이 아닙니다. …… 제가 유일하게 옹호하는 폭력이란 테러리스트의 폭력이 존재하거나 독재적인 정권과도 같은 상황에서, 다소 급진적으로 들릴지도 모르겠지만, 시민 불복종의 형태를 띠는 것입니다. 말하자면 공적인 법률의 권력으로부터 벗어난 듯 행동하기 시작하는 것을 뜻합니다. 그러고는 자신만의 자유의 영토를 만드는 것입니다. 이러한 상황에서 폭력은 단지 방어적이어야 합니다"(지젝 2012, 170-172). 지젝의 '신적 폭력' 개념에 대해서는 이 책의 8장 참조.

19 최정운의 절대공동체론의 이론적 자원 가운데 하나는 클라우제비츠의 절대전쟁 개념이다. 5·18은 공수부대와 시민군이 상호 절멸을 위한 적대적인 절대전쟁을 수행하는 상태였다는 것이다(최정운 2012, 201, 주 80). 절대공동체론에 대한 비판으로는 이 책의 2장 참조.

려울 것이다. 1980년대 사회운동이 5·18 무장투쟁을 해석하고 재현하면서 대항 폭력을 특권화한 데에는 근거가 없지 않다. 그러나 적어도 반폭력 정치의 계기들이 실존하고 있었으며, 어쩌면 여기에서 1980년대 사회운동의 한계를 극복하는 새로운 정치의 실마리를 찾을 수 있을지도 모른다.[20]

4. 무장투쟁의 정치적 함의

극단적인 폭력이 자행되는 계엄 상태(예외 상태)에서 시민들의 무장투쟁은 어떤 정치도 불가능하게 만드는 잔혹한 폭력에 대항해 새로운 민주정치를 가능하게 하는 평화와 안전을 희구하는

---

20 5·18 무장투쟁에서 반폭력과 대항 폭력이 혼재돼 있었다고 할지라도, '궁극적으로 반폭력이 반드시 대항 폭력으로 나아갈 수밖에 없다'는 관점은 지지될 수 없다. 국가 폭력에 대항하는 대중 봉기가 국가권력을 전복하기 위해 대항 폭력에 필수적으로 의존해야 하는 것은 아니기 때문이다. "폭력에 대항하는 폭력의 경쟁에서 정부의 우월성은 항상 절대적"이며, 오히려 정부의 항복과 붕괴는 군대와 경찰의 명령 체계를 마비시키고 무기 사용을 불가능하게 만드는, 권력을 무시하는 시민 불복종의 정세적 효과로 일어날 가능성이 크다(아렌트 1999, 79-80). 예컨대 1987년 6월항쟁에서 전두환 정권이 군대를 동원하지 못한 이유는 '미국의 반대' 때문이 아니라 시민들의 전국적이고 광범위한 시위와 봉기 때문이었으며, 군부는 5·18 광주 학살의 부담으로 인해 군대 투입에 부정적이었고 전두환 정권은 군대를 동원할 경우 자신들이 주도했던 12·12쿠데타처럼 하극상이 일어날 가능성을 두려워했다(서중석 2011, 549-568).

것이었다. 5월 27일 최후의 항전은 반폭력에 입각한 방어적인 무장투쟁으로 평화와 안전을 되찾고 지키려 했던 시민들의 공통의 이해관계를 대표하려는 헤게모니적 실천이었다. "최후까지 항쟁한 시민군들은 오히려 죽음을 각오하고 있었으며, 자신들의 죽음을 통해 5월 18일 이후의 대중적인 저항을 저버리지 않으려 했던 것이다. 이들은 윤상원 등 극소수를 제외하면 대부분 5월 18일 이전까지 사회운동과는 거리가 먼 사람들이었다. 따라서 이들이 냉정한 상태에서조차 죽음을 각오하고 무장투쟁에 가담한 것은 전적으로 열흘간에 걸친 경험의 결과였다. 그 과정에서 자신들의 행위가 옳았다는 것을, 그리고 그 경험이 소중하다는 것을 죽음을 통해 보여 주고자 한 것이다"(최정기 2007b, 270).

5월 26일 마지막 시민 궐기 대회에서 계엄군의 진입이 예상된다는 사실이 시민들에게 알려졌다. 윤상원은 도청에서 최초이자 마지막 외신 기자회견을 열고 시민군의 입장을 이렇게 대변했다.

여러분들이 광주에 와서 직접 그 참상을 목격했듯이 계엄 군부의 하수인인 살인 공수부대에 의해 수많은 학생 시민들이 참혹하게 학살당하고 병원이란 병원은 모두 부상자들로 초만원을 이루었습니다. 그러고도 많은 사람들이 군인들에게 끌려가 생사조차 확인할 길이 없습니다. 광주 시민 그리고 전남 도민이 바로 이 같은 살인 군부의 만행에 맞서 봉기한 것입니다. 그들 공수부대를 몰아내기 위해 우리

스스로가 무장을 한 것입니다. 누가 강요를 해서 무장을 한 것이 아닙니다. 시민들 스스로 생명을 지키고 또 이웃의 생명을 지키기 위해 무장을 한 것입니다. 군부 쿠데타에 의한 권력 찬탈의 음모를 분쇄하고 이 나라의 민주주의를 지키기 위해 봉기한 것입니다. 우리들 시민 모두는 평화롭게 이 사태가 수습되기를 바랍니다. 그러기 위해서는 계엄 해제, 살인 군부 쿠데타의 주역 전두환 퇴진, 구속자의 석방, 대시민 사과, 피해 진상 규명, 과도 민주 정부 수립 등의 조치가 반드시 이루어져야 합니다. 그렇지 않을 때 우리는 최후의 일인까지 투쟁할 것입니다. …… 우리는 무한정으로 피를 흘리기를 원치 않습니다. 평화적으로 이 사태가 해결되기를 희망합니다. 그러기 위해서 현 정부가 결단을 내려야 하며 피맺힌 광주 시민들뿐만 아니라 전 국민의 요구를 수렴해야 합니다. 탱크를 동원해 진압하겠다면 이 싸움에서 어차피 질 수밖에 없지만, 그 같은 진압이 오늘의 사태를 해결하리라고는 생각지 않습니다(박호재·임낙평 2007, 394-395).

윤상원이 궁극적으로 원한 것은 피를 흘리지 않는 평화적인 수습과 해결이었다. 최후의 항전은 5·18의 평화적인 해결의 길이 불가능한 상황에서 불가피한 선택일 뿐이었다. 시민군은 계엄군의 잔혹한 폭력에 맞서는 극히 어려운 상황과 국면에서도 자신과 이웃의 생명을 지키기 위한 반폭력 정치의 계기들을 만들어 내려고 노력했다. 그러나 5·18 광주 항쟁에서 나타난 시민군의 무장투쟁을 정치혁명 모델과 결합해 재해석한 1980년대 사회운동은 대항 폭력을 과도하게 특권화했으며 이 과정에서 반폭력의 문제 설정은 소실되었다. 오늘날 5·18의 무장투쟁을 재성찰할 때 부각돼야 하는 것은 그 정당성에 대한 반복적인 변호가 아니라 불가피하게 무장투쟁이 벌어진 상황에서도 항쟁 지도부와 시민군이 필사적으로 견지하려 했던 반폭력의 정치다.

3부　대중 봉기의 이론

8장

폭력과 저항

1. 세계화와 폭력

새로운 세기를 맞이하면서 인류가 꿈꾼 장밋빛 세계가 유례없는 폭력으로 물들고 있다는 많은 이들의 우려와 경고는 어제오늘의 일이 아니다. 1980년대 이후 전 세계의 수많은 사람들을 생존의 위험으로 내몰고 있는 신자유주의적 금융 세계화는 2007~09년 금융 위기에도 불구하고 여전히 건재하고, 2001년 9·11 테러 이후 더욱 심각해진 정치적 폭력은 국경을 넘어 세계 전체를 무대로 만연해 있다.[1] 한편으로는 '세계화의 폭력'이, 다른 한편으로는 '폭력의 세계화'가 동시적으로 인류의 삶 전체를 궁지에 빠뜨리고 있는 것이다. 최근에 나타나는 폭력의 특성은, 하나의

---

[1] 홉스봄은 내전과 국가 간 폭력을 제외하고 정치적 폭력이 증가하는 시기를 다음과 같이 구분한다(홉스봄 2007, 136-140). 첫째, 1960~70년대 소규모 엘리트 집단의 무장 운동(테러, 쿠데타, 게릴라), 둘째, 1980년대 말~1990년대 현지 주민이 지원하는 인종과 종교 분쟁(학살, 자살 테러, 암살), 셋째, 21세기에 진행된 정치적 폭력의 완전한 세계화(국경을 초월한 테러 및 '테러와의 전쟁').

세계 자본주의 체계와 다수의 국민국가들로 이루어진 세계 체계에서 나타나는 근대의 폭력들과 대조해 볼 때 보다 뚜렷해질 수 있다(김정한 2008). 우선 근대 이후 구조화된 폭력들을 다음과 같이 크게 세 가지 차원으로 정리해 볼 수 있겠다.

첫째, 문명화는 폭력의 강도를 완화하고 그 빈도를 감소시키는데, 이는 개인과 집단의 사적 폭력을 통제하고 관리하는 국가가 폭력을 독점함으로써 성취된다(기든스 1993). 국가는 영토의 경계선을 구획하고 그 내부에서 법을 정초해, 자신과 경쟁하는 세력들을 무력화하는 합법적인 폭력을 행사한다. 따라서 국가는 사적 폭력을 통제하고 외세의 침입을 방어해 주민들의 안전을 책임진다는 점에서 정당성을 갖는 '권력'이기도 하고, 권력에 대항하거나 일탈하는 주민들에게 법의 이름으로 공적인 폭력을 행사할 수 있는 권리를 갖는다는 점에서 '폭력'이기도 하다. 가령 독일어에서 게발트는 지배, 관리를 뜻하는 '권력'을 의미함과 동시에 강제력, 힘을 뜻하는 '폭력'을 함의한다. 국가는 합법적으로 정당한 힘(때로는 무력까지)을 행사할 수 있는 유일무이한 담당자로서 권력이자 폭력이다.

둘째, 자본주의는 신분제에 기초한 봉건제의 경제외적강제를 제거하고, 자유롭고 평등한 상품 교환의 담당자로서 시민들을 형성한다. 그러나 자본주의에서 실제로는 경제외적강제가 소멸하는 것이 아니라 비가시적인 폭력으로 생산관계에 내부화된다(브뤼노프 1992). 공동체 내부에서 시장경제는 화폐를 매개로 하는 등가교환을 전제한다(이는 공동체와 공동체 사이에서의 교환이 부등가교환인 것과 다르다). 자본이 노동력을 구매하고 노동자가 노동력을 판매하는 계약, 자본과 노동 사이의 교환도 마찬가지로 등가교환이다. 그러나 생산관계에서 자본은 노동력을 초과 착취함으로써 절대적·상대적 잉여가치를 획득하는 다양한 전략들을 행사할 권리를 가지며, 그로 인해 노동시장에서의 등가교환에도 불구하고 노동은 노동력의 재생산(생존)을 보장받는 대신 초과 착취를 위한 구조적 폭력에 손쉽게 노출된다.

셋째, 근대국가를 특징짓는 민족-국민 형태는, 가족·지역·종교·직업·성별 등 일차적 정체성을 민족-국민이라는 이차적 정체성으로 포섭해, 일차적 정체성들 간에 발생할 수 있는 갈등과 폭력을 예방하고 감축한다(발리바르 2010, 62-71). 일차적 정체성들은 민족-국민을 매개로 삼아 사적 폭력을 제어하는 한에서 자유롭게 허용, 유지될 수 있다. 이런 이차적 정체성으로의 통합은 이데올로기적 국가 장치들(가족과 학교)의 호명을 통해 진행되며, 이와 더불어 권력과 지식의 결합을 통해 구성된 헤게모니적인 정상적 규범과 규칙을 개인에게 규율화하는 과정에서 자유롭고 다양한 개인성들은 억압되고 배제된다. 민족-국민이라는 정체성으로의 통합 과정에서 나타나는 일차적 정체성들의 해체는 그 자체로 폭력적인 과정이며, 동시에 민족-국민이라는 상상된 공동체로 통합될 수 없는 타자들을 그 경계선 밖으로 추방, 배제하는 폭력을 동반한다.

요컨대 국가가 독점하는 합법적 폭력, 자본주의적 초과 착취, 상징적 정체성의 구성에서 나타나는 상징적 폭력 등은 구조적 폭력의 대표적인 세 가지 형태이다. 이런 구조적 폭력들은 구조의 재생산에 필수적인 폭력이라는 점에서 구조를 변화시키지 않는 한 유지되고 강화된다. 그러나 이런 구조들은 동시에 구조에 기능적이지 않은 폭력들(이를테면 합법적이지 않은 사적 폭력, 경제외적강제나 불공정한 부등가교환, 일차적 정체성들 간의 폭력)을 일정하게 예방하고 완화하는 데 기초하고 있다는 점에 주의해야 한다. 이는 금융자본이 주도하는 신자유주의적 세계화로 인해 구조 외부의 폭력들이 범람하는 오늘날의 정세를 돌아볼 때 보다 분명해진다.

신자유주의적 금융 세계화는 배제를 일반화한다. 국가, 자본주의적 생산관계, 민족-국민적 정체성 등에 포섭돼 있던 인구들이 그 외부로 밀려나서 '쓸모없는 인간' 내지 '일회용 인간'으로 대량생산되는 것이다.[2] 이는 자본의 철수와 거부로 착취조차 당하지 못해 인간 이하의 생존 상황에 내몰린 제3세계, 국가의 행정과 치안에서 방치된 게토와 같은 공동체 내부의 외부, 시민권이 없는(따라서 인권이 제도적으로 보장되지 못하는) 수많은 이

2　이를 '쓰레기 인간' 내지 '자투리 인간'이라고 표현하는 바우만은 모든 사람들을 남김없이 '포섭'해 감시하던 기존의 빅브라더가, 이제 '쓰레기 인간' 내지 '자투리 인간'을 철저히 배제하는 동생 빅브라더와 결합해 있는 형국이라고 묘사한다(바우만 2008, 241).

주민들로 나타나고 있다. 이들을 고전적 마르크스주의를 따라 '룸펜프롤레타리아트'라고 할 수도 있고, 자율주의에서 말하듯 '다중'이라고 할 수도 있으며(네그리·하트 2001), 아감벤이 지적하듯이 적나라한 생명의 위험에 노출된 '벌거벗은 생명'bare life이라고 할 수도 있을 것이다(아감벤 2008).

이와 같은 배제의 일반화는 구조적인 폭력에 '구조 외부의 폭력'을 새롭게 추가한다. 이를 비비오르카를 따라 '폭력의 새로운 패러다임'이라고 명명할 수도 있겠다(사카이 다카시 2007, 33-36). 그에 따르면 새로운 폭력은, 첫째 폭력의 세계화, 민영화, 사유화로 나타나는 정치이하infrapolitical의 폭력이다. 정치적 의미를 상실한 폭력, 아무 의미도 없는 폭력들이 무기 판매, 마약 거래, 인신매매 등 특정한 조직·집단의 경제적 이익을 위해 자행된다. 둘째 정치상위metapolitical의 폭력이다. 양보할 수 없는 종교, 이데올로기, 윤리 등의 이름으로 정치를 초월한 가치들을 위해 일상적인 폭력과 테러가 확산된다. 물론 이 두 가지 유형의 폭력은 서로 융합하며, '절대악'과 타협할 수 없다는 의미 과잉의 폭력은 사적인 이권을 차지하려는 의미 상실의 폭력과 결탁한다.

또한 배제의 일반화는 발리바르가 분석하듯이 구조적 폭력을 넘어서는 잔혹cruauté의 두 가지 형태로서 초객관적ultra-objectif 폭력과 초주체적ultra-subjectif 폭력이라고 부를 수도 있다. 초객관적 폭력은 사회적 원인(특히 경제적 빈곤화)과 결부된 자연의 재앙들(전염병, 홍수, 지진 등)만이 아니라 착취를 조직하지 못하는 자본의 무능력에서 유래하는 대량의 폭력이 일어나고 있지만 그 사회적 주체는 불분명한 '주체 없는 폭력' 내지 '얼굴 없는 잔혹'을 가리킨다("객관적 잔혹의 일상성"). 그리고 초주체적 폭력은 인종 청소와 절멸을 낳는 인종주의의 확산처럼 다수의 사회적 주체가 연루된 '메두사의 얼굴을 한 잔혹'이다("증오의 이상성"). 신자유주의적 금융 세계화로 인해 배제된 이들이 이런 폭력의 주체이자 객체로서 일차적으로 연루되는 상황은 불가피할 것이다(발리바르 2007a, 58-61; 2007c, 502-503).

　'폭력의 새로운 패러다임'이나 '초객관적·초주체적 잔혹'은 구조의 재생산에 필수적이지 않으며, 어떤 면에서는 구조에 역기능적이기도 하다(발리바르 2010, 245-251). 국가는 더 이상 헤게모니적 보편성을 확보하지 못하며, 자본주의는 점차 생산성 하락으로 세계공황에 근접해 가고, 민족-국민적 정체성의 해체는 적합한 사적·공적 윤리를 결여한 정체화로 나아간다. 이제 국가는 최소한의 이데올로기적 정당성도 없이 노골적인 폭력을 행사하고, 세계적인 자본은 금융 투기의 악순환을 반복하며, 민족-국민이 아니라 종교나 인종에서 정체성의 기반을 찾으려는 이들은 홉스적 자연 상태처럼 만인이 서로에게 늑대인 국면에 들어서고 있다.

　구조를 재생산하는 구조적인 폭력이 비구조적인 폭력들을 일정하게 감축함으로써 작동한다면, 신자유주의적 금융 세계화로 인한 구조 외부적인 극단적 폭력의 범람은 구조의 위기를 반영함과 동시에 구조 내부에서 전개될 수 있는 정치, 특히 구조를 변혁하려는 저항의 정치를 불가능하게 만든다(진태원 2010a). 예컨대 대의민주주의가 작동하지 않는 상황에서는 선거 행위 자체가 무의미해지고, 자본주의적 생산관계에서 아예 배제된 이들에게 착취에 반대하는 투쟁은 호사일 뿐이며, 상징적 정체성이 고착되거나 유동하는 개인들에게 '조직적 연대'란 난망한 질문이다. 새로운 폭력의 확산과 정치의 소멸은 서로가 서로를 부추기며 거대한 카오스로 진입하는 것처럼 보인다.

그럼에도 불구하고 폭력에 대항하는 저항의 정치는 전 세계적으로 아직까지 뚜렷한 사회운동적 흐름을 구성하지 못하고 있다. '비판'은 가능하지만 '대안'이 빈곤한 정세에서는, 마치 산업화로 인해 도시로 이주한 빈민들이 실존하지 않는 고향의 농촌을 그리듯이, 기존의 구조적 폭력을 재생산하는 체계에 대한 향수를 강화할지도 모른다. 예컨대 주권을 회복한 정상화된 국민국가, 투기 자본을 통제하는 케인스주의적 자본주의, 시민적 덕성을 갖춘 시민들의 출현 등을 요구하는 것은 오히려 자연스러울 수 있다. 그러나 극단적 폭력을 모면하기 위해 구조적 폭력에 의존하는 것은 미봉책일 뿐이다.

이 글에서는 마르크스주의의 개조 내지 전화의 입장에서 폭력의 문제를 사유해 온 발리바르의 '반폭력의 정치'를 살펴보고, 이를 지젝의 '신적 폭력'에 대한 해석과 비교해 봄으로써, 근대적인 구조적 폭력과 탈근대적인 극단적 폭력에 대항하는 저항의 정치의 가능성을 모색해 보고자 한다.

2. 반폭력의 정치: 시민다움

반폭력의 정치를 발리바르는 이렇게 소개한다. "(법에 의해) 폭력을 단순히 조절하는 것도, (국가에 의해) 그것을 외부로 격퇴시키는 것도, (혁명에 의해) 그것의 원인들을 제거하는 것도 이제 더 이상 문제가 될 수 없다. 문제는 일종의 반폭력을 조직하는 것, 즉 다양하고 또 동시에 상호 의존적인 폭력 형태들에 반대하는 집단적 '투쟁'을 정치의 중심에 놓는 것이다"(발리바르 1993b, 105). 간단히 말해서, 반폭력의 정치는 일체의 폭력에 반대하는 집단적 투쟁이다. 하지만 여기서 특히 눈에 띄는 것은 폭력의 원인을 제거하는 혁명으로도 한계가 있다고 주장하는 대목일 것이다. 다시 말해서, 반폭력의 정치는 "국가나 경제뿐만이 아니라 혁명 그 자체가 '문명화'되거나 '시민적'civil이게 될 필요가 있다"는 문제의식을 바탕에 두고 있다(발리바르 2004). 국가(국민국가)나 경제(자본주의)의 변혁으로 충분하지 않은 혁명의 '문명화'가 필요하다는 것은 과거의 운동에 대한 나름의 반성과 성찰이 있기 때문인데, 무엇보다 지금도 각종 시위와 집회가 있을 때마다 논란이 지속되는 비폭력과 대항 폭력이라는 쟁점에 대한 비판적 분석이 중요하다.

먼저 비폭력 정치는 대체로 도덕적 인권론이나 종교와 결합돼 있으며, 모든 폭력을 파괴 내지 악으로 파악하고 어떤 조건에서도 평화적인 수단을 사용해야 한다고 주장한다. 이는 폭력에 대항해 법에 호소하거나 법 자체가 폭력적일 경우 시민 불복종 운동을 전개하지만, 대개 도덕적 정당성의 원천을 '우리 안의 폭력성(파시즘)'을 제거하는 데에서 찾기 때문에 궁극적으로 자기-수양이나 자기-파괴를 지향하기 쉽다. 반면에 대체로 계급 정치와 결합하는 대항 폭력 정치는 부르주아적인 계급독재를 해체하기 위해서 대항 폭력이 불가피하다고 주장하거나 더 적극적으로는 폭력만이 새로운 사회를 창조하는 매체라고 역설한다. 이는 구조적 폭력과 법에 맞서서 대항 폭력에 호소하거나 국가권력을 전복하는 무장봉기를 독려하고, 극단적인 경우 소수 엘리트의 테러리즘으로 귀결해 저항의 정치 자체를 붕괴시키는 데 일조한다. 하지만 비폭력 정치와 대항 폭력 정치는 서로를 반사하는 거울쌍에 불과한데, 이는 어느 한쪽의 실패가 다른 한쪽을 부정적으로 정당화하는 악순환의 역사에서 예증될 수 있다. 한편으로 폭력의 지배에서 벗어나기 위해서는 정치를 재정초해야 하고, 다른 한편으로 폭력을 행사하는 세력들과 장치들을 대항 폭력을 통해 제거하지 않고는 정치를 재정초할 수 없다는 혁명적 정치의 이중적 명제 중에서, 비폭력 정치와 대항 폭력은 각각 반쪽씩 대표하고 있는 것이다(발리바르 1992, 183-184; 2007, 482).

1968년 혁명을 배경으로, 비폭력/대항 폭력의 이분법을 비판한 것은 아렌트였다(아렌트 1999). 아렌트는 폭력과 권력을 구분하고, 폭력이 아니라 권력에서 새로운 정치의 가능성을 찾는다. 여기서 권력은 들뢰즈와 네그리가 구별하는 권력pouvoir과 역량puissance 중에서 역량에 가까운 개념이다. 아렌트는 권력의 핵심을 인민의 역량으로 파악하고, 이로부터 권력과 폭력을 구별하는 근거를 마련한다. 다시 말해서 그녀는 역량(제도화된 권력이 아닌, '권력 이면에 있는 권력')과 폭력이 다르다고 주장하는 셈이다. 물론 아렌트는 폭력을 '물리적 폭력'으로 단순화한다는 약점이 있지만, 이런 구별은 제도화된 권력을 비판하는 준거를 제공하고(인민의 역량에 기초하지 않는 권력은 폭력과 다르지 않다), 대중운동이나 혁명적 정치를 옹호할 수 있는 논리를 제시한다(인민들이 제휴하고 연대해 행동할 때 바로 그곳에 정당한 권력/역량이 존재한다). 폭력이 지배하는 곳에 정치가 존재하지 않는다는 비판에서 아렌트가 겨냥하는 것은 정치의 복원이다. 그녀에게 정치는 언어를 통한 교류와 토론, 그에 근거한 제휴와 연대이며, 이를 가능하게 하는 것은 공적 영역이다. 그것은 러시아혁명의 소비에트, 프랑스혁명의 파리코뮌, 미국 혁명의 타운십township처럼 인민의 역량이 공적으로 드러나는 시공간이다. 아렌트는 이런 평의회council에서 공적 영역의 모델을 발견하고, 이를 영속화하는 데에서 새로운 정치의 가능성을 찾고자 한다. 요컨대 비폭력이나 대항 폭력이 아니라 인민의 역량에 기초한 영속적인 공적 영역만이 폭력의 구조를 변화시킬 수 있는 새로운 정치의 가능성이라는 것이다.

1980년대 이후 신자유주의적 금융 세계화와 1989~91년 현실 사회주의국가의 몰락을 배경으로, 발리바르는 아렌트를 참조하면서 비폭력/대항 폭력의 이분법을 비판하는 반폭력 정치를 제시한다. 앞서 논의한 바 있듯이, 오늘날의 정세에서는 구조를 넘어서는 극단적 폭력들로 인해 "정치의 가능성을 부단히 삭제하는 주체적-객관적 폭력의 각각의 형태를 모든 곳에서 퇴치한다는 목표를 동시에 확정하지 않고서는 어떤 정치적 실천도 더 이상 사고될 수 없"기 때문이다(발리바르 1992, 201).

이를 위해 발리바르는 우선 인권의 정치를 재구성한다. 그가 말하는 인권의 정치는, 자유와 평등이 양립할 수 없거나 서로를 제약하는 것이 아니라 상호 동일하다는 평등자유égaliberté 명제에 기초해, 모든 인간의 '정치에 대한 권리'를 법적·제도적 시민권으로 확립하는 시민권의 정치다.[3] 이는 인권과 시민권을 분리해 인권을 도덕적 담론에 한정하거나 자유와 평등의 상호 제약성을 강조하는 기존의 인권 담론과는 다르다. 인권은 시민권

---

3 "문자 그대로 잘 읽어 본다면, 사실 「인간의 권리와 시민의 권리에 대한」 선언」은 평등이 자유와 동일하다는 것, 평등이 자유와 동등하다는 것 그리고 그 역도 성립한다는 것을 말하고 있다. 하나가 다른 하나의 정확한 '척도'인 것이다. 이것이 바로 내가 고의적으로 기이한 용어를 사용해 평등자유 명제라고 부르고자 하는 것이다"(발리바르 2003, 20).

을 통해서만 보증될 수 있으며, 시민권이 없다면 인권도 없다고 주장하기 때문이다. 또한 인권의 정치는, 민주주의의 한계에서 새로운 권리를 발명하거나 그런 한계들로 권리를 확장하면서 구성적 질서들을 형성하고 또 해체하는 봉기의 정치이기도 하다. 이는 인권을 확장시키고 그것을 시민권으로 발명하는 "권리 창조의 역사"를 끊임없이 재개하는 것이며(발리바르 1993b, 103). 따라서 기존의 사회질서를 항상 문제시하는 봉기적 행위를 전제한다.[4]

그러나 봉기적 행위에는 그에 고유한 위험이 있다.

즉, 민주주의의 한계들에서 새로운 권리들을 발명하거나 또는 그러한 한계들로 권리를 확장하면서 구성적 질서들을 형성하고 또 해체하는 그 역능의 위험스러운 발휘가 그것이다. …… 그것은 스스로를 '방어하는' 기존 질서의 다양한 형태의 폭력에 대결해야 하고 또 아마 훨씬 어렵겠지만 개연적인 어떤 대항 폭력 …… 의 자기 자신에

---

4 이에 대해 캘리니코스는 발리바르의 "평등자유 명제는 계몽주의의 지속적인 급진화를 위한 영구 혁명의 정식이다"라고 평가하고(캘리니코스 2000, 304), 지젝은 평등자유에 대한 혁명적 요구는 "기존 질서에 대항해 항구적 반란을 작동시키는 무조건적인 과잉으로 남아 있으며 그래서 결코 '상류화'될 수 없으며 기존 질서에 포함될 수 없"기 때문에, "발리바르가 겨냥하는 바는 평등자유에 대한 '불가능한' 요구를 주장하면서 그것을 현실화하는 그 어떤 실정적 질서에 대해서도 반대하는 정치적 행위자이다"라고 논평한다(지젝 2005, 348, 381).

대한 결과들과 효과들에 대결해야 하는 위험이다(발리바르 1993b, 104).

봉기적 행위의 고유한 위험은 폭력의 원인을 제거하는 과정에서 나타난다. 봉기를 통해서 공장의 전제정과 대량 실업을 유발하는 '생산과 착취의 구조'만이 아니라 상징 폭력을 유발하는 '믿음과 교통의 구조'를 변혁해야 하지만(서관모 1992), '생산과 착취의 구조'를 변혁하는 과정에서 대항 폭력의 자기-파괴적인 효과들이 나타날 수 있으며, '믿음과 교통의 구조'를 변혁하는 과정에서 대중들에 대한, 대중들에 의한 공포가 나타나 봉기 자체가 철회될 수 있다. 혁명의 문명화라는 고민은 여기에서 비롯하는 셈이다.

이에 대해 발리바르가 반폭력 정치의 모델로서 제시하는 것이 시민다움civilité이다.[5] 시민다움은 시민권citoyenneté과 사적·공적 윤리Sittlichkeit를 동시에 함의하는 신조어이며, 시민다

---

5 civilité는 『대중들의 공포』에서 '시민인륜'으로 번역된 바 있지만, 최근 진태원은 '시민다움'이라는 새 번역어를 제안한다. '시민다움'이라는 용어는 civilité가 '시민성/시민권'과 연관된 '시민의 정치 윤리'라는 점을 잘 보여 줄 수 있고, 또한 그것이 평범한 일상의 용어로 사용되는 맥락을 고려해야 한다는 것이다(발리바르 2011, 276-277). 따라서 이 글에서는 '시민다움'이라는 번역어를 사용하고, 여타의 국역본을 인용하는 경우에도 '시민다움'으로 수정한다. 또한 인용문에서 동일성identity과 동일화identification도 일상 어법에 가깝게 각각 정체성, 정체화로 수정한다.

움의 정치는 정치적 시민권과 사적·공적 윤리를 결합해 다양한 정체성들 간의 갈등과 폭력을 해결하려는 정치다. 이는 상징적 정체성과 극단적인 폭력의 결합에서 비롯하는 증오와 잔혹을 전환시킴으로써 사적·공적 실존에서 폭력을 감축하는, 엘리아스의 말을 빌리자면 '습속 윤리의 문명화'를 지향한다.

> 나는 정치가 총체적 정체화와 부동하는 정체화의 불가능한(그럼에도 불구하고 어떤 의미에서는 상당히 실제적인) 한계들 사이에서 정체화들의 갈등을 해결하는 한에서 그러한 정치를 시민다움이라고 부를 것이다. 이러한 의미의 시민다움은 확실히 모든 폭력을 제거하는 정치는 아니지만, 그것은 정치(해방, 변혁)를 위한 (공적·사적) 공간을 제공하고 폭력 그 자체의 역사화를 허용하는 방식으로 정체화의 극단성들 사이를 벌려 놓는다(발리바르 2007a, 64-65).

이와 같은 시민다움의 정치적 위상은 발리바르가 제시하는 정치의 세 가지 개념을 통해 이해될 수 있다(〈표 3〉 참조).[6] 그는 정치를 사고하는 세 가지 개념을 각각 해방, 변혁, 시민다움이라고 규정하고 그 모델을 제시한다. 해방의 정치는 주체의 민주적

---

6 발리바르가 세 개의 보편성과 세 개의 정치를 명시적으로 연결짓는 것은 아니다. 그러나 『대중들의 공포』에 수록된 첫 번째 논문인 「정치의 세 개념」과 마지막 논문인 「보편적인 것들」을 함께 읽을 경우 이런 일대일대응을 상정해 볼 수 있다.

표 3   정치의 세 가지 개념

보편성	정치	모델
이상적 보편성 (평등자유)	해방 (정치의 자율성)	인권의 정치(발리바르) 불화의 정치(랑시에르)
현실적 보편성 (세계화)	변혁 (정치의 타율성)	적대의 정치(마르크스) 갈등의 정치(푸코)
허구적 보편성 (국민국가)	시민다움 (타율성의 타율성)	위로부터의 시민다움(헤겔) 아래로부터의 시민다움(들뢰즈·가타리)

자율성을 추구하는 것이고, 변혁의 정치는 해방의 정치를 가능하게 하는 조건을 만들어 내는 것이다. 가령 평등자유의 권리를 향유하려는 발리바르 자신의 '인권의 정치' 또는 사회 내에서 '몫이 없는 자들'이 평등한 분배를 요구하고 자신의 몫을 주장하는 랑시에르의 '불화의 정치'는 정치의 자율성을 표현하고, 자본주의적 생산관계의 내적 변혁을 통해 정치 주체의 자율성을 확보하려는 마르크스의 '적대의 정치' 또는 개인의 육체를 형성하고 배치하는 권력관계를 변혁하려는 푸코의 '갈등의 정치'는 정치의 타율성을 표현한다.

그리고 마지막 세 번째가 변혁의 정치의 조건을 사유하는 시민다움의 정치로서 정치의 타율성의 타율성을 표현한다. 이는 "정체성들의 폭력 자체를 대상으로 하는 정치"이다(발리바르 2007, 57). 정체성들의 폭력은 인종, 민족-국민, 종교 등 다양한 형식으로 나타날 수 있는데, 이를 제어하는 모델을 발리바르는 헤겔과 들뢰즈·가타리에게서 발견한다. 헤겔의 '위로부터의 시민다움'은 법치국가가 허구적 보편성에 기초해 개인들에게 하나의 정체성(민족-국민)을 부과하면서(정체화), 동시에 개인들의 일차적 정체성을 선별하고 위계화해(탈정체화), 일차적 정체성에서 비롯하는 개인들 간의 폭력적 갈등을 조절한다. 그러나 여기서는 국가가 부과하는 정체성 자체가 폭력일 뿐만 아니라 궁극적으로 국가가 시민들을 대신해 시민다움의 담지자가 될 수는 없다는 한계가 있다. 들뢰즈·가타리의 '아래로부터의 시민다움'은 국가를 변혁하려는 다수자-되기 전략이 증오의 이상화로 귀착하는 미시 파시즘의 위험성을 비판하고, 정체화보다 탈정체화를 우선시하는 소수자-되기를 주장함으로써 정체성에서 유래하는 폭력을 제거하는 방식을 채택한다. 그러나 여기서는 끊임없는 탈정체화가 오히려 개인들 간의 폭력을 조장할 위험이 있다. 이 때문에 '아래로부터의 시민다움'은 한편으로는 정체화와 탈정체화가 일종의 '균형'을 이룰 수 있어야 하고, 다른 한편으로는 시민다움의 규범을 도입하고 사회적 시민권을 확립하도록 국가를 강제해야 한다.

이상의 논의를 개인의 정체성의 차원에서 부연하자면, '위로부터의 시민다움'에 의해 (예컨대 전체주의에서처럼) 개인의 정체성이 일의적으로 고착될 수도 있고, '아래로부터의 시민다움'에 의해 (예컨대 포스트모더니즘에서처럼) 정체성이 다양하게 유동할 수도 있다(발리바르 2010, 65-66). 전자의 경우 하나의 정체성에 붙들려 있는 개인은 어떤 상황에서도 하나의 사회적 역할만을 고집할 것이며, 후자의 경우 하나의 정체성에서 다른 정체성으로 끊임없이 이동하는 가운데 어떤 사회적 역할도 떠맡지 못할 것이다. 이 두 가지 상황에서 개인은 스스로 고립되어 자기-파괴적이 되거나 자신이 소속될 만한 또 다른 상상의 공동체(예컨대 종교적이거나 인종적인 근본주의)에 휘말리기 쉽다. 정체성이 폭력과 착종하는 것이 바로 이 지점이다.

물론 하나의 정체성에 고착되는 문제에 대해서는 다원주의적 정체성의 정치를 해법으로 제시할 수 있고, 유동하는 정체성 문제에 대해서는 고전적 마르크스주의처럼 계급적 정체성의 구축을 해법으로 제시할 수 있지만(김정한 2010b, 54-56), 발리바르는 양자와 거리를 두면서 평등자유에 기초한 시민권, 정체성들 간의 폭력적 갈등을 제어하는 아래로부터의 시민다움을 통해 구조적 폭력과 극단적 폭력을 벗어나는 새로운 정치의 가능성을 찾는다는 점에서 독특한 지형에 위치해 있다. 아렌트와 마찬가지로 발리바르가 지향하는 바는, 이를테면 비폭력이나 대항 폭력에 선행하는 새로운 정치의 가능성이다. 폭력이 만연한 곳에서 정치가 소멸한다면, 폭력에 대항하는 정치는 비폭력이나 대항 폭력이 아니라 대중들의 역량을 끌어올리는 공적 영역의 구성이거나 평등자유를 시민권으로 확립하는 정치적이고 윤리적인 반폭력이 되어야 한다.

시민다움의 정치는 정치의 가능성의 조건들에 대한 정치입니다. 폭

력의 진행을 예방하고, 중단시키는 것을 사명으로 하는 모든 개입이
야말로 시민다움의 정치의 예입니다. 시민다움의 정치는 어떤 의미
에서 '반폭력' 정치이며, 정치의 가능성 자체를 파괴하는 폭력에 대
한 저항입니다. 이러한 관점은 근본적인 사회변혁이라는 관념이나
그것이 그 안에 담고 있는 폭력이라는 관념과 모순되지 않습니다.
그러나 사회변혁이라는 관념은 폭력에 맞서야 하는 필수적인 저항
에 대해 충분히 주장하지 않습니다(발리바르 2005a).

발리바르에게 해방, 변혁, 시민다움은 서로 대체하거나 배
제하는 것이 아니라 보로메오의 매듭처럼 서로를 가능하게 하는
조건이자 조건의 조건이다. 그는 세 정치가 서로 어떻게 절합되
는가는 열려 있는 문제라는 관점을 고수한다. 그러나 그런 절합
이 정세에 의해 규정된다면, 논점을 명확히 하기 위해 발리바르
가 파악하는 오늘날의 정세를 되짚어 볼 필요가 있다. 먼저 정세
를 특징짓는 것은 세계화(현실적 보편성)이다. 세계화로 인해 국
민국가(허구적 보편성)의 위기가 발생한다. 그리고 국민국가의
위기가 함의하는 바는 국민국가가 그동안 담지해 온 시민다움의
공간이 해체되어 극단적인 폭력이 범람한다는 것이다. 극단적인
폭력이 범람할 때, 평등자유(이상적 보편성)에 기초한 인권의 정
치(해방의 정치)뿐만 아니라 계급적인 적대의 정치(변혁의 정치)
도 더 이상 기능할 수 없는 '정치의 소멸'이 일반화한다. 따라서
오늘날의 정세에서는 해방의 정치와 변혁의 정치의 '조건의 조

건'인 시민다움의 정치가 보다 중요해진다. 이런 점에서 발리바르는 시민다움을 가능하게 하는 공간으로서 그것을 담지하는 국가의 역할을 새삼 강조한다고 말할 수 있다. 이는 분명히 1871년 파리코뮌 이후 국가 장치의 파괴와 국가 소멸을 전망하는 고전적 마르크스주의와, 1968년 혁명 이후 다양한 신좌파와 자율주의가 채택한 국가를 기각하거나 반대하는 반국가주의 모두의 대척점에 서있는 입장이라고 할 수 있다. 물론 초국가적 시민다움의 가능성을 전적으로 배제할 수 있는 것은 아니지만, 이에 대해 발리바르는 명시적으로 언급하고 있지 않은 것처럼 보인다.

3. 신적 폭력: 법의 좌파적 중지

발리바르의 기획에 대한 지젝의 관점은 전체적으로 우호적이다. 특히 발리바르의 인권의 정치는 '인간'이기 때문에 '시민'이 되는 것이 아니라 '시민'이기 때문에 '인간'이 될 수 있다는, 즉 특정한 정치 공동체에서 정치적 권리를 가질 때에만 인간으로서 인정받을 수 있다는 역설을 드러내고 있으며, 그의 평등자유 명제는 현실의 사회경제적 관계들을 정치화함으로써 그 재편을 추동할 수 있는 전복성을 갖고 있다고 높게 평가한다(지젝 2006, 398-403). 하지만 발리바르의 시민다움에 대해서는 다소 유보적이다.

발리바르는 '시민다움'의 우주에, 나아가 예의decency의 우주에 좀 더 초점을 맞춘다. 그의 문제는 오늘날 우리가 어떻게 인권에 대한 요구를 표명할 수 있는 시민적 대화 공간을 유지할 수 있을 것인가 이다. 그 때문에 발리바르는 1960년대 신좌파의 반국가 수사학(인민의 주도에 대한 '억압' 기제로서의 국가 개념)에 저항하며, 시민적 토론 공간의 (가능한) 보증자로서의 국가 역할을 강조한다(지젝 2005, 280).

이와 같이 인권-시민권을 요구할 수 있는 시민적 토론 공간과 그 보증자로서 국가의 역할을 강조하는 것에 대해 지젝은 국민국가와 자본주의를 대상으로 하는 레닌주의적 변혁의 정치에 미치지 못하는, 국민국가 내부에서 시민적 대화의 공간을 유지하려는 '반하버마스적 하버마스주의'라고 비판한다(지젝 2005, 278). 이 때문에 지젝은 발리바르의 인권의 정치를 긍정하면서도, 시민다움의 문제의식과는 대조적으로 혁명적인 폭력을 두려워하지 말아야 한다는 입장을 고수하고 있다. 그가 혁명적인 폭력에 부여하는 개념이 신적 폭력이다.

신적 폭력이라는 개념은 본래 벤야민의 것이다. 벤야민은 법 정립적 폭력(새로운 법을 정초하는 폭력)과 법 보존적 폭력(기존의 법을 유지하기 위한 폭력)을 구분하는데, 이와 같이 법을 정립하거나 보존하는 폭력은 결국 법에 의한 지배를 전제함으로써 사회질서를 재생산하는 신화적 폭력에 불과하다고 비판한다. 이와 달리 법과의 연관 자체를 거부하는 혁명적 폭력이 신적 폭력이다.

> 순수한 폭력이 어떤 특정한 경우에 실현될지 결정하는 것은 인간에게는 가능하지도 절박하지도 않다. 왜냐하면 면죄하게 해주는 힘이 인간에게는 드러나지 않기 때문에, 비교 불가능한 효과들 속에서가 아니라면, 신의 폭력이 아니라 오직 신화적 폭력만이 그 자체로 확실하게 인식될 수 있기 때문이다. …… 범죄자에 대해 대중이 신의 이름으로 내리는 심판과 꼭 마찬가지로 신의 폭력은 진정한 전쟁에서 자기 자신을 드러낼 수 있을 것이다. 그러나 우리는 모든 신화적 폭력, 곧 통치하는 폭력이라고 부를 수 있는 법 정립적 폭력을 거부해야 한다. 우리는 또한 법 보존적 폭력, 곧 통치하는 폭력에 이용되는 통치되는 폭력을 거부해야 한다. 징표이고 봉인이지만, 결코 신의 집행 수단은 아닌 신의 폭력은 아마도 주권적인 것이라고 불릴 수 있을 것이다(벤야민 2004, 168-169).

그러나 신적 폭력이 과연 무엇인지에 대해서는 다양한 해석들이 경합하고 있으며, 그 자체로 부단한 논란의 대상이다. 예를 들어 아감벤은 신적 폭력을 예외 상태와 연결해서 해석하는데, 예외 상태는 주권 권력이 결정하는 "모든 법의 정지"를 나타낸다(아감벤 2008, 96). 주권 권력은 법에 의거해 특정한 영역에 예외 상태를 선포할 수 있으며, 동시에 법의 효력이 일시 중지된 예외 상태에서 주권 권력은 법에 의거하지 않고 권력을 행사할 수 있다. 이는 주권 권력이 법 내부에 있으면서 외부에 있다는 역설을 보여 주는 것이다. 아감벤은 법과의 관계에서 나타나는 이런 주권의 역설이 근대 정치 자체의 원리라고 이해한다. "예외의 가장 고유한 특징은 배제된 것은 배제되었다는 사실 때문에 규칙과 완전히 무관해지지 않으며, 반대로 규칙의 정지라는 형태로 규칙과의 관계를 유지한다는 점이다. 규칙은 더 이상 적용되지 않고 예외로부터 철수하는 가운데 예외에 적용된다. 따라서 예외 상태란 질서 이전의 혼돈이 아니라 단지 질서의 정지에서 비롯된 상황일 뿐이다"(아감벤 2008, 60).

주권 권력은 항상 예외 상태에 기초해 자신을 재생산하며, 예외 상태에서 '어떤 생명'(잠재적으로 '모든 생명')은 살 가치가 없는 것으로서 외부로 배제된다. 아감벤이 말하는 호모 사케르 또는 벌거벗은 생명은 이처럼 예외 상태에서 법에 의해 포함돼 있는 존재이며, 동시에 모든 법이 중지되어 자신의 실존에 대해 어떤 권리도 갖지 못한 채 배제된 존재이다.[7] 다시 말해서 언제든 죽임을 당할 수 있는 잔혹한 폭력에 노출돼 있는 존재가 호모

---

7 호모 사케르는 어원적으로 "살해는 가능하되 희생물로 바칠 수는 없는 생명"을 가리키며(아감벤 2008, 45), 이는 "인간의 법적 구속(법적 질서)으로부터 면제되어 있으며 ⋯⋯ 신의 법적 영역(종교적 질서)으로부터도 배제되어" 있다는 이중적 배제를 함의한다(김상운 2006, 173).

사케르이며, 자신의 생명이 공동체 내에서 어떤 법적·제도적 보호도 받지 못하는 상태에 있는 '벌거벗은' 존재이다. 근대 정치에서 호모 사케르의 대표적인 사례는 나치 수용소의 유태인들, 국민국가의 경계에서 밀려나는 난민들이 되겠지만, 아감벤은 주권 권력 자체가 예외 상태를 결정하고 호모 사케르를 생산하는 원리에 따라 확립돼 있다고 보기 때문에 사실상 우리 모두가 호모 사케르라고 주장하고 있다.

이에 대한 아감벤의 대안은, 모든 법에 내재돼 있는 잠재적 예외 상태를 현실화하는 것, "진정한 예외 상태를 창출하는 것"이다.[8]

따라서 시골 사람(그리고 미세화 속에서 문 앞에 서있는 청년)의 메시아적 임무는 다름 아니라 잠재적인 예외 상태를 현실화시키고 문지기에게 법의 문(예루살렘의 문)을 닫도록 강제하는 일이라고 할 수 있다. 메시아는 일단 문이 닫힌 뒤에야, 즉 의미 없지만 유효한 법이 일단 정지된 후에야 비로소 그곳에 들어설 수 있기 때문이다 (아감벤 2008, 133).

---

8 이 "진정한 예외 상태"의 원출처 또한 벤야민이다. "억압된 자들의 전통은 우리가 그 속에서 살고 있는 '비상사태'Ausnahmezustand(예외 상태)가 상례임을 가르쳐 준다. 우리는 이에 상응하는 역사의 개념에 도달하지 않으면 안 된다. 그렇게 되면 **진정한 비상사태를 도래시키는 것이 우리의 과제로 떠오를 것이다**"(벤야민 2008, 336-337, 강조는 인용자).

또한 잠재적 예외 상태가 '주권적 폭력'과 대응한다면, 진정한 예외 상태는 '신적 폭력'과 대응한다(아감벤 2008, 146-148). 따라서 진정한 예외 상태에서 법의 정지는 곧 신적 폭력으로 나타난다.

(즉, 신의 폭력이 여러 폭력 중의 한 형태인 것이 아니고, 단지 폭력과 법 사이의 연결 고리의 해소일 뿐이기 때문에) 벤야민의 신의 폭력은 법을 제정하지도 보존하지도 않으며 다만 그것을 탈정립할 뿐이라고 말할 수 있었다. 신의 폭력은 바로 이 두 가지 폭력 사이의 결합 관계 ─ 나아가 폭력과 법 사이의 결합 관계 ─ 가 바로 법의 유일한 실제 내용이라는 것을 보여 준다(아감벤 2008, 148).

요컨대 주권 권력이 결정하는 잠재적 예외 상태가 법을 정지시킴으로써 "포함된 배제"의 존재인 호모 사케르를 "죽게 만들거나 살게 내버려 두는" 주권적 폭력의 영역이라면, "진정한 예외 상태"는 법과 폭력의 결합을 해체하는 신적 폭력을 통해 메시아의 도래를 알리는 영역이다. 이때 법은 활력을 빼앗기고 작동을 멈추며, "인류는 마치 어린아이가 쓸모없는 물건을 갖고 노는 것처럼 법을 갖고 놀 것이다"(아감벤 2009, 124). 아감벤에게 신적 폭력은 진정한 예외 상태에서 메시아의 도래를 알리는 '최후의 심판'으로서 법과 폭력의 해체 형태이다.[9]

그러나 지젝은 신적 폭력에 대한 아감벤의 해석을 비판한다. 아감벤의 해석은 법과 폭력을 분리시키는 데 초점을 맞춘다는 점에서 적절한 통찰력을 갖고 있지만, 그에 따르면 "오늘날의 생명정치학에서 정치적 투쟁의 공간은 폐쇄되고 모든 민주적·해방적 운동은 무의미하며 우리는 '신성한 폭력'의 기적적인 폭발을 덤덤히 기다리는 것 말고는 아무것도 할 수 없다"(지젝 2009b, 588, 526-527). 아감벤의 윤리적 실천은 메시아의 재림을 기다리는 철저히 수동적인 정치학이다(양창렬 2006, 232).

지젝은 아감벤식의 해석은 신적 폭력을 신비화하는 데 기여할 뿐이므로, 이를 피하기 위해 신적 폭력을 실증적인 역사적 현상과 일치시켜야 한다고 주장한다. 예를 들어, 다음과 같은 진술들은 지젝이 이해하는 신적 폭력의 일단을 극명하게 드러내고 있다.

10여 년 전 리우데자네이루의 빈민들이 도시의 부자 동네로 몰려가 슈퍼마켓을 약탈하고 불태웠을 때 이것이 바로 '신적 폭력'이다. ······ '프롤레타리아독재'는 벤야민의 '신적 폭력'의 다른 이름으로,

---

9 "최후의 심판 이후에는 인간적이든 천사적이든 모든 권력이 종말을 고하고 우리는 직접적으로 신 아래 있게 된다. 결국 메시아의 도래와 더불어 신이 직접 군림하기 때문에 더 이상 천사들의 매개에 의한 통치와 행정은 존재하지 않는다. 신은 천사들을 파멸시킨다. 다시 말해서 신은 모든 권력을 파괴할 뿐만 아니라 '무위'로 돌리고, '비활성화'시키며, '실업의 상태'로 남겨 둔다"(양창렬 2010, 244-245).

그것은 법 외부에서 이뤄지는 맹렬한 보복/판결의 폭력이다(지젝 2009a, 245).

대중이 절박하게 행사하는 폭력적인 자기방어는 발터 벤야민이 말한 '신의 폭력'의 실례이다. '선과 악 너머'에 있는 이런 행위는 윤리적인 것을 정치-종교적으로 유예시킨다. 일상의 도덕의식에 비춰 보면 지금 언급하고 있는 행위[경찰의 암살자나 정보원을 죽이는 행위]는 살인이라는 '부도덕한' 행위로만 보이겠지만, 그 누구에게도 이 행위를 비난할 권리는 없다. 왜냐하면 이 행위는 국가와 경제가 수년, 수세기에 걸쳐 체계적으로 자행한 폭력과 착취에 대한 응답이기 때문이다(지젝 2010a, 188).

요컨대 지젝은 신적 폭력을 법 외부의 폭력, 민중의 폭력적인 자기방어라고 주장하고, 그런 행위에 대해서는 '정상적인 사회'의 도덕적·규범적 평가의 잣대를 들이댈 수 없다고 강조한다. 다시 말해서 무엇인가를 진정으로 변혁하는 혁명적 행위는 민주주의적 절차보다 상위에 있는, 민주주의와 대립하는 행위를 수반할 수밖에 없으며, 이런 행위를 통해 비로소 평등한 민주주의를 실현할 수 있게 된다는 것이다(지젝 2009a, 265). 이를 지젝은 윤리적인 것의 정치적 중지, 또는 "법의 좌파적 중지"Leftist Suspension of the Law라고 명명하고 있다(지젝 2005, 365).

여기서 문제가 되는 것은, 그렇다면 어떤 행위를 단순한 정치적 테러라고 보지 않고 혁명적인 신적 폭력이라고 판단할 수 있는 근거 내지 기준은 무엇인가일 것이다. 이에 대한 지젝의 답변은 궁극적으로 모호하다.

신화적 폭력과 신적 폭력 사이의 대립은 수단과 징표 사이의 대립이다. 즉, 신화적 폭력은 법의 지배(합법적 사회질서)를 만들기 위한 수단이지만, 신적 폭력은 어떤 수단도 아니다. 심지어 가해자를 징벌하여 정의의 균형을 다시 세우지도 않는다. 그것은 단지 세계의 불의를 보여 주는, 세계가 윤리적으로 '뒤죽박죽'돼 버렸다는 징표일 뿐이다. …… 이것이 뜻하는 바를 바디우식으로 말하자면 신화적 폭력은 '존재'의 질서 속에 있고, 신적 폭력은 '사건'의 질서 속에 있다고 할 수 있다. 어떤 폭력이 신적 폭력인지 식별할 수 있는 '객관적' 기준은 없다. 같은 폭력을 두고 외부의 관찰자는 그걸 단순히 폭력이 분출되는 행위로 볼 수도 있겠지만, 직접 참여한 자들에게는 신적 폭력이 될 수 있다. 그 신적 성격을 보증해 주는 대타자는 없으며, 그것을 신적 폭력으로 읽고 떠맡는 위험은 순전히 주체의 몫이다(지젝 2011, 273).

해방적인 혁명적 폭력의 기준이란 없으며 그것을 판단하는 것이 온전히 주체의 몫이라면, 지젝의 신적 폭력에 대한 요청은 사실상 발리바르가 비판한 바 있는 대항 폭력을 다시 불러들이는 정치적 효과로 귀결할 위험성이 있다.[10] 물론 지젝은 맹목적 폭력과 정치적 테러에 비판적이다. 그것은 사회적 관계와 상징 질서를 진정으로 변혁하지 못하는 무능력을 감추기 위한 가짜 행위에 불과하다는 것이다. 그러나 해방적이고 혁명적인 파괴적 폭력을 주체적으로 판단하고 감수해야 한다는 주장에 머물러 있다면, 발리바르가 시민다움을 통해 제기한 대항 폭력의 정치에 내재돼 있는 위험성을 극복하려는 문제의식은 묻혀 버릴 수밖에 없으며, 폭력에 대항하는 저항의 정치가 대항 폭력과 비폭력의 비극적 악순환에서 빠져나올 수 있는 길을 모색하기도 어렵다.

이와 관련해서 지젝이 한편으로는 신적 폭력을 주장하면서도, 다른 한편으로는 급진적인 정치적 태도의 전형으로 바틀비의 수동성을 내세운다는 점은 시사적이다. 바틀비는 기존의 권력관계에서 발원하는 일체의 명령에 대해 "나는 그렇게 안 하고 싶습니다"라고 거부하는 "수동적 저항"의 고유명사이다(멜빌 2010, 65). 지젝은 바틀비의 거부가 소극적이고 부정적인 저항

---

10 예컨대 지젝의 다음과 같은 언급들이 대표적이다. "폭력은 본질적인 가치는 없지만 혁명적 과정의 본래성의 기호이며 이 과정이 실제로 기존의 권력관계를 훼손하고 있다는 사실의 징표이다"(지젝 2009b, 745). 또한 "혁명적 폭력이 '진정으로' 확립하려는 목표는 비폭력적 조화가 아니다. 그와는 반대로 진정한 혁명적 해방은 훨씬 더 직접적으로 폭력과 제휴한다. 해방하는 것은 불필요한 것을 버리고 차이를 확립하며 분할선을 그리는 폭력적인 제스처와 같은 것으로서의 폭력이다. 자유는 지복으로 충만한 조화의 중립 상태가 아니라 이러한 균형을 어지럽히는 폭력적 행위이다"(지젝 2010b, 295-296).

('안 하겠다')이 아니라 적극적이고 긍정적인 행위('안 하는 것을 하겠다')이며, 새로운 사회를 만들어 가는 근본적인 원리라고 주장한다(지젝 2009b, 747). 또한 바틀비의 행위는, 저항의 형상을 하고 있지만 실제로는 체계를 재생산하는 데 기여하는 모든 활동에 참여하기를 거부하는 '수동적인 물러남'이며, 이것은 상징 질서의 좌표를 변화시켜서 진정한 행위의 토대를 마련하는 첫걸음이라고 이해되고 있다(지젝 2009b, 670). 다시 말해서 이와 같은 '바틀비 정치(학)'는 진정한 저항의 최초 행위이자, 동시에 새로운 사회질서를 형성하는 모든 활동이 견지해야 할 근본 원리arche이다.[11] 따라서 지젝이 말하는 신적 폭력이 정치적 행위가 이루어지는 '절정의 단계' 내지 '최후의 단계'에 해당한다면(지젝 2010b, 300-301), 바틀비의 수동적 거부는 그 '최초의 단계'에 해당할 뿐만 아니라 신적 폭력 속에서도 뒷받침돼야 할 영구적인 기초라고 할 수 있다. 이와 같은 바틀비에 관한 논의는 신적 폭력이 맹목적인 대항 폭력으로 전락하지 않도록 하기 위한 최소한의 안전장치를 마련하려는 의도가 담겨 있다고 할 수도 있겠지만, 마치 대항 폭력(신적 폭력)과 비폭력(바틀비)

11　바틀비를 각각 상이하게 해석하는 아감벤, 네그리와 하트, 지젝 등에 관한 간략한 비교로는 김정한(2010a, 104-108) 참조. 아감벤이 그려 내는 바틀비가 인간의 세계를 심판하는 메시아의 재림을 기다리는 '소극적 수동성'이라면, 지젝의 바틀비는 기존의 상징 질서의 원활한 작동을 저지하고 붕괴시키기 위한 '적극적 수동성'이다.

의 '변증법'을 진정한 저항적 행위의 얼개로 삼아 '맥락'에 따라서 어떤 경우에는 대항 폭력을, 다른 경우에는 비폭력을 대안으로 제시한다는 인상을 지우기 어렵다. 예컨대 『폭력이란 무엇인가』의 에필로그에서 지젝이 전하는 마지막 말이 그와 같은 '변증법'이다. "때로는 아무것도 하지 않는 것이 가장 폭력적으로 무언가를 하는 것이다"(지젝 2011, 297).

4. 주체의 윤리

오늘날 근대적인 구조적 폭력과 탈근대적인 극단적 폭력의 범람에도 불구하고, 그에 대항하는 저항의 정치는 이론적·실천적 교착상태에 직면해 있다. 발리바르의 시민다움과 지젝의 신적 폭력은 이런 상황을 돌파하려는 정치철학적 기획으로서 저항의 정치에 관한 새로운 사유의 가능성을 보여 준다. 한편으로 시민다움의 정치가 대항 폭력과 비폭력의 악순환을 벗어나는 저항의 정치로서 혁명의 문명화를 고민하고 있다면, 다른 한편으로 신적 폭력의 개념화는 일체의 혁명적 행위가 전체주의적 시도로 매도되는 정세에서 자유민주주의를 벗어나는 본연의 정치적 저항 행위를 재구성하고자 한다.

그러나 시민다움의 정치는 아직까지 그 구체적인 내용이 불분명하다. 시민다움의 정치의 두 가지 모델로서 헤겔의 '위로부터의 시민다움'과 들뢰즈·가타리의 '아래로부터의 시민다움'을 대조하고 있지만, 발리바르 자신은 시민다움의 문제틀을 가공하면서 각각의 아포리아를 지적할 뿐이며, 헤겔이나 들뢰즈·가타리에 버금가는 시민다움의 내용을 채워 넣지는 못하고 있다. 시민다움에 관한 정치철학적 논의가 현실의 정치와 결합하기 위해서는 최소한 헤겔의 '민족-국민'이나 들뢰즈·가타리의 '소수자-되기' 등과 동등한 차원의 어떤 무엇을 제시할 필요가 있을 것이다.

발리바르에 대한 지젝의 비판은 시민다움에 대한 문제틀로 인해 변혁의 정치가 상대화되는 것이 아니냐는 반론이다. 그러나 발리바르는 정치의 세 가지 개념 가운데 시민다움에 초역사적 우월성을 부여하지는 않으며, 해당 정세 속에서 해방의 정치 및 변혁의 정치와 절합돼야 함을 인지하고 있다는 점에서 지젝의 반론은 설득력이 크지 않다. 물론 지젝은 현 정세에서 여전히 계급투쟁을 핵심에 두는 변혁의 정치가 다른 모든 정치보다 우위에 있어야 한다고 주장하기 때문에, 발리바르와 정세 분석과 정치적 입장에 차이가 있는 것은 분명하다. (자유)민주주의 이외의 정치적 대안을 사유하지 못하는 '사고 금지'Denkverbot의 상황에서 지젝이 현재의 상징 질서를 해체하는 정치적 행위를 중시한다는 것은 강점이지만,[12] 그 대가는 신적 폭력에 대한 변호가 자칫 대항 폭력에 대한 지지로 귀결할 위험성에 노출된다는 것이다. 가령 신적 폭력의 주요 사례로 로베스피에르의 자코

뱅적 폭력이나 프롤레타리아독재를 예시할 때 그것이 기존의 대항 폭력의 정치와 어떻게 갈라질 수 있는지에 대한 해법은 명쾌하게 제시되지 않고 있다.

그럼에도 불구하고 발리바르와 지젝은 폭력과 저항의 관계를 오늘날의 정세와 밀착시켜 사유하는 정치철학적 기획의 중요한 전범으로서 다양한 성찰의 지점들을 제공해 주고 있다. 발리바르가 해방의 정치와 변혁의 정치를 대체보충supplementarity하는 하나의 윤리로서 시민다움에 초점을 맞추고 있다면, 지젝은 변혁의 정치를 새롭게 재차 강조함으로써 혁명적인 윤리적 행위를 요청한다는 차이가 있을 뿐이다. 따라서 두 사람이 공유하고 있는 바는, 폭력과 저항의 관계를 사유하는 핵심 주제어로서 주체의 윤리이다. 이것이 적어도 당분간은 우리 시대에 저항의 정치의 가능성을 모색하는 화두가 될 것이다.

---

12 "윤리적 행동이란 단지 (시류를 거스른다거나 현실에 아랑곳하지 않고 대의-사물을 고집한다는 뜻에서) '현실 원칙 너머에' 있는 것일 뿐만 아니라 한발 더 나아가, '현실 원칙'이라는 바로 그 좌표 자체를 변화시키는 개입을 뜻하는 것이다. …… 행동이란 '불가능한 것을 행하는' 몸짓일 뿐만 아니라 '가능할 법한' 것으로 받아들여지는 사회적 현실의 좌표 자체를 변화시키는 개입이기도 하다. 행동은 단지 '선善 너머에' 있는 것이 아니라 무엇을 '선'이라 할 수 있는가라는 규정 자체를 새롭게 바꿔 놓는 것이다"(지젝 2008, 255).

9장

대중 봉기의 이데올로기와 민주화

1. 대중들과 대중 봉기

동일한 대상도 어떤 관점에서 보느냐에 따라 다르게 지칭할 수 있다. 대중들masses이라는 단어는 일반적으로 보수적인 관점에서는 군중crowd이라고 불러왔고(르 봉 2005), 최근 급진적인 관점에서는 이탈리아의 자율주의 정치철학에서처럼 다중multitude이라고 개념화하고 있다(네그리·하트 2008). 즉, 대중들이라는 개념은 보수적인 관점에서 경멸적으로 지칭하거나 급진적인 관점에서 긍정성만을 강조하는 두 편향을 벗어나, 보수적이면서도 진보적이고 수동적이면서도 능동적인 양면성을 복합적으로 표현하기 위한 용어다.

'대중'mass 개념(주지하듯이 **단일한** 뜻은 없다!)은 ('분과 학문' 전체가 오직 '대중 현상'과 그 정치적 효과를 연구하는 이른바 '사회심리학'에 기초한다는 점에서) 현대 사상 내에 영속하고 있지만, 정확하고 포괄적인 '대중' 개념의 **역사** — 그리스어 plethos 혹은 hoi polloi[경멸적 민중/서민], 라틴어 물티투도multitudo에서 유래하여, (혁명적 담론에서 다소 긍정적인) '대중들'masses과 (보수적 담론에서 다소 부정적인) '군중'crowd이라는 근대의 갈등적 개념으로 확장하는— 는 존재하지 않는다(Balibar 1994, 228, 강조는 원문).

물론 현대 영어에서 mass와 masses는 잘 구별되지 않지만, 그 어원은 16~17세기에 쓰이던 라틴어 물티투도multitudo(영어 multitude)이다. 물티투도의 어원은 multus(많은, 다수의)이며, 당시 천한 하층민rabble과 동의어였는데, 숫자가 많다는 것을 묘사하는 물티투도라는 용어가 정치적으로 유의미하게 사용되었다. 그리고 18세기부터는 물티투도가 점차 폭도mob라는 용어로 대체되기 시작했고, 19세기 이후에는 '다루기 힘들다'는 의미를 내포한 '군중'crowd이라는 용어로 바뀌거나 일반적으로 낮은 사회적 지위를 나타내는 '대중'mass이라는 용어가 사용되었다. mass는 라틴어 massa(물질 덩어리)에서 유래하는 용어로서 15세기부터 사용되던 것으로, '① 무정형적이며 구별 불가능한 것', '② 밀집한 집합체'라는 두 가지 의미를 담고 있었는데, 결정적으로 18세기 프랑스혁명을 거치면서 기존에 물티튜도를 가리켰던 의미가 mass를 복수형으로 표기하는 masses라는 단어로 이전된다. 또한 이때 mass의 '밀집한 집합체'라는 의미는 연대 solidarity와 유사한 사회적 의미를 획득한다. 즉, masses는 multitudo의 현대적 번역어인 셈이다.

따라서 근대 사회적 의미에서 masses와 mass는 구별 가능한 두 종류의 내포를 가지고 있다. masses①은 mulitude 또는 mob — 하층의, 무식한, 불안정한 — 의 근대적 용어이다. masses②는 동일한 사람들을 묘사하지만, 이제 긍정적인 또는 잠재적으로 긍정적인 사회 세력을 나타낸다(윌리엄스 2010, 295).

하지만 20세기에 들어와서 mass와 masses는 아주 많은 수의 사물이나 사람을 뜻하는 것으로서 '수가 많다'는 의미가 전체적으로 우세해졌다. 또한 대중문화mass culture, 대중매체mass media, 대량생산mass production이라는 용어에서처럼 수적으로는 많지만 개별 가정에서 고립돼 있는 청중을 대상으로 하는 경우에 널리 쓰인다. 물론 대중 항쟁mass uprising, 대중 시위mass protest, 대중조직mass organization 등의 용어에서는 능동적이고 혁명적인 함의가 남아 있다.

이와 같은 개념의 역사와는 다른 맥락에서, 최근 정치철학에서 주로 사용되는 대중들이라는 개념은 17세기 스피노자에게서 유래하는 것이다. 현대 프랑스 철학을 중심으로 당시에 쓰이던 물티투도라는 용어가 복원되기 시작한 이유도 여기에 있다(진태원 2010b). 스피노자는 권력(라틴어 potestas, 불어 pouvoir)과 역량(라틴어 potentia, 불어 puissance)을 구분하는데, 간단히 말해서 권력이 제도화된 힘이라면 역량은 제도화되지 않은 힘이다. 다시 말해서 권력이 법과 제도에 기반한 권한과 능력이라면, 역량은 법과 제도에 선재하는 비제도적인 능력이다.

네그리는 이런 스피노자의 권력과 역량이라는 구분을 확장시켜서, 권력을 주권적 제국에 연결시키고 역량을 주권적 제국에 대항하는 다중의 힘으로 설명한다. 즉, '권력=주권적 제국'과 '역량=다중'이라는 대립쌍을 제시하고, 다중은 권력에 포섭되지 않고 그것을 벗어나 있는 자율적이며 자기해방적인 정치적 주체라고 개념화한다(네그리·하트 2001). 그러나 이는 수많은 사회적 약자들의 잠재적 힘을 높게 평가하는 것이지만, 그만큼 대중들의 혁명성을 너무 과장할 수 있다. 사회적 약자들이 억압과 모순에 항상 노출돼 있다고 해도 그들은 법과 제도와 늘 대립하지는 않으며, 때로는 법과 제도에 순응하고 적응하면서도 때로는 그것을 바꾸기 위해 노력하고 싸우는 양면성을 함께 갖고 있기 때문이다. 사실 스피노자의 경우에도 어떤 형식의 법과 제도가 개인의 역량과 권리를 보존할 수 있는지를 사유하려 한 것이지, 주권적 국가의 법과 제도를 모두 거부했다고 보기는 어렵다(발리바르 2005b). 또한 물티투도는 하나의 단일한 주체로서 '다중'이 아니라 수동적이면서도 능동적이라는 양면성을 갖고 있으며, 세계에 대한 과학적인 적합한 인식이 아니라 진리와 허구가 혼재돼 있는 이데올로기를 통해 현실의 갈등을 인식하고 행위하는 존재이므로 '대중들'이라고 개념화하는 것이 더 타당하다. 즉, 네그리처럼 스피노자의 물티투도multitudo를 다중mul-titude으로 번역해 자율적이고 스스로 자기-가치화하는 단일한 정치적 주체(단수)로 사고할 것이 아니라 발리바르처럼 물티투도를 복합적이고 다면적인 대중들(복수)로 번역해 그 수동성을 축소하고 능동성을 확대할 수 있는 국가형태, 사회질서를 고민하는 방향으로 문제틀을 설정해야 한다.

대중들의 운동으로서 대중 봉기도 마찬가지다. 수많은 사람들이 거리로 쏟아져 나와 비범한 자발성을 표출하고 폭포수처럼 쏟아지는 언어를 창조하며 상상할 수 없던 행위를 만들어내는 대중 봉기는, 반드시 사회질서를 진보적인 방향으로 이끌어 가는 원동력이라고 할 수는 없으며, 때로는 퇴보적이고 파시즘적인 경향을 드러내기도 한다. 이른바 대중 봉기의 '진화주의'라는 표현처럼 그것이 자연적으로 진보(또는 '더 나은 미래')를 향해 나아간다고 하는 것은 과거의 진보 사관처럼 일종의 목적론을 도입하는 것과 다르지 않다. 이는 대중 봉기에서 그 긍정적인 측면 못지않게 부정적인 측면 또한 간과하지 않아야 한다는 것을 함의한다.

물론 이런 철학적 논의를 곧바로 사회과학적 분석틀로 활용하기는 쉽지 않다. 여기서는 기존의 사회운동론, 특히 군중과 대중을 연구 대상으로 설정해 왔던 집합행동에 관한 이론들의 한계를 정리하면서, 집합행동론이 포착하지 못하는 대중 봉기의 특성을 살펴보고자 한다.

집합행동론의 문제의식은 어떻게 개인들이 집합적인 행위에 참여하게 되는가이다. 따라서 독립적이고 원자적인 개인들이 집합적으로 행위하는 이유와 조건을 분석하려는 개인주의적 방법론에 기초하고 있으며, 그에 따라 대중 봉기를 개인들의 심리 상태 — 합리적이든 비합리적이든 — 로 설명하거나 개인의 합리적 선택을 규제하는 사회운동 조직의 제도적이고 구조적인 조건에 초점을 맞춰 파악하려 한다.[1] 그러나 원자적 개인들이나 이런저런 부문과 영역의 사회운동들로 분해한 후 그 총합으로 대중 봉기를 사고할 경우 대중 봉기 자체의 특징들은 간과되기 쉽다. 대중 봉기는 무엇보다 일회적이고 비조직적이기 때문이다.

특히 최근 사회운동론의 지배적 패러다임 가운데 하나인 자원 동원론은 사회운동 조직들을 중심에 두고 각각의 정치 세력들이 보유한 자원들과 이를 둘러싼 전략적 상호작용을 파악해 집합행동의 객관적 측면을 분석하는 데 치중하고 있으며, 다른 하나인 구성주의는 참여자들의 인지적 해방(사회운동 조직의

---

[1] 집합행동론은 크게 사회심리론, 합리적 행위론y, 자원 동원론, 구성주의로 구분할 수 있다(김영정 1988; 김용학 1992; 임희섭 2001). 사회심리론은 이른바 군중심리를 최면 상태 내지 전염 효과로 이해하거나 상대적 박탈감이나 사회적 좌절에서 비롯하는 것으로 치부한다. 그에 비해 합리적 행위론은 게임이론이나 무임승차론 등을 통해 개인들의 의사 결정에서 나타나는 합리성을 강조하는데, 이는 경제적 득실의 계산과 다르지 않다. 자원 동원론은 운동에 필요한 자원들의 동원 가능 여부와 자원을 둘러싼 정치과정에 주목하면서 정치 세력들 간의 전략적 상호작용을 분석한다. 구성주의는 일종의 상징적 자원을 중시해, 참여자들이 사회운동 조직의 정치적 능력과 효과에 대해 확신을 획득하거나 지배적 해석 체계를 의문시하는 대안적 해석 체계를 통해 결속할 경우 집합행동이 가능해진다고 설명한다.

능력에 대한 확신)이나 지배적 프레임(해석 체계)을 대체할 만한 대안적 프레임(해석 체계)을 둘러싼 상징 투쟁에 주목해 집합행동의 주체적 측면을 분석하는 데 집중한다. 그러나 이와 같은 접근법들은 동원할 자원이 불충분하거나 부족함에도 불구하고, 또는 대중들이 자신의 능력에 대해 확신하지 못하거나 대안적 해석 체계(그람시의 용어로 말하자면, 대항 헤게모니)가 부재함에도 불구하고 발생하는 대중 봉기를 설명하는 데 한계가 있다.

따라서 집합행동론에서 다루는 사회운동과 대중 봉기를 개념적으로 구별하는 것이 대중 봉기의 특징을 파악하는 데 도움을 줄 수 있다. 대중 봉기는 우발적인 사건을 통해 대중들masses이 자발적으로 거리에서 대규모 투쟁을 전개하는, 일정하게 예측과 통제가 불가능한 운동 형태를 가리킨다(룩셈부르크 1995; 김정한 1998). 이는 특정한 이해관계에 기초해 사전에 설정된 정치적·경제적·사회적 목적을 이루기 위해 조직적이고 체계적인 활동을 전개하는 사회운동과 다르며, 특정한 사회운동이 소수 엘리트나 활동가가 아니라 광범위한 대중mass을 조직하고 동원할 경우 이를 지칭하기 위해 사용하는 '대중(적인) 운동'mass movement과도 다르다. 이 경우 '대중(적인) 운동'은 '수가 많다'라고 하는, 많은 인원이 동원되거나 참여한다는 것을 나타낸다. 예를 들어, 1997년 민주노총의 총파업에서처럼 민주노총에서 총파업을 결의하고 산하 조직노동자들을 동원하는 경우에는 '대중(적인) 운동'이라고 할 수는 있겠지만, 우발적이고 비조직적으

표 4 사회운동과 대중 봉기의 비교

	사회운동	대중 봉기
주요 특징	• 이해관계에 기초 • 장기적·조직적·체계적 • 일상적이고 정형화된 실천을 전개	• 우발적인 사건에 기초 • 일시적·비조직적·자발적 • 예측과 통제가 어려운 실천을 전개
운동 주체	• 특정 조직의 구성원과 지지자들	• 경계가 불확정적인 익명의 대중들
주요 사례	• 정당 운동 • 노동조합운동 • 시민운동	• 1980년 5·18 광주 항쟁 • 1987년 6월항쟁 • 1991년 5월 투쟁 • 2008년 촛불 항쟁

로 분출하는 대중 봉기와는 차이가 있다. 대중 봉기는 우발적인 사건에 기초해 일시적이고 비조직적으로 단기간에 폭발적으로 예측할 수 없는 실천을 전개한 후 소멸한다는 특징을 갖는다.

대중 봉기는 며칠이나 몇 주에 불과한 아주 짧은 기간 동안만 지속될지라도, 사회질서의 모순과 불완전성을 극명하게 드러내면서 그것을 변형하거나 해체할 수 있는 무한한 잠재력을 갖고 있으며, 그 시공간 속에서 '이름도 얼굴도 없는' 대중들은 새로운 상상의 공동체를 현실적으로 구상하기 시작하고, 이를 실현하기 위해 이전에는 불가능하다고 여겨진 다양한 형태의 실험과 투쟁을 전개한다. 장기적인 역사적 관점에서 볼 때, 조직적이고 체계적인 사회운동이 아니라 우발적인 여러 사건들이 얽혀 발생한 대중 봉기가 사회변동의 주요 계기가 될 수 있는 이유가 여기에 있다.

물론 이런 비교는 사회운동과 대중 봉기를 구별하는 이념형ideal type이며, 현실적으로는 각각의 주요 특징들이 혼재돼 나타날 수 있다. 사실 이 때문에 일반적으로는 사회운동과 대중 봉기가 구별되지 않으며, 『브리태니커 백과사전』의 다음과 같은 정의처럼, 사회운동은 보수적 운동, 개혁적 운동, 혁명 등을 모두 포괄하는 넓은 의미로 사용되고 있다.

사회구조 또는 가치 체계 등의 변혁이나 어떤 사회문제의 해결을 위해 행하는 조직적·집단적인 활동. 대부분의 사회운동은 기존 사회질서의 개량이나 변혁을 목표로 하지만, 때로는 현상 유지를 꾀하거나 사회변혁을 막으려는 경향의 운동도 있다(반동적 운동). 사회운동에는 사회의 가치 체계를 일부 변혁하려는 개량 운동이나 권리 획득 운동 또는 기존 사회질서를 전면적으로 변혁하려는 혁명 등이 모두 포함된다.[2]

그리고 형식적인 측면에서, 사회운동을 "공개적인 저항 활동을 통해 사회변동을 촉진 또는 저지하고자 하는 상호 관련된 개인들의 집합체, 조직, 집단의 조직적이고 지속적인 노력"이라고 정의하거나(쿠르베타리스 2003, 333), "주로 비전통적인 형태[선거

---

2 『온라인 브리태니커 백과사전』의 '사회운동' 항목 참조.

운동과 투표 등의 전통적 형태와 구분되는 정치적 시위]로 사회의 변동에 영향을 주는 시민사회의 정치 행위"(이준한 2007, 401)라고 정의할 경우, 대중 봉기는 사회운동의 한 유형으로 이해될 수도 있다. 또한 내용적인 측면에서, 보수적 운동을 제외하면 사회운동은 민주주의를 확대하는 민주화 운동이라고 할 수 있는데, 여기에는 다양한 정치적 권리를 보장하는 정치적 민주주의(자유민주주의), 사회권을 추구하는 사회경제적 민주주의(사회민주주의), 자본주의적 생산관계를 대상으로 하는 생산자 민주주의(마르크스주의), 여성과 동성애자를 비롯해 다양한 소수자들의 권리와 차이를 요구하거나 환경·생태 등의 문제를 제기하는 일상성의 민주주의(포스트주의) 등을 실현하려는 다양한 운동들이 포괄되고(손호철 2006, 71-75), 이 경우에도 대중 봉기는 사회운동의 한 유형이 될 것이다. 즉, 사회운동을 넓은 의미로 이해한다면, 대중 봉기는 사회운동의 일부이다.

하지만 폭동, 봉기, 군중 등을 다루는 집합행동과 사회운동을 대비해 보면, "① 사회운동은 보다 조직적인 경향이 있다. ② 참여자들은 보다 목적 지향적이고 의도적인 경향이 있다. ③ 사회운동은 보다 오래 지속된다. ④ 사회운동은 실제적인 사회 변화를 추구하거나 저지한다" 등으로 사회운동의 특징을 상대화할 수 있다(Goode 1992, 408; 쿠르베타리스 2003, 335에서 재인용). 다시 말해서, "'왜 개인들이 집합 행위에 참여하게 되었는가'라는 것이 아니라 '다수준적인 관계적 위치들의 복합적 효과

속에 있는 다수의 개인들이 왜 동일한 시간과 공간에서 동일한 (또는 유사한) 지향적 행위(또는 비행위)를 선택하게 되었는가'"라는 것으로 집합행동에 담긴 문제의식의 초점을 조정한다면 (정태석 2002, 224), 집합행동과 사회운동의 상대적 특징을 구분하는 논의는 대중 봉기와 사회운동을 구별하는 데에도 응용할 수 있다. 즉, 사회운동과 대중 봉기를 서로 '상대적인 의미'로 파악한다면, 두 운동의 이념형적 분류가 유용해지고, 이렇게 볼 때 대중 봉기의 특징이 보다 명확히 부각될 수 있을 것이다.

2. 이데올로기와 주체

현대 마르크스주의와 이론적 정신분석학은 거짓 선동이나 허위의식 차원에서 논의되던 이데올로기 이론을 한 단계 도약시켰다. 대중 봉기 과정에서 대중들은 비합리적이지 않지만 또한 합리적인 것만도 아니기 때문에, 이를 포착하는 데 이데올로기 개념은 여전히 유용할 수 있다. 대중들은 자신을 둘러싼 세계에 대한 적합한 인식을 획득한 후 투쟁하는 것이 아니라 인식과 몰인식을 동시에 담고 있는 이미지와 표상들을 통해 세계를 체험하며 행위한다.

사회과학적 상식에서 볼 때 대중 봉기는 지배 질서에 대항하는 것이며, 따라서 운동 주체는 지배 질서를 정당화하고 사회 모순을 은폐하는 지배 이데올로기가 아니라 피지배 이데올로기 내지 대항 이데올로기를 통해 투쟁한다고 해야 타당할 것처럼 보인다. 다음 절에서 살펴볼 것처럼, 이런 입장에 해당하는 대표적인 사상가는 그람시와 E. P. 톰슨이다. 그람시는 자본주의 혁명을 위해서는 피지배계급의 대항 헤게모니가 필요하다고 주장했으며(Gramsci 1971), 톰슨은 노동자들에 고유하고 독특한 문화가 계급(의식)을 형성하고 자본주의에 저항하는 데 수행하는 역할을 중시했다(톰슨 2000). 그러나 대중들이 사회 갈등을 인식하고 이를 어떤 식으로든 해결하기 위해 행위하는 터전이 반드시 피지배 이데올로기나 대항 이데올로기라고 볼 수는 없다. 더구나 예측할 수 없는 순간에 우발적으로 일어나는 대중 봉기의 주요 특징을 고려할 경우, 대중 봉기의 발생과 전개가 반드시 피지배 이데올로기나 대항 이데올로기의 광범위한 현존을 전제한다고 볼 수는 없다.

여기서 다시 사고해야 하는 것은 지배 이데올로기가 지배계급의 이데올로기라는 명제이다. 우선, 지배 이데올로기 자체는 투쟁의 쟁점이자 장場이다. 이데올로기가 호명을 통해 개인을 주체로 구성한다는 이른바 '호명 테제'를 제시한 알튀세르는 이데올로기를 '현실의 실존 조건에 대한 개인들의 상상적 관계의 표상'이라고 정의한 바 있다(알튀세르 1991; 2007, 277-278). 이데올로기적 국가 장치들에 구현된 지배 이데올로기가 개인을 호명함으로써 그에 종속된 주체가 구성되고, 그에 따라 생산관계의 재생산이 가능해진다는 것이다. 그러나 이런 논변이 주체가 지배 이데올로기에 종속되는 과정(재생산)만을 설명할 뿐 그에 반역하는 과정(이행)을 해명하지 못하는 기능주의에 불과하다는 비판에 직면해, 알튀세르는 지배 이데올로기에 대한 계급투쟁의 우위 테제를 제시한다. 예컨대 "이데올로기적 국가 장치들의 복합적 체계 속에 존재하는 지배 이데올로기는 그 자체로 매우 길고 어려운 계급투쟁의 결과"이며, 따라서 "지배 이데올로기의 재생산을 위한 투쟁은 언제나 계급투쟁에 종속한 채 끊임없이 재개될 수밖에 없는 항상 미완성의 투쟁이다"(알튀세르 1993, 128-129). 그렇다면 국가(장치)가 "지배계급이 피지배계급과의 관계 속에서 자신을 조직하는 전략적 장"이며, 그에 내재한 계급적인 전략적 선택성strategic selectivity에도 불구하고 사회 세력의 역관계를 반영하는 '사회적 관계의 응축'이듯이(제솝 1996, 173; 2000, 363; 손호철 2002), 마찬가지로 지배 이데올로기는 지배계급과 피지배계급의 투쟁의 '터전'이며, 여기에는 피지배계급의 투쟁의 흔적이 기입돼 있다고 봐야 한다. 그 때문에 지배 이데올로기는 단순히 지배계급의 조작된 허위의식이 아니라 이데올로기적 국가 장치들과 실천 행위 등을 통해서 물질적으로 작동한다.

이런 맥락에서 풀란차스 역시 이데올로기는 사회 계급들의 등 뒤에 붙어 있는 '정치적 번호표'가 아니라고 주장한다. 지배 이데올로기는 계급투쟁의 효과로 존재하기 때문에 어떤 사회

계급의 정치적 의지와 등치될 수 없다는 것이다.

실제에 있어서 지배 이데올로기는 '순수하고 단순한' 주체로서의 지배계급의 존재 조건만을 반영하지는 않으며, 도리어 지배계급과 피지배계급의 구체적인 정치적 관계를 나타내고 있다. 그것에는 자주 지배계급이나 그 분파가 아닌 여러 계급들의 '생활양식'에서 유래하는 요소들이 스며들기도 한다(풀란차스 1986, 243-244).

이 때문에 피지배계급은 지배 이데올로기의 담화 속에서 자신들의 존재 조건과의 관계를 경험하게 되며, 또한 이런 담화에는 지배계급이 아닌 다른 계급의 생활양식에서 빌려온 요소들이 나타난다. 그래서 "피지배계급이 부르주아계급에 반대해 '자발적으로' 대항하게 되는 중요한 담화도 '사회정의', '평등' 등 지배 이데올로기의 법적·정치적 부문에 의해 지배되고" 있으며(풀란차스 1986, 255), "이것은 종종 그들이 지배 이데올로기의 준거틀 내에서 체계의 지배에 대항해 반란을 일으키기도 하면서 살아간다는 것을 의미한다"(풀란차스 1986, 266). 따라서 지배 이데올로기는 사회구성체의 '접착제'이고 사회적 응집성cohesion을 유지하는 데 기여하지만, 동시에 피지배계급이 억압에 저항하는 방식에도 영향력을 행사한다. "왜냐하면 그것은 지배 이데올로기의 법적-정치적 영역에서 유래하는 '평등', '민주주의', '정의' 같은 개념들을 통해 파워블럭에 저항하는 피지배계급의 반란을 '자연 발생적으로' 불러일으키기 때문이다"(제 솝 1996, 257).

그럼에도 불구하고 알튀세르는 이데올로기적 모순을 상징에 대한 개인의 정체화/탈정체화 차원에서 파악함으로써 지배 이데올로기에 대한 반역을 개인적 차원에서 파악하게 되는 한 계가 있다(박상현 2008, 25). 또한 풀란차스는 지배 이데올로기의 계급적 내용과 그것이 계급 지배에서 수행하는 역할을 분리하고 있지만, 피지배계급의 '자생적 투쟁'이 갖는 한계를 극복하기 위해 지배 이데올로기의 침투를 저지하는 혁명적 이데올로기를 요청하는 과정에서 여전히 계급 환원론적 혐의를 완전히 떨쳐 내지 못한다(제솝 1996, 276). 따라서 알튀세르와 풀란차스의 개념화를 한걸음 더 밀고 나가야 하는데, 지배 이데올로기가 투쟁의 결과로서 존재한다면, 더구나 그것이 보편성을 획득해 지배 이데올로기로서 제대로 작동할 수 있으려면, 피지배계급의 본래의 체험과 열망을 적극적으로 '통합'시켜야 하기 때문이다(지젝 2005, 298-299). 따라서 지배 이데올로기는 단순히 지배자들의 경험(가치, 생활양식, 세계관, 상징 자본 등등)을 보편화하는 것이 아니라 우선적으로 피지배 대중의 체험된 경험을 통합시켜야 하며, 그것을 지배 질서를 유지하는 데 알맞도록 가공하고 보편화해야 한다. 이런 이유로 발리바르는 지배 이데올로기가 지배계급의 이데올로기라는 명제를 뒤집어 다음과 같은 역설적인 명제를 제출한다. "지배자들의 이데올로기 그 자체인 지배 이데올로기는 존재하지 않는다. …… 주어진 사회에서 지배 이데올로기는 항상 피지배자들의 상상의 특수한 보편화이다"(발리바르 1993a, 186).

그리고 이 때문에 지배 이데올로기는 항상 잠재적 모순을 내포할 수밖에 없으며, 피지배자들이 지배 이데올로기가 호명하는 "그들 자신의 상상의 보편성을 곧이곧대로 믿는다면, 또는 오히려 그들이 그들 자신의 상상의 요구들에 부응해 행동하고 그 결과들을 도출해 내려고 집단적으로 시도한다면, 그들은 더 이상 기존 질서를 인정하지 않고 그것에 반대해 반역하는 것이다"(발리바르 1993a, 187). 다시 말해서 발리바르에 따르면, 대중들의 이데올로기적 반역은 지배 이데올로기를 있는 그대로 믿고 행위할 때, 그것을 집단적으로 현실화하려 할 때 발생한다.[3]

또한 이데올로기 개념과 그 작동 방식에 대한 이와 같은 정정은 자연히 호명 테제의 정정으로 이어진다. 지배 이데올로기와 마찬가지로 호명 또한 피지배자의 체험과 열망을 통과해 그것을 병합해야 하기 때문이다. 이런 이유로 라캉의 정신분석학

---

3 랑시에르는 노동자들이 민주주의를 실천하는 방식을 이와 유사하게 설명한다. 노동자들은 평등을 선언하는 법과 불평등한 현실이 일치하지 않을 때, 법 앞의 평등이 불평등한 현실을 은폐하는 환영에 불과하다고 비판하는 것이 아니라 자신들의 부당한 노동조건이 법에 기입된 평등에 위배된다고 논리적으로 지적하고, '모든 사람이 법 앞에 평등하다'라는 문장을 입증하기 위해 파업을 전개한다(랑시에르 2008, 109-114).

그림 1 이데올로기적 호명의 도식

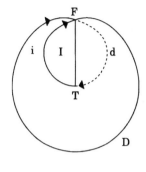

D 의미의 요구
I 해석의 정체화 원리
T 믿는다고 가정된 주체
d 욕망
F 환상
i 호명

자료: Močnik(1991, 131)

에서 유래하는 슬로베니아 학파의 이데올로기 개념은 환상fantasy을 강조한다. 환상은 주체의 무의식적 욕망이 드러나는 욕망의 무대이며, 현실에 대한 인식과 몰인식의 바탕에 있는 각본scenario이다(호머 2006, 159-162). 주체는 환상을 고정점point de capiton 내지 누빔점quilting point으로 삼아 파편적인 현실의 조각들을 정합적으로 묶어 내고 일관적인 의미를 부여한다. 따라서 대타자Other의 호명이 자신의 전언message으로 주체를 성공적으로 구성하기 위해서는 무엇보다 주체의 환상과 접촉해야 하며, 주체의 환상에 작용해 그것을 병합하지 못하는 한 대타자에 대한 주체의 정체화는 불가능하다. 요컨대 호명의 궤도는 '호명 → 환상 → 욕망 → 정체화'로 나타난다(Močnik 1991, 131-132, 〈그림 1〉 참조).

하지만 환상은 역설적으로 작동한다. 주체가 대타자의 호명에 응답하는 이유는, 자신의 결여를 메우고 완전한 정체성을 획득할 수 있는 '뭔가'(라캉의 용어로 대상 a)를 욕망하고 있으며 그것을 대타자의 호명에서 발견하고자 하기 때문이다. 하지만 지배 이데올로기는 사회적 모순과 적대로 인해 현실에 대한 정합적인 총체성을 구성하는 데 항상 실패할 수밖에 없다. 다시 말해서 주인 기표로서의 대타자는 끊임없이 부유하는 기표들을 완전하게 누벼서 기의들을 총체적으로 매듭짓는 것이 불가능하다. 이것은 주인 기표 자체가 기의 없는 텅 빈 기표에 불과하며, 대타자 또한 기의의 결여와 의미의 공백을 체현하고 있음을 함축한다. 따라서 이 지점에서 역설적인 효과가 나타난다. 욕망하는 주체가 궁극적으로 대면해야 하는 것은 대타자의 결여와 공백이기 때문이다. 주체는 자신의 완전함과 정체성을 추구하는 곳에서 결여와 대면한다(스타브라카키스 2006, 97). 그로 인해 대타자의 전언이 담긴 호명은 주체에게 정합적인 의미 효과를 생산하는 것이 아니라 오히려 대타자의 결여와 공백을 드러낸다. 그리고 이와 같이 대타자의 결여와 공백에 직면한 주체가 그것을 메우고 정합적인 의미를 획득하도록 해주는 것이 바로 환상이다. 주체의 환상은 지배 이데올로기의 균열을 메운다(지젝 2001, 221). 이런 환상의 기능은, 대타자의 호명이 성공하기 때문이 아니라 호명이 실패하기 때문에 주체가 구성된다는 역설적인 명제로 표현되기도 한다(Dolar 1993, 77-78).

그림 2 이데올로기와 주체의 상호 과정

주: 이 도식에서 상상계, 상징계, 실재가 각각 독립적이고 자율적인 것은 아니다. 그것은 보로메오의 매듭처럼 서로 얽혀 있다. 상상적 정체화(자신이 되고 싶은 '이상적 자아'와의 정체화)가 항상 상징적 정체화(타자가 자신에게 욕망하는 '자아 이상'과의 정체화)와 결부돼 있듯이, 상상계는 언제나 상징계를 전제하고 있으며('먼저 도착해 있는 상징적 질서'), 피지배자의 체험은 상징계를 '매개'해 이루어진다(이런 맥락에서 이데올로기는 '상징의 상상화'라고 말할 수도 있다). 또한 상징계는 (무의식이 억압되듯이) 실재를 배제함으로써 구조화되지만, 실재는 (억압된 무의식이 회귀하듯이) 부단히 '낯선 현실'로서 회귀해 상징계를 불안정하게 교란한다(지젝 2001, 184-187; 최원 2003; 홍준기 2002).

요컨대 주체의 환상은 지배 이데올로기가 작동하기 위해 병합해야 하는 것이지만, 동시에 주체는 환상을 통해 지배 이데올로기의 결여와 공백을 메우며, 이 두 작용 방향의 함수관계에 따라 지배 이데올로기의 내면화와 이데올로기적 반역의 배합이 이루어진다. 이상의 논의는 〈그림 2〉와 같이 도식화할 수 있을 것이다.

한편으로 대중 봉기 과정에서 대중들은 지배 이데올로기를 통해서 투쟁하며, 다른 한편으로 대중들의 환상은 지배 이데올로기의 균열을 메우는 방식으로 그것을 있는 그대로 실현하고자 한다. 하지만 지배 이데올로기를 문자 그대로 실현한다는 것은 애초에 불가능하며, 이 때문에 궁극적으로 대중 봉기에는 지배 이데올로기를 이상화하는 유토피아적 요소가 결합될 수밖에 없다. 그리고 이런 봉기 과정에서 주체는 새롭게 (재)구성된다. 지배 이데올로기의 호명과 그에 대한 상징적 정체화에서 출발하지만, 이를 현실화시키려는 대중 봉기의 집단적 환상을 통과하면서 대중들은 기존의 지배 이데올로기 속에서 자신이 소외돼 있음을 발견하기 때문이다. 대중 봉기가 보다 깊게 멀리 흘러갈수록, 그 흐름 속에 있는 대중들은 기존의 지배 이데올로기로 이루어진 세계에서는 자신의 자리, 즉 주체-위치를 발견할 수 없다.

지젝이 진정한 정치적 주체를 '공백'이라고 표현하는 이유가 여기에 있다(지젝 2007, 44). 정치적 주체는 기존의 지배 이데올로기로 이루어진 상징 질서 속에 자신의 자리가 없는 자이다. 지배 이데올로기의 호명이 현존하는 상징 질서 내의 주체-위치로 개인을 불러들임으로써 주체화시키는 기제라면, 진정한 정치적 주체는 현존하는 상징 질서 내에 어떤 주체-위치도 갖지 못하는, 상징 질서의 공백이자 텅 빈 장소다. 다시 말해서 정치적 주체는 기존 상징 좌표 내의 주체-위치와 정체화하는 데 실패한다.

바로 이 지점에서 고유한 정치적 행위가 가능해진다. 고유한 정치적 행위란 기존의 상징 질서를 거부하고 새로운 상징 질서를 창출하는 것을 가리킨다. "행위는 주체의 재탄생이라고 할 수 있다. 그것은 현존하는 상징적 질서, 즉 주체에게 부여된 상징적 위임 내지 역할의 완전한 거부를 포함한다"(마이어 2005, 119). 기존의 상징 질서에서 자신의 자리가 없는 정치적 주체가 존속하기 위해서는 새로운 상징 질서를 창출해야 하며, 지젝에 따르면 이것은 곧 혁명을 뜻한다. 대중 봉기 과정에서 주체-위치들의 좌표가 동요하거나 무너지고, 정치적 행위를 통해서 형성된 정치적 주체는 자신의 주체-위치를 재현할 수 있는 새로운 상징 질서를 요구한다. 이런 의미에서, 대중 봉기 과정에서 정치적 주체의 탄생은, 기존의 상징 질서 내의 주체-위치와 정체화하고 있는 사회적 범주, 사회집단과의 단절을 함축한다.

이상의 논의를 대중 봉기와 관련해 재구성해 보자면, 대중 봉기는 기존의 상징계에 느닷없이 침입하는 실재의 발현이라고 할 수 있다. 즉, 대중 봉기는 기존의 상징 질서에서는 적절히 이해되거나 해석될 수 없는 상징 질서의 트라우마이다. 대중 봉기는 상징 질서에 침입해 그것을 동요시키고 균열을 일으킨다.[4] 이는 지배 이데올로기가 제대로 작동할 수 있기 위해서는 대중들의 체험이나 욕망과 환상을 자신의 이상적 보편성으로 병합해야 하는 것과 마찬가지로, 상징 질서는 외상과도 같은 대중 봉

---

[4] 라클라우는 이를 탈구dislocation로 개념화한다. 간단히 말해서 탈구는 "해당 담론 내에서 순화, 상징화, 통합될 수 없는 사건들의 출현에서 비롯하는 담론의 탈안정화"이다 (Torfing 1999, 301). 대중 봉기는 담론의 탈구를 일으키는 우발적인 사건이며, 기존의 담론 구조의 한계와 무능력을 드러낸다(Laclau 1996).

기를 자신의 내부로 통합해 재현할 수 있을 때 제대로 작동할 수 있다는 것을 의미한다. 만일 지배 이데올로기와 상징 질서가 대중 봉기를 납득할 수 있을 정도로 재현하는 데 실패한다면, 그것은 대중들의 조롱과 비판의 대상이 되어 끊임없이 위기에 직면할 것이며, 이 경우 대중 봉기를 그럴듯하게 재현하는 대항 이데올로기가 오히려 커다란 영향력을 발휘할 수도 있다. 이런 점에서 대중 봉기는 대항 이데올로기가 대중들에게 확산될 수 있는 상징적 공간을 열어 놓는다. 물론 대항 이데올로기가 어느 정도까지 대중들을 사로잡을 수 있을 것인지가 사전에 미리 보증될 수는 없을 것이다.

더구나 대중 봉기가 혁명으로 발전하는 드문 경우에는 대항 이데올로기가 사회 전체를 관통해 대중들의 새로운 이상적 보편성으로 자리 잡는 데 급속히 성공할 수도 있다. 대중 봉기는 적어도 초기에는 지배 이데올로기를 통해서 전개되지만, 이 과정에서 지배 세력과 저항 세력의 갈등과 적대가 심화되고 그리하여 대중 봉기가 혁명으로 전환한다면, 혁명 자체가 혁명의 이데올로기를 전파하는 계기들을 만들어 낼 수 있기 때문이다. 물론 대부분의 대중 봉기는 대개 단기간 내에 진압되거나 장기간에 걸쳐 자신의 역량을 확대하는 데 실패하기 때문에, 그것이 혁명으로 발전하는 것은 매우 예외적이다. 과잉 일반화할 위험이 있기는 하지만, 대중 봉기의 일반적인 경우와 혁명적으로 발전하는 예외적인 경우에 각각의 대중 봉기의 이데올로기 형태는

표 5   대중 봉기의 이데올로기 형태

구분	이데올로기 형태
대중 봉기(일반 사례)	지배 이데올로기
대중 봉기 → 혁명(예외 사례)	지배 이데올로기(초기) → 대항 이데올로기(중후기)

〈표 5〉와 같이 도식화할 수 있을 것이다.

3. 지배 이데올로기와 대항 이데올로기

이상의 논의는 마르크스의 두 가지 이데올로기 개념 중에서 긍정적인 개념화를 발판으로 삼고 있다. 부정적인 개념은 잘 알려진 『독일 이데올로기』에서 유래하는 것으로, 이데올로기의 작동을 '사진용 어둠상자'에 비유해 현실의 인간관계가 전도되어 나타나는 허위의식(그릇된 의식)으로 이해한다.[5] 긍정적인 개념

---

5   "전체 이데올로기 안에서 인간들과 그들의 관계들이 사진용 어둠상자에서처럼 뒤집어져서 현상할 경우, 이러한 현상은 마치 망막 위에서의 대상들의 전도가 그 망막의 직접적으로 생리적인 생활 과정으로부터 생겨나는 것처럼 인간들의 역사적 생활 과정으로부터 생겨나는 것이다"(맑스 1991, 202). '허위의식'(그릇된 의식)이라는 표현은 엥겔스의 것이다. "이데올로기는 이른바 사상가가 의식을 가지고 수행하는 과정이긴 하지만, 그 의식은 그릇된 의식입니다. 그를 움직이게 하는 진정한 추동력을 그는 여전히 모르고 있습니다"(엥겔스 1997, 553).

은 「정치경제학 비판 서문」에서 유래하는 것으로, 여기서 이데올로기는 대중들이 사회 갈등과 대립을 인식하고 이를 돌파하려는 장field으로 파악되고 있다.[6]

그런데 전자의 부정적 개념을 따른다면, 지배 이데올로기는 현실의 관계를 은폐해 지배계급의 이익에 봉사하는 잘못된 관념이기 때문에 제거하거나 퇴치해야 하는 것으로 이해된다. 즉, 전도된 의식을 바로잡아야 하는 것이다. 이는 자연스럽게 허위의식인 이데올로기와 참된 의식인 과학을 대립시키는 방향으로 귀결한다. 만일 그렇다면 계몽주의의 문제의식과 유사하게, 과학을 통해 이데올로기를 몰아내는 것이 이데올로기 투쟁에서 중요한 쟁점이 될 수밖에 없다. 그러나 대중들이 과학적 인식을 통해 투쟁한다는 것은 매우 비현실적이다. 더구나 부정적 개념에 의하면, 지배 이데올로기에 포섭되지 않은 혁명적 프롤레타리아트는 사실상 이데올로기가 없는 존재가 되어 버린다. "그런 [헛소리에 불과한] 이론적 관념들은 인간 대중, 즉 프롤레타리아트에게는 존재하지 않기에 그들에게는 해소될 필요도 없으며, 이들 대중이 일찍이 몇몇 이론적 관념들, 예컨대 종교를 가졌다 할지라도 그것은 지금에 와서는 이미 오래전에 환경들에 의해

---

6 "대립을 인식하게 되는 터전이자 또한 싸움으로 이 대립을 관철해 나가는 곳이기도 한 이데올로기적 형태들"(맑스 1988, 11).

해소돼 있다"(맑스 1991, 223). 따라서 계급 지배가 사라진다면, 이데올로기는 저절로 사라질 것이다. "한 특정 계급의 지배가 마치 일정한 사상들의 지배인 듯한 이러한 가상 전체는 계급 지배 일반이 사회적 질서의 형태이기를 그만두자마자, 특수 이해를 보편 이해로서 혹은 '보편적인 것'을 지배적인 것으로서 표현할 필요가 더 이상 없게 되자마자 당연히 저절로 사라진다"(맑스 1991, 229).

이처럼 마르크스에게는 사실상 프롤레타리아 이데올로기, 즉 피지배 이데올로기 내지 대항 이데올로기라는 개념이 아예 존재하지 않는다. 프롤레타리아트는 이데올로기가 아니라 참된 인식만을 갖고 있을 뿐이기 때문이다. 마찬가지로 피지배계급의 이익에 봉사하는 혁명적 사상은 이데올로기가 아닌 것이 된다(라라인 1998, 37-39). 그러나 현실의 노동자들이 이데올로기 없는 존재, 과학적 인식을 갖고 있는 존재라는 것은 쉽게 받아들이기 어려운 결론이다.

이 때문에 이데올로기에 대한 마르크스의 긍정적 개념에 기초해 대항 이데올로기를 사유하려는 시도가 나타나게 되는데, 그 대표적인 인물이 그람시이다. 그는 헤게모니에 관해 다음과 같이 말하고 있다.

순수한 경제적 계급의 조합주의적 한계를 능가하고, 또한 여타 종속 집단들subalterns의 이익이 될 수 있고 되어야 한다. …… 조합주의적

이 아니라 '보편적인' 지반 위에서 수행되는 투쟁들을 중심으로 모든 문제를 정립하고, 따라서 일련의 종속 집단들에 대해 기본적인 사회집단의 헤게모니를 창출하면서, 경제적이고 정치적인 목표의 일치만이 아니라 또한 지적이고 도덕적인 통일성을 확립한다(Gramsci 1971, 181-182).

헤게모니는 경제적·조합주의적 이익을 벗어나 지적·도덕적인 통일성을 확보하는 것이며, 자신의 특수한 이해를 보편적인 것으로 제시하는 능력이다. 따라서 그람시에게는 부르주아 헤게모니에 맞서 '진지전'을 통해 프롤레타리아의 대항 헤게모니를 창출하는 것이 중요해진다. 여기서 이데올로기는 헤게모니의 전부는 아니지만, 지적·도덕적 동의를 획득하고 지도력을 발휘하는 데 중요한 요소다.[7] 즉, 프롤레타리아계급의 혁명은 자신의 분파적 이익을 획득하는 투쟁을 벗어나 전체 사회의 이익을 대표하는 존재로 자신을 제시함으로써 이데올로기적 헤게모니를 확립할 때 가능해진다(맥렐런 2002, 58). 그렇다면 프롤레타리아의 이데올로기적 헤게모니는 어떻게 구성될 수 있을까? 그람시는 그 단초를 종속 집단들, 즉 서발턴subaltern의 문화

---

7 풀란차스에 따르면, 헤게모니는 이데올로기 차원으로 환원되지 않는다. 헤게모니는 제도적-조직적 형태들(정부 조직과 사적 조직을 포괄하는)을 통해 중층결정되기 때문이다(제솝 1996, 260).

와 상식common sense에서 찾고 있는데, 그것을 지배 이데올로기에 종속돼 있을지라도 상대적으로 '자율적인 영역'을 구축하고 있는 대항 헤게모니의 '원료'라고 판단했기 때문이다(Gramsci 1971, 326-327; 크리언 2002, 154-161). 그러나 서발턴의 상식이 이데올로기적 헤게모니의 '원료'라고 할지라도, 그것은 또한 지배 이데올로기에 포섭돼 있으므로 기존의 상식을 타파하고 새로운 상식을 구성해야 한다는 문제에 봉착할 수밖에 없는데, 이에 대해 그람시는 혁명적 정당과 유기적 지식인의 필요성을 요청하는 것 외에는 뚜렷한 답변을 제시하지 못한다.

그람시와 유사하게, E. P. 톰슨은 경제 환원론을 비판하면서 노동계급의 형성에서 노동자들의 문화가 수행하는 역할에 주목한다. 계급은 사회적·문화적 구성체이며, "어떤 사람들이 (이어받은 것이건 또는 함께 나누어 가진 것이건) 공통된 경험의 결과 자신들 사이에는 자기들과 이해관계가 다른(대개 상반되는) 타인들과 대립되는 동일한 이해관계가 존재함을 느끼게 되고 또 그것을 분명히 깨닫게 될 때 나타난다"(톰슨 2000, 7). 즉, 노동자들의 경험을 매개하는 공동체의 전통과 문화가 집단적 정체성을 형성하는 데 중요하다고 보며, 그에 따라 노동자들이 미성숙하고 수동적이라는 통념을 비판하고 공동체, 문화, 작업장에서 집단적 자의식(계급의식)이 형성되는 과정을 분석한다(이영석 2002, 89). 또한 18세기 식량 폭동에 관한 분석에서도 톰슨은 그것이 전통적인 상호 규범에 입각한 도덕적 분노에서 촉발되었으며, 공정한 가격체계를 침해하는 자본주의적 시장화에 반대해 식량에 대한 온정주의적 통제를 재확립하려는 저항이었다고 설명하고, 이를 전통적인 권리와 관습을 방어하려는 도덕 경제라고 지칭한다(Thompson 1991). 즉, 노동자들에게는 그들에게 고유한 관습과 문화가 있으며, 이것이 대항 헤게모니의 맹아라는 주장이다.[8] 하지만 톰슨의 기대와는 다르게, 이렇게 형성된 노동자들의 집단적 정체성이 반드시 반자본주의적이거나 혁명적이라고 할 수는 없으며, 노동자들의 관습과 문화가 지배 이데올로기의 외부에서 그와 독립적으로 존재한다고 볼 수도 없다. 따라서 톰슨이 분석한 계급의식은 "사회변혁의 수단보다는 노동자들이 산업자본주의에 대응하고 절충하는 수단으로 작용하는 측면이 더 우세"했으며(이영석 2002, 115), 그로 인해 당대의 노동자들이 지배 이데올로기에 순응하는 이유를 사실상 설명하지 못했고, "대중의 의식에 관한 그의 문화적 분석은 지배 이데올로기의 힘을 과소평가하고 대중문화를 지배 이데올로기와 분리된 것으로 간주하는 경향이 있었다"(서영표 2008, 253).

요컨대 그람시와 톰슨의 대항 헤게모니에 관한 분석은 기존의 경제결정론을 비판하고 노동자들의 집단적인 문화, 상식,

---

8 "톰슨의 더 큰 계획은 기존의 분석들, 즉 종속 계급들을 지배계급의 헤게모니, 고대의 미신 그리고 불합리에 속박된 영원한 종속 관계 속으로 사실상 축출해 버리는 분석들로부터 종속 계급의 역할을 구해 내려는 것이다"(우드 1999, 33).

관습 등의 중요성을 환기하는 데 공헌했지만, 그것이 지배 이데 올로기와 맺고 있는 관계에 대해서는 사실상 간과하고, 대항 이 데올로기(또는 그 맹아)가 마치 지배 이데올로기와 분리되어 존 재하고 독자적으로 발전하는 것인 양 사고하는 한계를 드러내 고 있다. 앞서 살펴본 것처럼, 지배 이데올로기가 지배계급의 이 데올로기가 아니라 피지배계급의 경험, 가치, 세계관 등을 보편 화한 것이고, 따라서 피지배계급의 생활양식에서 유래하는 요 소들이 기입돼 있는 계급투쟁의 결과물이라고 한다면, 노동자 들의 일상적인 불만과 저항을 표출할 수 있도록 하는 그들의 문 화, 상식, 관습에도 지배 이데올로기가 내재돼 있다고 보는 것이 더 타당하다.

잘 알려진 레닌의 주장처럼 '지배 이데올로기=부르주아 이 데올로기, 대항 이데올로기=프롤레타리아 이데올로기'라는 이 분법에 근거해 대중들이 지배 이데올로기에 사로잡혀 있기 때 문에 저항하지 못한다고 주장하는 것은 그들이 지배 이데올로 기를 통해서 투쟁하는 과정을 냉소적으로 무시하거나 폄하하게 된다. 역으로 그람시와 톰슨처럼 대중들의 고유한 문화가 지배 이데올로기와 분리된 별개의 외부 영역에 존재하고 그 외부에 서 대항 이데올로기를 구성할 수 있다고 주장하는 것은, 마치 지 배 이데올로기 없는 별도의 삶의 영역을 상정해야 하는 난관에 봉착한다. 요컨대 레닌은 전위당을 통해 '위로부터', 그람시와 톰슨은 '아래로부터' 지배 이데올로기에 대립하는 대항 이데올로기를 창출해야 한다고 주장하는 셈이다. 이때 지배 이데올로기는 여전히 지배계급의 이익에 봉사하는 것으로만 이해된다.

물론 그렇다고 해서 모든 이데올로기가 지배 이데올로기로 수렴되거나 그에 예속돼 있을 뿐이라고 하는 일종의 '지배 이데올로기 일원론'을 주장하는 것은 아니다. 다양한 사회적 약자들과 종속 집단들은 분명히 지배 세력과 구별될 수 있는 문화, 가치, 상징 자본을 갖고 있으며, 지배 이데올로기에 도전하고 비판하는 철학이나 사상, 과학 등은 대중들을 사로잡는 한에서 언제든 대항 이데올로기로 전환될 수 있는 잠재성을 갖고 있다. 그러나 지배 이데올로기와 대항 이데올로기는 서로 배타적인 것이 아니다. 동일한 철학, 사상, 이데올로기가 지배 이데올로기로 작동할 수도 있고 대항 이데올로기로 전용될 수도 있으며, 지배 이데올로기가 대항 이데올로기로 전도되거나 대항 이데올로기가 지배 이데올로기로 전환할 수도 있는 것이다.[9]

이것은 지배 이데올로기의 기원에 모순과 적대가 자리하고

---

9 예를 들어, 18세기 말에 루소의 인민주권과 사회계약론은 처음에는 왕권에 반대하는 귀족을 위한 이데올로기로 기능했지만, 그다음에 귀족과 국왕 전제에 대항하는 부르주아지의 이데올로기적 자원으로 이용되었으며, 나중에는 농민들이 교회 체제에 맞서 반란하는 데 활용되었다(뤼데 1988, 55-56). 뤼데는 토착적인 고유한 경험·신념과 외부에서 수득한 이데올로기가 서로 접목되는 과정에서 양자가 혼합되고 변형되어 새로운 이데올로기가 구성되는 것이라고 설명하는데, 이는 지배 이데올로기와 대항 이데올로기의 관계에서도 마찬가지일 것이다.

있고, 피지배 세력의 투쟁의 흔적이 기입돼 있으며, 지배 이데올로기가 피지배자들의 체험과 열망을 통합시키고 보편화시킨 것이기 때문에 가능할 수 있다. 따라서 계급이 먼저 존재하고 그다음에 계급투쟁이 일어나는 것이 아니라 계급투쟁의 과정에서 그 효과로서 계급이 형성되는 것과 마찬가지로(알튀세르 1991), 이데올로기 투쟁 또한 지배 이데올로기와 대항 이데올로기가 서로 독립적인 두 항으로 대립하는 것도, 그래서 어느 한쪽이 다른 한쪽을 사라지게 하거나 대체하는 것도 아니다. 그렇다면 지배와 대항 두 측면에서 기존의 이데올로기의 비민주적 한계를 비판하면서 새로운 (지배) 이데올로기를 형성해 나가는, 이를테면 끊임없는 '이데올로기의 민주화' 과정을 상정해 볼 수 있을 것이다.

4. 대중 봉기의 역사적 사례들

이 책에서 다루는 1980년 5·18 광주 항쟁(그리고 약소하게 분석한 1989년 톈안먼 항쟁)은, 대중 봉기가 지배 이데올로기를 통해서 전개되지만, 대중들이 지배 이데올로기의 이상적 보편성을 실현하고자 할 때 정권을 위기에 직면케 하고, 지배 세력의 강력한 탄압으로 봉기가 소멸할지라도 그 의도하지 않은 사후 효과로서 기존의 상징 질서에 균열을 일으킴으로써 대항 이데올로기가 대중들에게 받아들여질 수 있는 가능성의 상징적 공간을 열어 준다는 연구 가설을 일정하게 뒷받침해 준다. 하지만 대중 봉기의 이데올로기가 지배 이데올로기라는 명제가 모든 대중 봉기로 보편화될 수 있을까? 물론 그렇지는 않을 것이다. 무엇보다 역사적으로 대중 봉기가 일어나는 정세적 조건들이 다르다는 점을 고려해야 할 것이다. 하지만 지배 이데올로기와 대항 이데올로기 간의 중첩성과 호환성을 고려한다면, 몇 가지 유형을 구분해 볼 수는 있을 것이다. 우선 논리적으로 사고해 보면, 대중 봉기가 지배 이데올로기를 통해서 일어나는 경우가 있을 것이고, 대항 이데올로기를 통해서 일어나는 경우가 있을 것이다. 다시 말해서, 한편으로는 기존의 상징 질서 내부에서 동일한 상징을 (재)전유하면서 투쟁하는 경우가 있고, 다른 한편으로는 기존 상징 질서에 대항해 새로운 상징을 내세워 투쟁하는 경우가 있을 것이다.

후자의 사례로는 우선 1789년 프랑스혁명을 생각해 볼 수 있다. 당시 프랑스의 부르주아지는 분명 계몽사상, 특히 루소와 몽테스키외의 저작을 통해 사회계약, 인민주권 등의 원리를 지침으로 삼고 있었다. 하지만 민중에게는 그런 이데올로기가 없었다. 농민의 경우는 전통적인 농촌 공동체를 유지하는 데 목적이 있었고, 도시 빈민의 요구는 공정한 빵값이었다('국왕 폐하 만세, 빵값 인하'). 민중에게 혁명 사상이 전해지는 최초의 계기는 1789년 5월 베르사유에서 삼부회를 소집한다는 국왕의 소집장이었다. 이것은 농민과 도시 빈민에게 빈곤에서 벗어날 수 있다는 커다란 희망을 던져 주었으며, 이와 동시에 삼부회와 관련해 진정서, 소책자, 청원서 등의 문헌들이 유행처럼 쏟아져 나왔고 널리 유통되었다. 특히 시에예스가 쓴 「제3신분이란 무엇인가」는 제3신분(부르주아지)이 국정을 운영할 수 있다는 선언이었고, 이제 제3신분이라는 용어가 수많은 민중들의 입에 오르내리며 확산되었다. 동시에 그것은 '국민'이나 '부르주아지'가 아니라 민중 자신, 또는 귀족 체제에 대항하는 사람들을 가리키는 말로 변모되었다. 민중들 사이에서도 '제3신분 만세'라는 구호가 자연스럽게 흘러나왔고, 제3신분인 자와 제3신분이 아닌 자로 적대 관계가 심화되었다. 다시 말해서 혁명의 새로운 이데올로기가 민중을 분기시킨 것이 아니라 전통적인 관념의 이면에 있는 토지 소유자와 부유층에 대한 불만이 혁명 과정에서 새로운 이데올로기와 접목되었다고 말할 수 있다. 이는 1791년 6월 루이 16세의 탈출 실패 및 송환과, 1793년 지롱드파에 대한 자코뱅파의 승리 등을 계기로 상퀼로트가 전면에 등장하고 혁명 이데올로기로 스스로를 조직하는 국면으로까지 발전하게 된다(뤼데 1988, 160-174). '국왕 폐하 만세, 빵값 인하'라는 구호가 결국 루이 16세를 단두대로 보내는 결과를 빚어냈던 것이다.

이와 같은 뤼데의 설명은, 계몽사상을 신봉하던 부르주아지와 다르게 대중들의 경우에는 처음부터 대항 이데올로기를 통해 혁명을 시작한 것이 아니라 오히려 혁명의 진행 과정에서 적대가 심화되고 이를 경험하면서 새로운 이데올로기가 대중들에게 확산되고 수용되었다는 것을 잘 보여 준다. 혁명 자체가 혁명의 이데올로기를 전파하는 역할을 했던 것이다.

1968년 혁명의 경우도 이와 유사하다고 말할 수 있다. 프랑스에서 1968년 혁명의 주체는 학생과 노동자였다. 우선 학생들이 운동을 선도했고, 그다음에 노동자들이 총파업을 전개했으며, 이 두 번째 국면에서 체제의 위기가 극명하게 드러났다(김정한 2004). 1968년 3월 파리 근교 빈민가에 졸속으로 만들어진 낭테르 대학(소르본 대학의 분교)의 학생들이 반反 베트남전쟁과 교육개혁을 요구하며 대학 본부를 점거한 사건이 발단이었지만, 5월 11~12일 학생들 중심의 '바리케이드의 밤' 이후에는 노동자들의 자발적인 총파업이 상황을 주도하기 시작했던 것이다. 특히 5월 15일 르노 자동차 공장의 파업과 점거를 거쳐 5월 23일에 이르면 전국 파업은 1000만 명을 넘어섰고, 곳곳에서 자율행동위원회가 조직되었다. 하지만 전국적인 파업 물결에도 불구하고 혁명적 정세가 아니라고 판단한 프랑스공산당 PCF은 상황을 지도하지도 이해하지도 못했으며, 학생들의 극좌 경향과 노동자들의 과도한 요구를 비난할 뿐 그 어떤 유효한 행동도 전개하지 못했다. 더구나 5월 27일 노동총동맹CGT이 정부 및 고용주와 3자 협상을 진행해 타결시킨 그르넬 협정Les accords de Grenelle을 아래로부터 현장 노동자들이 거부하고 지도부를 규탄하면서 혁명의 열기는 더욱 고조되었다. 마침내 5월

29일 드골 대통령이 잠적했다는 소문이 돌았다. 이것은 지배 세력이 정권을 포기했다는 의미로 이해되었고 승리가 임박한 것처럼 보였다. 하지만 드골은 군부와 비밀리에 협상을 벌인 후, 5월 30일 대국민 연설에서 공산 독재에 맞서기 위한 무력 진압 가능성을 암시하면서 국민의회 해산과 총선 실시를 대안으로 제시했다. 선거 국면을 조성해 불리한 상황을 만회하려는 영악한 드골의 술책은 효과를 발휘했다. 선거에서 승리할 것을 자신한 공산당과 노동총동맹은 파업 중지를 호소하고 작업장 복귀를 설득했으며, 드골 정권은 실탄까지 사용할 정도로 물리적 탄압을 강화해 공장 파업 위원회를 진압하고 점거 농성을 강제해산시켰다. 이 과정에서 노동자들 사이에서도 정부 및 고용주에게 양보를 얻어 낸 그르넬 협정을 수용해야 한다는 움직임이 일기 시작했다. 결국 6월 13일 여러 좌파 학생 조직들마저 불법화되고 소르본 대학을 점거한 학생들까지 강제해산되면서 5월 혁명은 소강 국면에 접어들었다.

이렇게 프랑스에서 1968년 혁명은 강압적인 학칙과 교육 환경에 대한 학생들의 불만으로 시작해 노동자들의 총파업을 거쳐 국가-자본과 노동자의 타협으로 막을 내렸다. 사실 일시적으로 정부가 무너질 수 있는 위기 상황을 만들어 내기는 했지만, 학생들의 혁명적 상상력을 제외하면, 공산당과 노동총동맹, 그리고 조직노동자들은 혁명적으로 사고하지도 행위하지도 않았다(홉스봄 2008, 308-314). 오히려 혁명 과정에서 조직노동자 중심의 공산당-노동조합운동의 한계가 극명히 드러나면서 그에 대한 비판이 광범위하게 확산되었고, 이는 혁명이 종결된 후 기존의 운동 모델로 흡수될 수 없는 새로운 사회운동들이 부상하는 계기를 만들었다. 특히 1968년 혁명의 유산이라고 할 수 있는 생태주의와 페미니즘은 궁극적으로 현실에 안주해 버린 노동계급을 혁명 주체로 특권화하는 데 반대하고 위계적인 운동 질서를 비판하면서, 반문화 내지 하위문화를 발전시키는 '문화적 반란'을 계승하고자 했다. 1968년 혁명의 경우에도 혁명 과정 자체가 대항 이데올로기를 구성하고 확산시키는 매개가 되었던 것이다. 물론 새로운 대항 이데올로기가 나타나 그것이 대중들을 사로잡는 데 성공했다 해도, 대중들이 대항 이데올로기를 수용하기 전에 내면화돼 있는 기존의 이데올로기가 급속히 사라지지는 않을 것이다.

또한 상당히 훈련된 조직적인 세력이 대중 봉기 속으로 뛰어들어 그 흐름을 이끌어 간다면, 처음에는 지배 이데올로기를 통해 봉기가 일어났다고 해도 봉기 과정에서 대항 이데올로기가 더 급속히 확산될 수도 있다. 아마 1917년 러시아혁명이 여기에 해당할지도 모른다. 혁명은 레닌과 볼셰비키가 일으킨 것이 아니었고, 이미 대중들이 거리로 쏟아져 나와 있는 상황이었다. 러시아혁명은 1917년 2월 '세계 여성의 날'에 식량 부족에 분노한 여성들이 거리 시위를 전개하면서 시작되었고, 일부 군대가 발포 명령을 거부하고 시위에 참여해 관공서를 점령하면서 3월 2~3일에 차르가 퇴위하고 임시정부가 발족했다. 당시 레닌은 취리히에 망명해 있었으며, 1917년 1월 한 연설회에서는 "우리 나이 든 세대는 이제 다가올 혁명의 결정적인 전투를 보지 못하고 죽을 것 같습니다"라고 말했을 정도로 혁명은 전혀 예상도 못하고 있었다(윌슨 2007, 623). 또한 1917년 4월 혁명이 일어났다는 소식을 듣고 급히 페트로그라드로 돌아온 레닌이 '4월 테제'를 발표하며 즉시 사회주의혁명을 해야 한다고 요구했을 때에도 온건파는 물론이고 볼셰비키조차 냉담하게 반응했다. "이때는 아직 2월 혁명에 뒤이은 환희가 채 가시지 않은 첫 몇 주간이었다. 애국적이고 자유민주주의적인 임시정부는 사실상 모두의 축복과 호의를 받는 듯했다. 임시정부는 영속적인 정치체제를 세울 대의제 헌법제정회를 일반투표로 선출할 때까지 통치할 예정이었다. 임시정부에는 러시아 자유주의 운동에서 가장 재능 있고 가장 널리 알려진 인물이 여럿 들어가 있었다"(라비노비치 2007, 27-28). 따라서 의외라고밖에 할 수 없는 러시아혁명의 성공은 여러 요인이 결합된 결과겠지만, 다음과 같은 아렌트의 언급은 참조할 만하다.

권력이 붕괴한 곳에서, 혁명은 가능하지만 필연적인 것은 아니다. 우리는 전적으로 무능력한 정권들이 오랜 기간 동안 계속해서 존속하도록 용인되는 …… 무수한 실례들을 알고 있다. …… 하지만 심지어 그때, 권력이 이미 거리에 있을 때에도, 그 권력을 줍고 책임을 맡을 만한 그와 같은 우발적인 사태에 대비해 왔던 조직 성원들이 필요해진다(아렌트 1999, 81).

당시 멘셰비키와 볼셰비키의 주요 쟁점 가운데 하나는 권력을 장악할 것인가, 하지 말아야 하는가에 있었다. 멘셰비키는 부르주아혁명 단계이기 때문에 사회주의 세력이 권력을 장악해서는 안 된다고 했지만, 레닌은 즉시 권력을 장악해 부르주아혁명을 사회주의혁명으로 성장·전화시켜야 한다는 논리를 제시했다. 그 유명한 문건의 제목이 "볼셰비키는 권력을 장악해야 한다"이다. 아렌트식으로 말하자면, '우리가 권력을 주워야 한다'라고 바꿔 말할 수 있을 것이다. 식량 부족에 불만을 품은 여성들의 시위가 차르를 하야시키고 모두가 환호하는 자유민주주의 임시정부를 만든 다음, 이 대중 봉기의 상황에서 조직적인 세력이 개입해 사회주의혁명을 향해 나아가게 되었던 것이다. 그러나 모든 대중 봉기가 정치권력을 전복하는 혁명으로 나아가는 것은 아니며, 오히려 혁명으로 발전하는 경우는 극히 드물다.

이상의 간략히 살펴본 사례들은 대중 봉기의 이데올로기가 지배 이데올로기라는 연구 가설을 전적으로 지지해 주지는 않는다. 그러나 적어도 대중 봉기의 초기에는 지배 이데올로기 자체가 대항 이데올로기로 전환되어 작동하는 양상을 보여 준다. 새로운 대항 이데올로기는 오히려 대중 봉기가 어떻게 진행되며 대중들이 어디로 어떻게 흘러가는가에 따라 폭넓게 확산되는 경향이 있는 것처럼 보인다. 그러나 대중 봉기가 혁명으로 발전하는 예외적인 경우에 대한 본격적인 탐구는 또 다른 연구 과제로 남겨질 수밖에 없다.

대중 봉기와 소문의 정치학

소문은 대중들의 익명의 언어

'유언비어를 조심하라'라는 말에는 벌레의 이미지가 담겨 있다. 가만히 따져 보면 아마 1980년 5월이었을 것이라고 짐작되는 어떤 봄날, 때 이른 하굣길에 기이하게 한산한 거리를 두리번거리며 혹시 유언비어가 나올까 봐 바삐 집을 향해 걷던 초등학생에게 유언비어는 불안과 두려움을 불러일으키는 단어였다. 일상 어법에서도 유언비어는 감염, 전염, 차단, 색출 등과 같이 일종의 위생학적인 용어들을 동반하곤 한다. 몸을 청결하게 하듯이, 벌레가 옮기는 어떤 병균을 제거하는 데 비유되는 유언비어는 조심하거나 근절해야 할 대상이다. 『시경』詩經과 『사기』史記에서 최초의 표현이 등장한다고 전해지는 유언비어流言蜚語를 문자 그대로 풀이하면 '흘러 다니는 벌레 같은 말'을 뜻한다. 그런데 재미있게도 독일의 미술가 파울 베버Paul Weber는 〈소문〉Gerücht(1943)이라는 석판화에서 실제로 그것을 벌레로 묘사했다(노이바우어 2001, 58). 동서양을 막론하고 유언비어, 즉 정치적 성격을 띤 근거 없는 소문rumor을 해충으로 보는 것도 흥미롭지만, 베버의 작품은 그에 관한 중요한 특징을 보다 직접적으로 드러내고 있다. 괴상하게 생긴 머리에 붙어 있는 긴 몸통이 꼬리로 갈수록 수많은 작은 벌레들로 흩어지는데, 이 작은 벌레들은 또한 아파트 창문에 고개를 내민 수많은 사람들의 흉측한 얼굴들과 중첩된다. 소문은 마치 우글거리는 대중들의 다른 모습인 것 같다.

예나 지금이나 통치하는 지배자들은 소문의 진원지를 파헤쳐서 그 궁극의 발설자를 특정하고 싶어 하는데, 이는 부화뇌동하는 대중들을 조종하는 숨겨진 배후 세력을 발본색원하려는 의지로 나타난다. 하지만 베버는 소문의 뒤편에 수많은 대중들밖에 없다는 사실을 잘 알고 있었던 것처럼 보인다. 소문은 수많은 대중들이 입에서 입으로 전파하며 빼고 더한 말들, 화자話者가 청자聽者가 되고 청자가 다시 화자가 되어 왜곡하고 덧붙이고 과장하는 사이에 널리 퍼지는 익명의 언어이다. 셰익스피어가 『헨리 4세』(2부 서막, 1598)에서 루머Rumour라는 인물의 입을 빌려 말하듯이, 소문은 대중들이 연주하는 피리와 같다. "소문은 피리입니다. 짐작, 시기, 추측이 불어 대는, 연주법이 너무 쉽고 너무 간단한 피리. 셀 수 없는 머리를 가진 저 퉁명스런 괴물, 불협화음을 내며 갈팡질팡하는 대중들multitude이 그것을 연주할 수 있습니다."

대중들multitude이란 용어는 어원상 '많은 머리'many-headed을 가리키는 '수적인 많음'을 함의하고 있다(윌리엄스 2010,

292). 그래서 용례를 봐도 히드라 내지 메두사 같이 머리가 많은 괴물과 결부된 표현이 다수를 차지한다. 소문은, 멀리서 들으면 그저 '웅~' 하는 소리로 들려오는 대중들의 웅성거림, 그들의 슬픔과 기쁨, 희망과 좌절, 찬사와 분노, 환호와 비명이 무수하게 얽히고설켜 어우러진 이야기이다. 목소리는 있지만 들리지 않고, 알아듣기 어려워 불협화음이 되고 마는 언어이다.

소문의 공포는 대중들의 공포

잘못 알려진 뉴스와 그릇된 정보가 역사를 바꾸기도 한다는 사실은 잘 알려져 있다. 소문은 물론 사실과 부합하지 않는 경우가 많고, 어쩌다 사실로 판명된다고 해도 우연의 일치인 경우가 많다. 하지만 꿈속에서 비가 오는 꿈을 꾸는 동안 실제로 밖에 비가 내리고 있다고 해서 비 오는 꿈을 진실이라고 하지는 않듯이, 소문 또한 그것이 진실인지 아닌지는 덜 중요하다. 비 오는 꿈이 꿈꾸는 자의 무의식을 징후로서 드러내는 것이라면, 마찬가지로 소문은 그것을 만들어 내고 유포하는 대중들이 사실이라고 믿는 방식대로 구성한 이야기이기 때문에 중요하다. 비 오는 꿈이 진짜 현실이 아니라 꿈꾸는 자의 내면에 관한 어떤 진실을 보여 주는 것처럼, 소문도 진짜 현실이 아니라 현실을 믿는 바대로 구성하는 대중들의 진실을 드러낸다. 알려진 한줌의 사실과 정보들을 모아 하나의 개연적인 이야기로 엮어 내는 대중들의 상상력의 기반을, 역사학에서는 집합 심성이라고 하고, 마르크스주의에서는 이데올로기라고 하고, 또 정신분석학에서는 욕망과 환상이라고 하는 등의 차이는 있을지라도, 그것은 대중들이 세상을 해석하고 재현하며 변혁하는 주요 동력이다. 대중들은 사실이기 때문이 아니라 믿고 싶은 것이기 때문에 믿으며, 소문은 대중들이 무엇을 왜 믿는지를 파악하도록 도와주는, 그 대중들의 진실을 인식하도록 하는 허위의 텍스트이다.

하지만 비록 허위일지라도 대중들이 그것을 믿고 행위할 때 현실은 때로 급격히 변화할 수 있다. 따라서 대중 봉기를 연구한 학자들이 소문의 역할과 기능에 주목한 것은 자연스럽다. 예컨대 1789년 프랑스의 농민들은, 빈곤과 기아가 만연하고 부랑자와 거지들이 넘쳐 나는 상황에서 특권계급이 비적을 매수해 곡식을 탈취하고 식량을 매점매석해 자신들을 아사시키려는 음모를 꾸미고 있다는 소문을 믿었으며, 이는 혁명을 촉발하는 중요한 계기 가운데 하나였다. 근거 없는 소문이 특권계급에 대한 증오와 전국적인 농민 소요를 불러왔고, 가상의 적이라고 여겨진 비적에 대응하기 위해 민병대를 조직하고 무장하는 효과를 발휘했던 것이다. 하지만 특권계급의 음모 같은 것은 실제로는 존재하지 않았다. 진실은 아닐지라도 대중들이 믿는 바에 대응하려는 행위가 프랑스혁명으로 연결되었던 셈이다(르페브르 2002 참조).

식민 인도에서 일어난 농민 봉기에서도 사정은 유사하다. 소문은 필수적인 봉기의 전달체였다. 거의 모든 폭동과 봉기에서 떠돌아다닌 여러 소문들은 일관된 화제를 갖고 있었는데, 특히 영국인들이 인도인들의 일상적인 음식물을 돼지고기와 소고기로 오염시켜서 "힌두교도와 이슬람교도를 모독하려고 한다는 확신이 있었다. 밀가루와 소금에 동물의 뼈를 갈아 넣었다거나 소와 돼지의 살점을 우물에 넣었다거나 탄약통에 돼지기름을 발랐다는 등의 소문은 인도 농민들에게 공포와 분노를 유발했고, 이와 같은 종교적 정서가 정치적 억압에 대한 저항으로 나아가도록 촉진했다. 신앙의 상실에 관한 끔찍한 소문이 자유의 상실에 대항한다는 농민 봉기의 핵심 가치를 전파했던 것이다(구하 2008, 301-332).

이와 마찬가지로 일제강점기에 일어난 1919년 3·1운동에서도 소문은 광범위한 만세 운동으로 발전하는 데 주요 기능을 수행했다. 무단통치에 대한 불만, 고종의 죽음, 민족 대표 33인의 독립선언에서 유래하기는 했지만, 거의 두 달 동안 전국적인 만세 운동이 펼쳐지는 과정에는, 황제를 숭배하는 일군만민一君萬民 의식에 기초해 고종이 이완용 등 매국 인사들에게 독살되었다는 풍설이 널리 퍼져 대원수를 갚아야 한다는 광범위한 분노가 있었다. 또한 윌슨의 민족자결주의에 대한 기대에 기초해 이미 완전히 독립이 되었다거나 곧 독립이 될 예정이라고 하는 소문에 대한 농민들의 믿음이 적지 않게 자리하고 있었다. 심지어 어떤 농촌 마을에서는 일본 경찰조차 소문을 그대로 믿고, 자신이 당할 보복을 예방하기 위해 해방을 축하드린다고 하는 벽보를 붙이거나 야밤도주를 하는 사태까지 있었다. 비록 외세 의존적인 소문이기는 했지만 일제에 대한 분노가 독립이 이루어졌다는 소문으로 퍼져 나갔던 것이다(조경달 2009, 215-218, 234-235).

이런 사례들을 살펴보면, 통치자, 지배자, 권력자들이 소문에 각별한 주의를 기울이고 소문의 확산을 막는 데 사력을 다하는 이유도 이해할 만하다. 하지만 소문이 수많은 대중들의 자생적인 상상에 기대어 있는 이야기인 한에서 소문의 공포는 궁극적으로 대중들의 공포로 소환될 수 있다. 국가와 대중들multitudo의 관계에서 정치를 사유했던 스피노자를 연구하면서 발리바르는 대중 봉기의 주요 특징을 대중들의 공포라고 표현한 바 있다. 그것은 대중들이 통치자들에게 느끼는 공포이고 또한 대중들이 통치자들에게 느끼게 하는 공포이다(발리바르 2005b, 152).

소문은 믿음에 대한 믿음

하지만 소문이 창궐해 대중 봉기로 연결되는 과정은 계몽되지 못한 전前자본주의사회에, 또는 언론 자유를 제한하고 검열하는 독재 사회에 국한되지는 않는다. 고도의 정보사회에 도달하고 기본적인 민주화가 이루어진 오늘날에도 소문은 2008년 촛불 시위에서 '광우병 괴담'으로 반복되었다. 돌이켜 보면, 광우병과 관련된 소문들은 대부분 근거가 없는 음모론이거나 왜곡되고 과장된 정보들이었다. 그러나 그것은 이명박 대통령과 정부 관료들이 공익이 아니라 사익을 노골적으로 추구하는 정치꾼들이라는 대중들의 상상을 가능하게 했고, 1987년 6월항쟁 이후 최대 규모의 전국적 시위와 집회를 촉발했다. 이것은 대중들의 의문과 불만을 해소시키고 대중들의 믿음과 상상을 변화시키지 않는 한, 소문은 정보화나 민주화의 수준과 무관하게 여전히 기능할 수 있다는 것을 잘 보여 준다.

사실 소문이 대중들 속에서 창조되는 것이기는 하지만, 그것을 전파하는 데 주요 기능을 담당하는 직종이 없지는 않다. 그리스 역사서에 등장하는, 낯선 이들의 수염을 깎는 이발사와 모든 이들이 한번쯤 다녀가야 하는 요긴한 도구를 만드는 대장장이가 있었고, 마을과 마을을 떠돌면서 집집마다 방문해서 구두를 만들고 수선하는, 지적 수준을 갖춘 장인journeyman으로서 구두공이 있었으며(홉스봄 2003 참조), 전시에 전쟁과 관련한 소문을 가장 잘 알고 있는 야전 취사장의 요리사들이 있었고, 매일매일 상거래가 이루어지는 시장에는 소상인들('시장 아줌마')이 있었으며, 한때 최신 정보를 가장 많이 알고 있다고 자부했던 택시 기사들도 있었다. 오늘날에는 네티즌netizen과 트위플tweeple, twitter people이 그 자리를 얼마간 대신하고 있을 뿐이다.

기이하게도 소문을 들은 사람은 그것을 다른 사람에게 전하려는 충동을 갖게 되는 것 같다. 그러나 특별한 직종의 전파자들이 있다고 하더라도, 소문을 작동하도록 하는 대중들의 믿음이라는 얼개가 달라지지는 않는다. 그것은 일종의 '믿음에 대한 믿음'이다(지젝 2009, 686-690). 예컨대 라면 가격이 곧 오를 것이라는 소문이 있을 때, 실제로 그 소문을 믿는 사람은 많지 않을 수 있다. 그러나 나는 소문을 믿지 않기 때문에 라면을 사지 않을 수 있지만, 다른 모든 사람들이 그 소문을 믿고 있다면 어떻게 될까? 가격이 오르기 전에 라면을 사두려는 사람들로 인해 금방 수요가 공급을 넘칠 것이고, 라면이 품귀하면서 가격은 실제로 폭등할 것이다. 따라서 나는 믿지 않더라도 라면 가격이 올라갈 것에 대비해서 당장 라면을 사러 가는 것이 합리적이다. 타인들이 소문을 믿고 있을 것이라는 나의 믿음('믿음에 대한 믿음')이 마치 내가 소문을 믿고 하는 것과 동일한 행위(라면 사재기)를 하도록 만든다. 각 개인들이 소문을 직접적으로 믿지는 않더라도, 소문은 대중들의 믿음의 차원에서 작동한다.

따라서 이 '믿음에 대한 믿음'의 구조가 유지되는 한에서 소문은 결코 사라지지 않고 유의미한 효과를 발휘할 것이다. 그렇지만 소문에 의존하는 정치가 진정한 해방의 정치가 될 수는 없다. 그것이 정치 주체의 적합한 인식을 가로막고 정치 주체의 자율성을 훼손한다는 것 또한 분명하기 때문이다. 스피노자에게 대중들의 공포는 비합리적인 공포, 지성을 마비시키도록 두려움에 사로잡히게 하는 공포일 뿐만 아니라 인식하려고 노력해야 하는 문제였다. "나는 인간의 행위를 비웃지 않고, 한탄하지 않고, 저주하지 않고, 다만 이해하는 것에 세심히 신경을 썼다"(스피노자 2020, 53). 스피노자는 사람들 사이에서 의견들의 교통communication을 통한 공통 관념common sense의 형성이 개인들의 역량과 권리를 증대시킬 것이라고 했다. 대중들의 공포에 대처하는 스피노자의 해법은 여전히 유효하다. 정치 위기의 시대에 한국 사회에서 한편으로 음모론을 비롯해 소문이 널리 퍼지고 있고, 다른 한편으로 권력자들이 소문에 더욱더 민감해지고 있다는 것은, 거대한 대중들이 다시금 어떤 이야기를 상상해 내고 그것을 곧이곧대로 믿기 시작하고 있다는 징후다. 소문을 근절하거나 그 배후 세력을 색출하는 것은 불가능하지만, 대중들의 믿음(또는 '믿음의 믿음')을 변화시키는 것은 가능하고, 여기서 새로운 정치의 장이 열릴 수 있다.

참고문헌

■ 국내 저자

갈봉근, 1975, 『유신헌법 해설』, 광명출판사.

강정인, 2000, 「절대공동체의 절대성과 비절대성」, 『정치사상연구』 2집(봄).

_____, 2004, 「민주주의의 한국적 수용」, 『서구 중심주의를 넘어서』, 아카넷.

강현아, 2004a, 「5·18항쟁 역사에서 여성의 주체화」, 『한국여성학』 제20권 2호.

_____, 2004b, 「5·18항쟁의 성격·주체: 연구사적 측면에서」, 『민주주의와 인권』
      제4권 2호.

고병권, 2007, 「코뮨주의와 대중」, 『코뮨주의 선언: 우정과 기쁨의 정치학』, 교양인.

곽차섭 편, 2000, 『미시사란 무엇인가』, 푸른역사.

광주광역시 5·18사료편찬위원회, 1997, 『5·18 광주민주화운동자료총서』,
      광주광역시 5·18사료편찬위원회.

_____, 1998, 『5·18 광주민주화운동자료총서』 제11권, 광주광역시
      5·18사료편찬위원회.

광주전남여성단체연합, 2012, 이정우 편집, 『광주, 여성: 그녀들의 가슴에 묻어 둔
      5·18 이야기』, 후마니타스.

국방부과거사진상규명위원회, 『12·12, 5·17, 5·18 조사 결과 보고서』, 2007년 7월
      24일.

김두식, 2003, 「광주 항쟁, 5월 운동, 다중적 집단 동일성」, 『민주주의와 인권』
      제3권 1호.

김동춘, 1994, 「1960, 70년대 민주화 운동 세력의 대항 이데올로기」,
      역사문제연구소 편, 『한국 정치의 지배 이데올로기와 대항 이데올로기』,
      역사비평사.

_____, 2007, 「5·18, 6월 항쟁 그리고 정치적 민주화」, 『5·18 민중항쟁과
    정치·역사·사회』(5권), 광주: 심미안.

김백영, 2003, 「가두 정치의 공간학: 1980년대 서울 시내 대학생 가두시위에 대한
    공간적 분석」, 한국산업사회학회 엮음, 『사회 이론과 사회변혁』, 한울.

김보현, 2009, 「88만원 세대에게 5·18 광주는 희미하고 무덤덤한 과거사?!」『5·18
    민중항쟁에 대한 새로운 성찰적 시선』, 한울.

김상봉, 2006, 「응답으로서의 역사: 5·18을 생각함」, 『민주주의와 인권』 제6권 2호.

_____, 2008, 「그들의 나라에서 우리 모두의 나라로」, 『5·18 그리고 역사』,
    도서출판 길.

김상운, 2006, 「아감벤에 관하여」, 『오늘의 문예비평』 통권 60호(봄호).

김세균·김홍명, 2007, 「광주 5월 민중항쟁의 전개 과정과 성격」, 『5·18민중항쟁과
    정치, 역사, 사회』(3권), 5·18기념재단.

김영정, 1988, 『집합행동과 사회변동』, 현암사.

김영진 2000, 「중국의 비공식 노동운동: 인적·조직적 전개를 중심으로」,
    『한국정치학회보』 제34집 제2호.

김영택, 2007, 「5·18 광주민중항쟁의 초기 성격」, 5·18기념재단 엮음, 『5·18
    민중항쟁과 정치·역사·사회』(3권), 광주: 심미안.

_____, 2010, 『5월 18일, 광주』, 역사공간.

김용학, 1992, 『사회구조와 행위』(개정 3판), 나남.

김원, 2011, 『잊혀진 것들에 대한 기억: 1980년대 대학의 하위문화와 대중 정치』,
    이매진.

_____, 2005, 『여공 1970, 그녀들의 반역사』, 이매진.

김종헌, 2005, 「5·18의 역사적 기억과 신문 만평: 한겨레신문을 중심으로」,
    『민주주의와 인권』 제5권 1호.

김재관, 2004, 「노동자 저항운동의 원인과 국가의 대응」, 전성흥 편, 『전환기의
    중국 사회 II』, 오름.

김재은, 2002, 『민주화 운동 과정에서 구성된 주체 위치의 성별화에 관한
    연구(1985-1991)』, 서울대 사회학과 석사학위논문.

김정한, 1998, 『대중과 폭력: 1991년 5월의 기억』, 이후.

_____, 2004, 「대중운동과 민주화: 91년 5월 투쟁과 68년 5월 혁명」, 『91년 5월

투쟁과 한국의 민주주의』, 민주화운동기념사업회.

_____, 2005, 「현실 민주주의와 정치적 행위」, 『정치비평』 통권 14호.

_____, 2006, 「민주화 세대의 역사적 좌표」, 『황해문화』(겨울호).

_____, 2008, 「폭력의 구조」, 『세상을 두드리는 사람』 34호(9-10월호).

_____, 2009, 「촛불의 정치학」, 『그대는 왜 촛불을 끄셨나요』, 산책자.

_____, 2010a, 「벌거벗은 생명의 윤리」, 『생명연구』 16집(여름), 서강대
생명문화연구소.

_____, 2010b, 「세계 체제 위기와 개인의 정체성」, 『실천문학』 99호(가을호).

_____, 2011, 「알튀세르와 포스트 맑스주의: 라클라우와 지젝의 논쟁」, 『알튀세르
효과』, 그린비.

김진균, 2003, 「5·18민중항쟁과 국민국가: 정체성과 일체성 차원에서」, 김진균
편저, 『저항, 연대, 기억의 정치 1』, 문화과학.

김진균·정근식, 1990, 「광주 5월 민중항쟁의 사회경제적 배경」, 『광주 5월
민중항쟁』, 풀빛.

김종엽 편, 2009, 『87년 체제론: 민주화 이후 한국 사회의 인식과 새 전망』,
창작과비평.

김창진, 2007, 「광주 민중항쟁의 발전 구조: '무장투쟁'과 '민중 권력'」,
『5·18민중항쟁과 정치, 역사, 사회』 3권.

문부식, 2002, 『잃어버린 기억을 찾아서: 광기의 시대를 생각함』, 삼인.

문지영, 2009, 「자유주의: 체제 수호와 민주화의 이중 과제 사이에서」, 『한국
정치의 이념과 사상』, 후마니타스.

민주화운동기념사업회 엮음, 2010, 『한국민주화운동사 3』, 돌베개.

박남선, 1988a, 『오월 그날: 시민군 상황실장 광주 상황 보고서』, 광주: 도서출판 샘.

_____, 1988b, 「광주 시민은 왜 총을 들었나」, 『신동아』 5월호.

박상현, 2008, 「알튀세르의 철학적 궤도」, 윤종희·박상현 외, 『알튀세르의 철학적
유산』, 공감.

박영신, 2005, 「운동 문화의 사회학: 집합 열광의 공간과 '운동 노래'」, 『사회 이론』
27호.

박정희, 1962, 「후진 민주주의와 한국 혁명의 성격과 과제」, 『우리 민족의 나아갈
길』, 동아출판사.

박호재·임낙평, 2007, 『윤상원 평전』, 풀빛.

박현채, 2007, 「80년대 민족민중운동에서 5·18민중항쟁의 의의와 역할」,

　　　5·18기념재단 엮음, 『5·18 민중항쟁과 정치·사회·역사』(1권), 광주: 심미안.

백승욱, 2008, 「신자유주의와 중국 지식인」, 『세계화의 경계에 선 중국』, 창비.

_____, 2009, 「중국에서 '사회주의적 민주' 논쟁을 통해서 본 아래로부터 비판적

　　　사상 형성의 굴곡」, 『마르크스주의 연구』 제6권 3호.

서관모, 1992, 「이데올로기의 문제설정: 알튀세르와 발리바르」, 『진보평론』 통권

　　　2호(겨울호).

서동욱, 2002, 「라깡과 들뢰즈: 들뢰즈의 욕망하는 기계와 라깡의 부분 충동」,

　　　김상환·홍준기 편, 『라깡의 재탄생』, 창작과비평사.

서영표, 2008, 「영국 신좌파 논쟁에 대한 재해석: 헤게모니 개념에 대한 상이한

　　　해석」, 『경제와 사회』 겨울호(통권 제80호).

서용순, 2007, 「5·18 주체성과 후사건적 주체의 미래에 대한 소고」, 『민주주의와

　　　인권』 제7권 2호.

서중석, 1988, 「3선 개헌 반대, 민청학련 투쟁, 반유신투쟁」, 『역사비평』 여름호.

_____, 2011, 『6월항쟁』, 돌베개.

세계편집부 편, 1986, 『공안 사건 기록 1964-1986』, 세계.

손호철, 2002, 「밥 제솝의 '전략-관계적' 국가론: 맑스주의 국가론의 최후의 보루?」,

　　　『근대와 탈근대의 정치학』, 문화과학사.

_____, 2003a, 「한국전쟁과 이데올로기 지형」, 『현대 한국 정치: 이론과 역사

　　　1945-2003』, 사회평론.

_____, 2003b, 「1950년대의 이데올로기: 극우, 반공 일색이었나?」, 『현대 한국 정치:

　　　이론과 역사 1945-2003』, 사회평론.

_____, 2003c, 「80년 5·18항쟁: 민중항쟁인가, 시민 항쟁인가?」, 『현대 한국 정치:

　　　이론과 역사 1945-2003』, 새길.

_____, 2006, 「한국 민주화 운동과 민주주의 60년」, 『해방 60년의 한국 정치

　　　1945-2005』, 이매진.

_____, 2009, 「한국 체제 논쟁을 다시 생각한다」, 『한국과 국제정치』 제25권 2호.

신진욱, 2004, 「근대와 폭력」, 『한국 사회학』 38집 4호.

_____, 2007, 「사회운동의 연대 형성과 프레이밍에서 도덕 감정의 역할」, 『경제와

사회』 제73호.

안병용, 1990, 「남민전」, 『역사비평』 통권 12호(가을호).

안종철, 1999, 「광주민중항쟁과 그 의미」, 『정책과 지역 발전』 no. 3.

_____, 2001, 「광주 민주화 운동과 무장투쟁」, 『한국동북아논총』 vol. 18. no. 3.

안진, 2007, 「5·18 광주 항쟁에서 여성 주체들의 특성」, 『젠더와 사회』 6권 1호.

양창렬, 2006, 「아감벤의 잠재성 개념에 대하여」, 『오늘의 문예비평』 통권
        60호(봄호).

_____, 2010, 「조르조 아감벤: K」, 『현대 정치철학의 모험』, 난장.

오승용 편, 2010, 『구술 생애사를 통해 본 5·18의 기억과 역사 4: 공직자 편』,
        5·18기념재단.

유인태, 1988, 「내가 겪은 민청학련 사건」, 『월간중앙』 5월호.

윤건차, 2000, 『현대 한국의 사상 흐름』, 장화경 옮김, 당대.

윤소영, 1999, 『신자유주의적 '금융 세계화'와 '워싱턴 콘센서스': 마르크스적
        비판의 쟁점들』, 공감.

은수미, 2003, 「의식화 조직, 사회운동, 그리고 대항 이데올로기」, 『저항, 연대,
        기억의 정치 1』, 문화과학사.

윤재걸 엮음, 1987, 『작전명령 화려한 휴가: 광주민중항쟁의 기록』, 실천문학사.

5·18광주의거청년동지회 편, 1987, 『5·18 광주민중항쟁 증언록 I: 무등산 깃발』,
        광주: 도서출판 광주.

5·18기념재단, 2004, 『오월 우리는 보았다: 5·18민중항쟁 사진집』, 5·18기념재단.

_____, 2006, 『오월 민주주의의 승리: 5·18민중항쟁 사진집』, 5·18기념재단.

5·18 기념재단, 2006a, 『5·18민중항쟁 연구의 현황』(전3권), 광주: 심미안.

_____, 2006b, 『5·18의 기억과 역사』(전2권), 광주: 심미안.

_____, 2007, 『5·18민중항쟁과 정치 역사 사회』(전5권), 광주: 심미안.

이광일, 2005, 「지구화 시대 한국의 진보 운동과 5·18민중항쟁의 현재적 재구성」,
        『민주주의와 인권』 제5권 2호.

이국운, 2009, 「5·18, 대한민국 '임시정부론'」, 『아시아저널』 창간준비호.

이동윤·박준식, 2008, 「민주화 과정에서 저항 폭력의 정당성」, 『민주주의와 인권』
        8권 1호.

이기훈, 2005, 「1970년대 학생 반유신운동」, 안병욱 외, 『유신과 반유신』,

민주화운동기념사업회.

_____, 2010, 「젊은이들의 초상: 식민지의 학생, 오늘날의 학생」, 『역사비평』 통권 90호(봄호).

이성근, 1985, 「해방 직후 미군 정치하의 여론 동향에 관한 분석」, 『국제정치논총』 제25집.

이성백, 2000, 「90년대 진보적 사회 이론의 상황」, 『진보평론』 3호.

이영석, 2002, 『역사가가 그린 근대의 풍경』, 푸른역사.

이용기, 1999, 「5·18에 대한 역사 서술의 변천」, 학술단체협의회 엮음, 『5·18은 끝났는가』, 푸른숲.

이인규, 2003, 「가족과 활동가: 1980년대-1990년대 한국의 전위 운동 활동가의 경우」, 김진균 편저, 『저항, 연대, 기억의 정치 1』, 문화과학.

이정로, 1989, 「광주 봉기에 대한 혁명적 시각 전환」, 『노동해방문학』 5월호.

이종범, 2004, 「'5·18항쟁'에 나타난 '기층 민중'의 경험과 생활」, 『한국근현대사연구』 vol. 29.

이준한, 2007, 「민주화 이행기의 운동 정치」, 『한국 정치와 비제도적 운동 정치』, 한울.

이진경, 1995, 「필로 시네마와 탈주의 철학」, 『문화과학』 통권 8호.

이진경·조원광, 2009, 「단절의 혁명, 무명의 혁명: 코뮌주의의 관점에서」, 『5·18 민중항쟁에 대한 새로운 성찰적 시선』, 한울.

이희영, 2005, 「체험된 폭력과 세대 간의 소통: 1980년대 학생운동 경험에 대한 생애사 재구성 연구」, 『경제와 사회』 통권 68호(겨울호).

임병택, 2000, 「광주 항쟁과 재일 한국인」, 『동아시아와 근대의 폭력 2』, 삼인.

임영상, 2009, 『부끄러운 탈출: 고교생 시민군의 5·18회상기』, 푸른미디어.

임영일, 1991, 「한국 사회의 지배 이데올로기」, 한국산업사회연구회 편, 『한국 사회와 지배 이데올로기: 지식사회학적 이해』, 녹두.

임칠성·노시훈, 2004, 「5·18항쟁 관련 유인물과 성명서 어휘의 계량 연구」, 『민주주의와 인권』 제4권 1호.

임현진, 1991, 「사회운동의 역학 구조: 자연사를 통한 이론화」, 『혁명을 넘어서: 사회운동의 변증법』, 나남.

임현진·송호근, 1994, 「박정희 체제의 지배 이데올로기」, 역사문제연구소 편,

『한국 정치의 지배 이데올로기와 대항 이데올로기』, 역사비평사.

임희섭, 2001, 『집합행동과 사회운동의 이론』, 고대출판부.

장을병, 2007, 「광주 5월 민중항쟁에서의 무장투쟁」, 『5·18민중항쟁과 정치, 역사, 사회』 3권.

장태한, 2001, 「광주 항쟁과 미주 한인 사회」, 『근현대사 강좌』 12호.

전명혁, 2007, 「1980년대 비합법 정치조직」, 『한국 정치와 비제도적 운동 정치』, 한울.

전재호, 1999, 「5·18담론의 변화와 정치 변동」, 학술단체협의회 엮음, 『5·18은 끝났는가』, 푸른숲.

정근식, 1999, 「담론 분석의 힘과 상상력의 그림자」, 『사회와 역사』 56권.

_____, 2005, 「항쟁 기억의 의례적 재현: '5월 행사'와 전야제를 중심으로」, 『민주주의와 인권』 제5권 1호.

_____, 2007, 「광주민중항쟁에서의 저항의 상징 다시 읽기: 시민적 공화주의를 중심으로」, 『기억과 전망』 통권 16호.

정수복, 1989, 「지식인과 사회운동 - 지식인의 이데올로기적 개종을 중심으로」, 『사회비평』 3호.

정일준, 2004, 「5·18담론의 변화와 지식-권력관계: 역사 공동체 형성을 위하여」, 『민주주의와 인권』 제4권 2호.

정재호, 2008, 「5·18 항쟁의 전개 과정」, 최영태 외, 『5·18 그리고 역사』, 도서출판 길.

정철희, 1995, 「미시 동원, 중위 동원, 그리고 생활세계 지도: 사회운동론의 재구성을 위한 시론」, 『경제와 사회』 제25호.

_____, 2000, 「광주 민주화 운동에 대한 사회운동론적 접근과 비교연구」, 『사회연구』 창간호.

정태석, 2002, 『사회 이론의 구성: 구조/행위와 거시/미시 논쟁의 재검토』, 한울.

정태운, 1991, 「1960~70년대 '공안 사건'의 전개 양상과 평가」, 한국현대사연구회 현대사연구반 편, 『한국현대사 3: 1960~70년대 한국 사회와 변혁 운동』, 풀빛.

정해구, 1990a, 「광주 항쟁에 대한 정치경제학적 연구 시론」, 『동향과 전망』 제8호.

_____, 1990b, 「한국 사회의 이데올로기 변동」, 『한국 사회론』, 한울.

정해구 외, 1990, 『광주민중항쟁연구』, 사계절.

정호기, 2005, 「국가 폭력에 대한 저항 기억과 제도화: 5·18민중항쟁」, 『실천문학』
　　　　통권 79호.

정호기, 2010, 「5·18의 주체와 성격에 관한 담론의 변화」, 『황해문화』
　　　　67호(여름호).

조경달, 2009, 『민중과 유토피아: 한국 근대 민중운동사』, 허영란 옮김, 역사비평사.

조갑제, 2007, 『공수부대의 광주 사태』, 조갑제닷컴.

조대엽, 2003, 「광주 항쟁과 80년대의 사회운동 문화: 이념 및 가치를 중심으로」,
　　　　『민주주의와 인권』 제3권 1호.

조정래, 2009, 『황홀한 글감옥』, 시사IN북.

조정환, 2009, 「광주민중항쟁과 제헌 권력」, 조희연·정호기 편, 『5·18 민중항쟁에
　　　　대한 새로운 성찰적 시선』, 한울.

＿＿＿, 2010, 『공통 도시: 광주민중항쟁과 제헌 권력』, 갈무리.

조한욱, 2000, 『문화로 보면 역사가 달라진다』, 책세상.

조희연, 1990, 「현대 한국 사회운동사: 6·25전쟁 이후 80년대까지를 중심으로」,
　　　　『한국 사회론』, 한울.

＿＿＿, 1991, 『현대 한국 사회운동과 조직』, 한울.

＿＿＿, 2003, 「저항론의 변화와 분화에 관한 연구: 변혁론을 중심으로」, 김진균
　　　　편저, 『저항, 연대, 기억의 정치 1』, 문화과학.

조희연 엮음, 2002, 『국가 폭력, 민주주의 투쟁, 그리고 희생』, 함께읽는책.

진태원, 2010a, 「폭력의 쉬볼렛 - 벤야민, 데리다, 발리바르」, 『세계의 문학』(봄호),
　　　　민음사.

＿＿＿, 2010b, 「관계론, 대중들, 민주주의: 에티엔 발리바르의 스피노자론」, 『시와
　　　　반시』 71호, 시와반시사.

최영진, 2007, 「정체성의 정치학: 5·18과 호남 지역주의」, 5·18기념재단 편, 『5·18
　　　　민중항쟁과 정치·역사·사회 5』, 광주: 심미안.

최영태, 2006, 「극우 반공주의와 5·18 광주 항쟁」, 호남사학회, 『역사학 연구』 26집.

최원, 2003, 「알튀세르의 이데올로기론」, 『진보평론』 8호.

최장집, 1993, 『한국 민주주의의 이론』, 한길사.

＿＿＿, 2002, 『민주화 이후의 민주주의』, 후마니타스.

_____, 2006, 『민주주의의 민주화』, 후마니타스.

최장집 2007, 「광주민중항쟁과 2단계 민주화」, 5·18 기념재단 편, 『5·18 민중항쟁과
　　　정치·역사·사회 5』, 광주: 심미안.

최정기, 2007a, 「광주민중항쟁의 지역적 확산 과정과 주민 참여 기제」,
　　　5·18기념재단 편, 『5·18 민중항쟁과 정치, 역사, 사회』 3권, 광주: 심미안.

_____, 2007b, 「국가 폭력과 대중들의 자생적 저항: 5·18에서의 국가 폭력과 저항을
　　　중심으로」, 5·18기념재단 편, 『5·18 민중항쟁과 정치, 역사, 사회』 1권,
　　　광주: 심미안.

최정운, 2012, 『오월의 사회과학: 사회과학자의 시선으로 새롭게 재구성한 5월
　　　광주의 삶과 진실』, 오월의봄.

_____, 2000, 「20년 후 우리는 5·18에서 무엇을 배우는가」, 『사회비평』 24호.

_____, 2001, 「절대공동체의 형성과 해체」, 광주광역시 5·18사료편찬위원회,
　　　『5·18 민중항쟁사』, 광주: 도서출판 고령.

최형익, 2003, 「한국 사회의 지배 이데올로기와 노무현 정권」, 『문화과학』 통권
　　　33호.

학술단체협의회, 1999, 『5·18은 끝났는가』, 푸른숲.

한국기독교교회협의회 인권위원회, 1987, 『1970년대 민주화 운동 I』,
　　　한국기독교교회협의회.

한국현대사사료연구소 편, 1990, 『광주 오월 민중항쟁사료전집』, 풀빛.

한지수, 1989, 「지배 이데올로기와 재생산 메커니즘」, 한국정치연구회 편,
　　　『한국정치론』, 백산서당.

황석영, 1985, 『죽음을 넘어 시대의 어둠을 넘어』, 풀빛.

홍준기, 2002, 「자크 라깡, 프로이트로의 복귀」, 『라깡의 재탄생』, 창작과비평사.

■ 국외 저자

가세트, 이 오르테가, 2005, 『대중의 반역』, 황보영조 옮김, 역사비평사.

구하, 라나지트, 2008, 『서발턴과 봉기』, 김택현 옮김, 박종철출판사.

기든스, 앤서니, 1993, 『민족국가와 폭력』, 진덕균 옮김, 삼지원.

네그리, 안토니오·마이클 하트, 2001, 『제국』, 윤수종 옮김, 이학사.

네그리, 안토니오·마이클 하트, 2008, 『다중』, 조정환 옮김, 서울: 세종서적.

노이바우어, 한스, 2001, 『소문의 역사』, 박동자·황승환 옮김, 세종서적.

단턴, 로버트, 2008, 『로버트 단턴의 문화사 읽기』, 김지혜 옮김, 길.

밀즈, 사라, 2001, 『담론』, 김부용 옮김, 인간사랑.

사카이 다카시, 2007, 『폭력의 철학: 지배와 저항의 논리』, 김은주 옮김, 산눈.

들뢰즈, 질, 1999, 『의미의 논리』, 이정우 옮김, 한길사.

딜릭, 아리프·록샌 프라즈니악, 1991, 「중국 사회주의의 위기와 민주주의의 문제」,
　　　　권태선 옮김, 『창작과 비평』 통권 74호.

라라인, 호르헤, 1998, 『맑스주의와 이데올로기』, 신희영 옮김, 백의.

라비노비치, 알렉산더, 2007, 『혁명의 시간』, 류한수 옮김, 교양인.

라클라우, 에르네스토·상탈 무페, 2012, 『헤게모니와 사회주의 전략: 급진
　　　　민주주의 정치를 향하여』, 이승원 옮김, 후마니타스.

랑시에르, 자크, 2008, 『정치적인 것의 가장자리에서』, 양창렬 옮김, 도서출판 길.

뤼데, 조르주, 1988, 『민중 이데올로기와 민중 저항』, 장덕환 옮김, 자유출판사.

루이링거, L., 1995, 『중국을 보는 제3의 눈』, 최평 옮김, 소나무.

르페브르, 조르주, 2002, 『1789년의 대공포』, 최갑수 옮김, 까치.

룩셈부르크, 로자, 1995, 『대중파업론』, 최규진 옮김, 풀무질.

르 봉, 귀스타프, 2005, 『군중심리』, 이상돈 옮김, 간디서원.

마이어스, 토니, 2005, 『누가 슬라보예 지젝을 미워하는가』, 박정수 옮김, 앨피.

마이스너, 모리스, 2004, 『마오의 중국과 그 이후 2』, 김수영 옮김, 이산.

맑스, 칼, 1988, 「정치경제학 비판 서문」, 『경제학 노트』, 김호균 옮김, 이론과 실천.

＿＿＿, 1991, 「독일 이데올로기」, 『칼 맑스 프리드리히 엥겔스 저작 선집 1』, 최인호
　　　　외 옮김, 박종철출판사.

맥렐런, 데이비드, 2002, 『이데올로기』, 구승회 옮김, 이후.

멜빌, 허먼, 2010, 『필경사 바틀비』, 한기욱 옮김, 창비.

바우만, 지그문트, 2008, 『쓰레기가 되는 삶들: 모더니티와 그 추방자들』, 정일준
　　　　옮김, 새물결.

발리바르, 에티엔, 1990, 「공산당선언의 정정」, 『역사유물론 연구』, 이해민 옮김,
　　　　새길.

_____, 1992,「반폭력과 인권의 정치」,『마르크스의 철학 마르크스의 정치』, 윤소영 옮김, 문화과학.

_____, 1993a,「비동시대성: 정치와 이데올로기」,『알튀세르와 마르크스주의의 전화』, 윤소영 옮김, 이론.

_____, 1993b,「소유에 대하여」,『알튀세르와 마르크스주의의 전화』, 윤소영 옮김, 이론.

_____, 2003,「'인간의 권리'와 '시민의 권리': 평등과 자유의 현대적 변증법」,『'인권의 정치'와 성적 차이』, 윤소영 옮김, 공감.

_____, 2004,「잔혹성의 지형학에 관한 개요: 세계적 폭력 시대의 시민성과 시빌리티」,『사회운동』통권 46(6월호), 사회진보연대.

_____, 2005a,「국제주의인가 야만인가: 발리바르 인터뷰」, 양창렬 옮김,『자율평론』13호.

_____, 2005b,「스피노자, 반오웰: 대중들의 공포」,『스피노자와 정치』, 진태원 옮김, 이제이북스.

_____, 2007a,「정치의 세 개념」,『대중들의 공포』, 최원·서관모 옮김, 도서출판 b.

_____, 2007b,「보편적인 것들」,『대중들의 공포』, 최원·서관모 옮김, 도서출판 b.

_____, 2007c,「폭력: 이상성과 잔혹」,『대중들의 공포』, 최원·서관모 옮김, 도서출판 b.

_____, 2008,「주체」,『법은 아무것도 모른다』, 강수영 옮김, 인간사랑.

_____, 2010,『우리, 유럽의 시민들?』, 진태원 옮김, 후마니타스.

_____, 2011,『정치체에 대한 권리』, 진태원 옮김, 후마니타스.

_____, 2012,『폭력과 시민다움: 반폭력의 정치를 위하여』, 진태원 옮김, 난장.

벤야민, 발터, 2004,「폭력의 비판을 위하여」,『법의 힘』, 진태원 옮김, 문학과지성사.

_____, 2008,「역사의 개념에 대하여」, 최성만 옮김,『발터 벤야민 선집 5』, 도서출판 길.

브뤼노프, 수잔, 1992,『국가와 자본』, 신현준 옮김, 새길.

소르망, 기, 2006,『중국이라는 거짓말』, 박혜영·홍상희 옮김, 문학세계사.

스피노자, 베네딕투스 데, 2020,『정치론』, 공진성 옮김, 길.

스콧, 제임스, 2004,『농민의 도덕 경제: 동남아시아의 반란과 생계』, 김춘동 옮김,

　　아카넷.

스타브라카키스, 야니스, 2006, 『라캉과 정치』, 이병주 옮김, 은행나무.

아감벤, 조르조, 2008, 『호모 사케르: 주권 권력과 벌거벗은 생명』, 박진우 옮김,
　　새물결.

＿＿＿＿, 2009, 『예외 상태』, 김항 옮김, 새물결.

＿＿＿＿, 2010, 『목적 없는 수단: 정치에 관한 11개의 노트』, 김상운·양창렬 옮김,
　　난장.

아렌트, 한나, 1999, 『폭력의 세기』, 김정한 옮김, 이후.

알튀세르, 루이, 1991, 「이데올로기와 이데올로기적 국가 장치」, 『아미앵에서의
　　주장』, 김동수 옮김, 솔.

＿＿＿＿, 1993, 「이데올로기적 국가 장치들에 대한 노트」, 『역사적 맑스주의』, 서관모
　　옮김, 새길.

＿＿＿＿, 2007, 『재생산에 대하여』, 김웅권 옮김, 동문선.

＿＿＿＿, 2017, 『마르크스를 위하여』, 서관모 옮김, 후마니타스.

왕단 외, 2006, 「원탁 토론: 중국의 앞날」, 『고뇌하는 중국』, 도장영석·안치영 옮김,
　　서출판 길.

왕단, 2013, 『왕단의 중국 현대사』, 송인재 옮김, 동아시아.

왕후이, 2003, 『새로운 아시아를 상상한다』, 이욱연 외 옮김, 창작과비평.

우드, 엘렌 메익신즈, 1999, 「톰슨과 토대/상부구조 논쟁」, 김기현·이채욱
　　옮김 『읽을꺼리』 4호.

윌리엄스, 레이먼드, 2010, 『키워드』, 김성기·유리 옮김, 민음사.

윌슨, 에드먼드, 2007, 『핀란드 역으로』, 유강은 옮김, 이매진.

엥겔스, 프리드리히, 1997, 「엥겔스가 베를린의 프란쯔 메링에게(1893년 7월
　　14일)」, 『칼 맑스 프리드리히 엥겔스 저작 선집』, 최인호 외 옮김,
　　박종철출판사.

자오쯔양, 2010, 『국가의 죄수』, 장윤미·이종화 옮김, 에버리치홀딩스.

제솝, 밥, 1996, 『풀란차스를 읽자』, 안숙영·오덕근 옮김, 백의.

＿＿＿＿, 2000, 『전략관계적 국가 이론』, 유범상 외 옮김, 한울.

지젝, 슬라보예, 2001, 『이데올로기라는 숭고한 대상』, 이수련 옮김, 인간사랑.

＿＿＿＿, 2004, 『이라크: 빌려온 항아리』, 박대진 외 옮김, 도서출판 b.

_____, 2005, 『까다로운 주체』, 이성민 옮김, 도서출판 b.

_____, 2006, 「반인권론」, 김영희 옮김, 『창작과 비평』 통권 132호(여름호).

_____, 2007, 『부정적인 것과 함께 머물기: 칸트, 헤겔, 그리고 이데올로기 비판』, 이성민 옮김, 도서출판 b.

_____, 2008, 『전체주의가 어쨌다구?』, 한보희 옮김, 새물결.

_____, 2009a, 『잃어버린 대의를 옹호하며』, 박정수 옮김, 그린비.

_____, 2009b, 『시차적 관점』, 김서영 옮김, 마티.

_____, 2010a, 「민주주의에서 신의 폭력으로」, 『민주주의는 죽었는가?』, 김상운·양창렬·홍철기 옮김, 난장.

_____, 2010b, 「이웃들과 그 밖의 괴물들」, 『이웃』, 정혁현 옮김, 도서출판 b.

_____, 2011, 『폭력이란 무엇인가』, 이현우·김희진·정일권 옮김, 난장이.

_____, 2012, 『불가능한 것의 가능성』, 인디고연구소 기획, 궁리.

진즈부르그, 카를로, 1994, 「단서와 과학적 방법: 모렐리, 프로이트 셜록 홈즈」, 『논리와 추리의 기호학』, 김주환·한은경 옮김, 인간사랑.

질리, 브루스, 2002, 『장쩌민』, 형성호 옮김, 한국경제신문.

챈들러, 대니얼, 2006, 『미디어 기호학』, 강인규 옮김, 소명출판.

첸리천, 2012, 『모택동 시대와 포스트 모택동 시대 1949-2009』(하), 연광석 옮김, 한울.

촐, 라이너, 2008, 『오늘날 연대란 무엇인가』, 최성환 옮김, 한울.

카치아피카스, 조지, 2009, 「역사 속의 광주 항쟁」, 『5·18 민중항쟁에 대한 새로운 성찰적 시선』, 한울.

캘리니코스, 알렉스, 2000, 『이론과 서사: 역사철학에 대한 성찰』, 박형신·박선권 옮김, 일신사.

쿠르베타리스, 게오르게, 2003, 『정치사회학』, 박형신 외 옮김, 일신사.

크리언, 케이트, 2002, 『그람시, 문화, 인류학』, 김우영 옮김, 도서출판 길.

톰슨, 에드워드 팔머, 2000, 『영국 노동계급의 형성』(상·하), 나종일 외 옮김, 창작과비평사.

틸리, 찰스, 1990, 『구조와 변동의 비교사회학』, 안치민·박형신 옮김, 문맥사.

푸코, 미셸, 1992, 『담론의 질서』, 이정우 옮김, 새길.

폴란차스, 니코스, 1986, 『정치권력과 사회 계급』, 홍순권 옮김, 풀빛.

핀카드, 테리, 2000, 『헤겔, 영원한 철학의 거장』, 전대호 외 옮김, 이제이북스.

헌트, 린, 1999, 『프랑스혁명의 가족 로망스』, 조한욱 옮김, 새물결.

헤겔, G. W. F., 2006, 『헤겔 예나 시기 정신철학』, 서정혁 옮김, 이제이북스.

호머, 숀, 2006, 『라캉 읽기』, 김서영 옮김, 은행나무.

호어, 찰리, 2002, 『천안문으로 가는 길』, 김희정 옮김, 책갈피.

홉스봄, 에릭, 2003, 「제화공들의 정치성」, 『저항, 반역 그리고 재즈』,

　　　　김동택·김정한·정철수 옮김, 영림카디널.

_____, 2007, 『폭력의 시대』, 이원기 옮김, 민음사.

홉스봄, 에릭, 2008, 『혁명가: 역사의 전복자들』, 김정한·안중철 옮김, 길.

■ 국외 문헌

Balibar, Etienne, 1994, *Masses, Classes, Ideas: Studies on Politics and Philosophy Before and After Marx*, London: Routledge.

Boli, Zhang, 2003, *Escape From China: The Long Journey From Tiananmen To Freedom*, New York: Washington Square Press.

Calhoun, Craig, 1994, *Neither Gods nor Emperors: Students and the Struggle for Democracy in China*, Stanford: Standford University Press.

Cheng, Chu-yuan, 1990, *Behind the Tiananmen Massacre: Social, Political, and Economic Ferment in China*, Boulder, Colo: Westview Press.

Dolar, Mladen, 1993, "Beyond Interpellation," *Qui Parle*, vol. 6, no. 2.

Goode, Erich, 1992, *Collective Behavior*, New York: Harcourt Brace Jovanovich.

Gramsci, Antonio, 1971, *Selections From the Prison Notebooks*, New York: International Publishers.

Han, Minzhu(ed.), 1990, *Cries for Democracy: Writings and Speeches from the 1989 Chinese Democracy Movement*, Princeton University Press.

Katsiaficas, George, 2006, "Neoliberalism and the Gwangju Uprising," 『민주주의와 인권』 6권 2호.

Laclau, Ernesto, 1996, *Emancipation(s)*, London·New York: Verso.

Lin, Nan, 1992, *The Struggle for Tiananmen: Anatomy of the 1989 Mass Movement*, Westpost, Conn: Praeger.

Ming Pao News, 1989, *June Four: A Chronicle of the Chinese Democratic Uprising*, Fayetteville: University of Arkansas Press.

Močnik, Rastko, 1991, "From Historical Marxisms to Historical Materialism: Toward the Theory of Ideology," *Graduate Faculty Philosophy Journal*, Vol. 14, No. 1.

Mouffe, Chantal, 2000, *The Democratic Paradox*, London: Verso.

Nathan, Andrew, 1986, *Chinese Democracy*, Berkeley: University of California Press.

_____, 1990, *China's Crisis: Dilemmas of Reform and Prospects for Democracy*, New York: Columbia University Press.

Nathan, Andrew and Perry Link (eds.), 2001, *The Tiananmen Papers*, New York: PublicAffairs.

Thompson, Edward Palmer, 1991, *Customs in Commons*, London: Merlin.

Torfing, Jacob, 1999, *New Theories of Discourse: Laclau, Mouffe and Žižek*, Oxford: Blackwell.

Williams, Raymond, 1983, *Keywords: A Vocabulary of Culture and Society*, London: Fontana Press.

Zhang, Liang, 2001, *The Tiananmen Papers: the Chinese Leadership's Decision to Use Force Against Their Own People - in Their Own Words*, New York: Public Affairs.

Zhao, Dingxin, 2001, *The Power of Tiananmen: State-Society Relations and the 1989 Beijing Student Movement*, Chicago: University of Chicago Press.

張萬舒, 2009, 『歷史的大爆炸-六四事件全景實錄』, 天地圖書有限公司.

찾아보기

초출 일람

■ 1장 5·18 광주 항쟁과 저항 주체

「5·18광주 항쟁과 저항 주체」, 대안지식연구회, 『인문 정치와 주체: 역사, 이론, 그리고
　　　현실』, 열린길, 2012.

■ 2장 절대공동체, 반정치의 신화

「절대공동체, 반反정치의 신화」, 『사회과학연구』 20집 2호, 서강대 사회과학연구소,
　　　2012.

■ 3장 5·18 광주 항쟁의 이데올로기

「5·18광주 항쟁의 이데올로기 연구」, 『기억과 전망』 통권 18호,
　　　민주화운동기념사업회, 2008.

■ 4장 5·18 광주 항쟁에서 시민군의 주체성

「5·18광주 항쟁에서 시민군의 주체성」, 『사회과학연구』 18집 1호, 2010.

■ 5장 대중 봉기의 패러독스: 1980년 광주 항쟁과 1989년 톈안먼 항쟁

「저항하는 대중들의 유토피아: 1980년 광주와 1989년 천안문」, 『문화과학』 68호,
　　　2011.

■ 6장 5·18 광주 항쟁 전후 사회운동의 이데올로기 변화

「5·18광주 항쟁 이후 사회운동의 이데올로기 변화」, 『민주주의와 인권』 10권 2호,
　　　전남대 5·18연구소, 2010.

■ 7장 5·18 무장 투쟁과 1980년대 사회운동: 대항 폭력의 과잉과 반폭력의 소실

「5·18 무장투쟁과 1980년대 사회운동」, 『역사문제연구』 28호, 역사문제연구소, 2012.

■ 8장 폭력과 저항

「폭력과 저항: 발리바르와 지젝」, 『사회와 철학』 21호, 사회와철학연구회, 2010.

■ 보론 대중 봉기와 소문의 정치학

보론 「누가 소문을 두려워하는가?」, 『웹진 민연』 통권 11호, 2012년 3월.